Jürgen Hembd

Ohne Dich und stets mit Dir

Bibliografische Information der Deutschen Nationalbibliothek:
Die Deutsche Nationalbibliothek verzeichnet diese Publikation in der
Deutschen Nationalbibliografie; detaillierte bibliografische Daten sind im
Internet über http://dnb.dnb.de abrufbar.

Herstellung und Verlag: BoD – Books on Demand, Norderstedt

ISBN: 978-3-7526-8904-4

Dieses Buch ist für

unsere Kinder und Enkel geschrieben

und

posthum

Ingrid Hembd

gewidmet

Vorwort oder Vorgeschichte?

Unser gemeinsames Leben als unzertrennliches Ehepaar ist leider Vergangenheit. Nie wieder Hand in Hand – aber lass mich einen Blick in Dein Leben vor 1963 werfen, dem Jahr, in dem wir uns im Gewühl des Kirchentages in Dortmund kennenlernten.

Du, Ingrid Gudrun Rückert, wurdest am 28.02.1945 in Berlin geboren, in Neukölln, in der Leinestraße 8, inmitten eines Luftalarms und ohne die Hilfe der zuvor benachrichtigten Hebamme. Du, das dritte Kind Deiner Eltern, genauso ein Kriegskind wie ich auch.

Nach Angaben einer viel später gedruckten Geburtstagskarte für den Jahrgang 1945 warst Du *ein* Baby unter 1.407.490 Babies, die in jenem Jahr in Deutschland geboren worden seien, das einzige übrigens, das in Deiner Straße überlebte. Unter welchen lähmenden Ängsten müssen unsere Mütter damals gelitten haben angesichts der allgegenwärtigen Kriegsgefahren und der Ungewissheit über das Schicksal der Väter ihrer Kinder, nicht wissend, ob diese „da draußen im Felde" überleben würden?

Deine Geburtstagskarte verrät uns, dass der durchschnittliche Monatslohn eines Arbeiters im Jahre 1945 RM 158 betragen habe, was bei ungefähr 180 monatlichen Arbeitsstunden einem Stundenlohn von 0,82 RM entsprochen hätte. (Ich erinnere mich, dass mein Vater nach 1947 davon träumte, irgendwann einmal 5,00 Mark pro Stunde zu verdienen.)

Wenn also ein Kilo Fleisch 1,70 RM kostete, musste ein Arbeiter dafür mehr als 2 Stunden arbeiten. Anfang Oktober 2020, also 75 Jahre später, wurden 1000 Gramm Rinderrouladen (oder Rindergulasch) im Supermarkt vorteilhaft für € 7,84 angeboten. Legen wir einen gesetzlichen Mindeststundenlohn von € 12,00 zugrunde, würde ein Käufer für eine Arbeitszeit von 2 Stunden heutzutage dafür etwa 3 Kilo Fleisch erhalten. Also das Dreifache und sicherlich zum Nachteil der Schweinezüchter!

Für das Luxusgut *Kaffee* musste im Jahre 1945 ein Arbeiter für den Kilopreis 7,5 Stunden arbeiten; für dieselbe Arbeitszeit würde er unter Ansetzung des Mindestlohnes heutzutage ungefähr 13 Kilo erhalten. Auch hier bleibt ungeklärt, ob dies einem fairen Preisgefüge entspricht.

Schon damals verdiente ein Arbeiter über 60% mehr als eine Arbeiterin. Ist die Forderung „Gleicher Lohn für gleiche Arbeit" bis heute etwa erfüllt?

Deine Geburtstagskarte suggeriert allerdings, dass Fleisch, Weizenmehl, Kartoffeln, Milch und Bier überall in ausreichendem Maße angeboten wurden. Wir wissen jedoch, dass Grundnahrungsmittel damals rationiert und nur auf Marken und mit Bargeld erhältlich waren. (Vom Schwarzen Markt wollen wir hier gar nicht reden!)

Damals gab es Kuhställe inmitten der Stadt, bettelnde Sänger auf dem Hinterhof und „Brennholz für Kartoffelschalen". Unsere Eltern erinnerten sich an „schlechte Zeiten" und an Hamsterfahrten.

Ernst Budraß, Dein Opa mütterlicherseits, starb 1959. Er wohnte in der Westendallee 93a. Eine Nachbarin, Frau *Hilde Marggraff*, schrieb damals einen bewegenden Abschiedsbrief:

„(…) Nie werde ich die Kartoffelfahrt nach Nauen vergessen. Ich hätte keine Ahnung gehabt, wo man in der überlaufenen Gegend etwas bekam, aber Du, lieber Nachbar, gingst sofort querfeldein in die Einsamkeit des Landes. Und das hatte Erfolg. Aber wo zur Nacht unterkommen? Nach Nauen wäre ich um keinen Preis gegangen, der Russen wegen. Die Leute wollten uns nicht behalten, sie hatten Angst. Die angewiesenen drei Scheunenwände mit kahlem Fußboden schienen uns nicht verlockend. Aber was Du dann für eine herrliche Möglichkeit zum Schlafen in einem großen Heuhaufen unter dem stillen Sternenhimmel für uns geschaffen hast, das habe ich nie vergessen.—Und dann der Rückmarsch, denn an Fahren war nicht zu denken. Der Bahnhof in Nauen wimmelte von Russen und wir wollten unsere Kartoffeln behalten. Ich hatte gerade am Morgen noch eine Schnitte und dann sammelten wir Fallobst. (…) Dann kam Spandau, die Havel und nun war es nicht mehr so weit bis nach Hause. (…)"

Von 1951 bis 1957 besuchtest Du die 6. Grundschule in Berlin-Neukölln. Zur Rückert'schen Familienlegende gehört auch, dass Deine Eltern dort in der 1. Klasse den Tanz- und Gesangsunterricht gaben. Anschließend bist Du auf das Albrecht-Dürer-Gymnasium übergewechselt (1957-63). Vom 02.09.1957 stammt ein Klassenaufsatz aus Deiner Hand:

Mein Schulweg

Morgens um 7.00 Uhr trete ich meinen Schulweg an. Wenn die Haustür hinter mir zufällt, komme ich zum Überlegen. Ich denke daran, was wir aufhatten. Ecke Leinestraße biege ich in die Hermannstraße ein. Dort ist schon sehr viel Betrieb. Autos rasen die Straße entlang, und viele Berufstätige steigen in die U- oder Straßenbahn ein. Ich gehe immer sehr schnell, darum macht es mir Spaß, recht viele Menschen zu überholen. An der Ecke Hermann- und Emserstraße muß ich auf die Autos aufpassen, denn dort gehe ich über den Damm. Wenn die Straße frei ist, gehe ich hinüber. Danach laufe ich die Emserstraße entlang. Auch dort ist viel Betrieb. In der Nähe der Schule laufe ich abermals über den Damm. Nach einiger Zeit bin ich an der Schule. Dort gehe ich durch das Tor, das auf den Schulhof führt. Ich laufe dann in das Schulgebäude und einige Treppen hinauf. Nach einigen Schritten bin ich im Klassenzimmer. Danach ziehe ich meine Jacke aus und gehe zu meinem Platz. Nun bin ich an meinem Ziel angelangt.

(Dieser Klassenaufsatz wurde leider nur mit „ausreichend" bewertet, da er zu viele Wortwiederholungen enthalte.)

Du hast einen Briefentwurf aufgehoben, der vom 23.08.1957 stammt und der uns zeigt, dass Du offenbar öfter bei Deinem Opa in Westend warst:

Liebe Käthi!

„(...) Heute begann wieder die Schule. Wie ich Dir schon schrieb, war ich noch 9 Tage im Garten. In dem Häuschen meines Opas sind 6 Zimmer, eine Küche, ein Keller, ein Boden, eine Toilette und ein Badezimmer. In der Dachstube neben dem Boden schlief ich. Von dort aus habe ich eine schöne Aussicht auf das Olympia-Stadion. Ein paar Kilometer davor ist die U (Untergrund)-Bahnhaltestelle „Olympia-Stadion". Auch die kann ich von dem Fenster aus sehen. Es macht Spaß zuzusehen, wie die U-Bahnzüge ein- und ausfahren. Mit den Kindern der Nachbarn spielte ich dort immer. (..)"

Deine Ingrid

In einem Klassenaufsatz vom 12.03.1958 hast Du über Deine damalige Lieblingsbeschäftigung berichtet – das Schlittschuhlaufen:

In meiner Freizeit laufe ich am liebsten mit meinen Schlittschuhen. Es bereitet mir viel Vergnügen und viele frohe Stunden. Die Eisbahn (Oderstraße) ist nur 5 Minuten von unserer Wohnung entfernt. Zu meinem 12. Geburtstag bekam ich Schlittschuhe. Zu Anfang fiel ich oft hin, und ich bekam viele blaue Flecke. Jedoch nach und nach lernte ich es. Bald bereitete es mir Freude, im Kreise langsam und schnell zu fahren. In diesem Jahr lerne ich schwere Figuren zu laufen. Immer, wenn ich eine neue beherrsche, freue ich mich.

Vor einem halben Jahr passierte mir ein Unglück, und das kam so. Als ich an einem sonnigen Ferientage übte, bekam ich einen Schubs und fiel mit meiner Last auf den Arm. Nach dem Aufstehen merkte ich, daß er gebrochen ist. Am Ende der Ferien war er wieder geheilt. Trotz diesem Sturz laufe ich noch heute am liebsten Schlittschuhe.

Im zweiten Absatz hast Du tüchtig geflunkert, da Du Dir meines Wissens lebenslang nie etwas gebrochen hattest. Auch Deinem damaligen Lehrer fiel der schnelle Heilungsprozess auf, was er mit der Bemerkung „dann war er nicht gebrochen!" kundgetan hat.

Deine Lieblingsinstrumente waren von früher Jugend an die Sopran-, Alt- und Tenorblockflöte und vor allem das Klavier. Eure Mutter hatte ganz offenbar Deine musikantischen Talente erkannt und Dir als Achtjähriger heimlichen Klavierunterricht ermöglicht, so dass Du

Eurem Vater schließlich mit Deinem Vorspiel ein ihn bewegendes musikalisches Weihnachtsgeschenk machen konntest. Oft habe ich Euch beide gemeinsam musizieren erlebt: Dein Papa spielte Querflöte, Du Klavier.

Später wurde *Ingrid Tietsch* Deine musikalische Mentorin und nahm Dich auf ihren Konzertreisen als Mitglied des Blockflötenorchesters „Praetorius" mit. Am 29.07.1959 berichtete die *Berliner Morgenpost*:

Mit Flöten im Burgenland

Der Blockflötenchor „Praetorius" der Volksmusikschule (Neukölln) unter der Leitung von Ingrid Tietsch weilt zur Zeit im österreichischen Burgenland. Dort sind in einem Heim „internationale Begegnungen" vorgesehen. Außerdem werden die 28 jungen Neuköllner im Alter von 14 bis 20 Jahren auf der Burg Hochosterwitz in Kärnten und anläßlich einer Tagung für Musikerzieher in Salzburg Konzerte geben.

Mitzubringen waren seitens der jugendlichen Musizierenden Personalausweis, etwas Taschengeld, Instrumente, Notenpulte sowie Konzertkleidung, wobei die Mädchen, (dem Zeitgeist geschuldet) keine langen Hosen tragen sollten.

In unseren gemeinsamen Gesprächen hast Du öfter die Burg Hochosterwitz, Salzburg und eine Konzertreise nach Osnabrück (mit Deinem ersten Reitversuch) erwähnt und ebenso die Kleiderordnung am Albrecht-Dürer-Gymnasium. Eure Mädchen hatten Röcke oder Kleider zu tragen, aber bloß nicht lange Hosen!

Ich selbst erinnere mich noch an die flüsternde Empörung unserer weiblichen Lehrkräfte an der Werner-von-Siemens-Oberschule, als eine Kollegin in den frühen 70ern mit Hosen zum Unterricht erschien – ein beklagenswertes Novum, so vorteilhaft sie in meinen Augen darin auch damals aussah!

Vor mir liegt die Ausschreibung eines Steinway-Klavierspiel-Wettbewerbes für Kinder (bis zum vollendeten 16. Jahre) vom Herbst 1960. Vor einer 7köpfigen Prüfungskommission (darunter *nur eine* Frau!) hattest Du in der Gruppe C (14-16 Jahre) mit Deinem Vorspiel von J.S. Bachs *Präludium und Fuge c-moll* aus dem Wohltemperierten Klavier die Vorauswahl im Oktober bestanden. Die interne Generalprobe fand für Dich am 03.11.1960 zwischen 15.00 und 15.30 Uhr in den Geschäftsräumen von Steinway & Sons statt. Am 12.11.1960 folgte im Konzertsaal der *Hochschule für Musik* in der Hardenbergstraße eine Sitz- und Einzelprobe und am 13.11.60 ab vormittags 11 Uhr war es dann so weit! Und Du wurdest mit einem Preis ausgezeichnet! Es gab ein Diplom und einen Gewinn-Gutschein! Im Feuilleton der Berliner Morgenpost wurde am 15.11.60 über diesen Klavier-Wettbewerb berichtet, wobei es in der Bildunterschrift hieß:

Mit einigem Herzklopfen nahmen Berlins jüngste Virtuosen (Anm: 19 Mädchen und 12 Jungen) *vor dem großen Flügel Platz: beim Klavierspiel-Wettbewerb der Firma Steinway in der Hochschule für Musik bewiesen kleine Leute ihre große Liebe zu musikalischen Meistern. Das Publikum belohnte Fleiß und Mut mit reichem Beifall.*

Oft hast Du von diesem Klavierwettbewerb erzählt mit dem Bemerken, dass Du trotz des persönlichen Erfolges dort doch niemals Konzertpianistin hättest werden wollen, weil dies mit ständiger Reisetätigkeit und intensivem Üben verknüpft gewesen wäre.

Am 10.05.63 veranstaltete Ingrid Tietsch im Festsaal der Hermann-Ehlers-Schule in Steglitz einen Hausmusikabend, bei dem Du von Joh. Seb. Bach das *Allegro aus dem Italienischen Konzert* gespielt hast.

Eine Woche zuvor hatte *ich* mein externes Abitur-Zeugnis erhalten und einen Monat später lernten wir uns kennen.

Vorwort oder Vorüberlegungen?

Es war neben anderen großen Werken geistlicher Musik *Ein deutsches Requiem* von Johannes Brahms, das mich bereits beim ersten Hören, dann bei der Einstudierung und vor allem bei der Aufführung tief beeindruckt hat. Dessen dritter Satz beginnt mit einem Psalmwort (39,5): „Herr, lehre doch mich, dass es ein Ende mit mir haben muss und mein Leben ein Ziel hat und ich davon muss."

In der Wortkonkordanz kommt der Begriff „Ziel" einige Male ohne tiefere Bedeutung vor, in der Begriffskonkordanz hingegen fehlt er. Was also könnte unser Lebensziel sein? Da tappen wir wohl im Dunkeln.

Etwas weltlicher, ein wenig abgewandelt und laxer ausgedrückt, könnten wir dazu vielleicht sagen: „Wir dürfen nie vergessen, dass wir sterben müssen und nichts mitnehmen können. In unserer letzten Lebensphase sollten wir in der Lage sein, auf ein Leben zurückblicken zu dürfen, das in einzelnen Abschnitten geplant, in Bezug auf unser Sagen und Tun beispielhaft und trotz aller Höhen und Tiefen voller Glücksmomente war."

Wir erinnern uns an die individuellen, vielfältigen und unterschiedlichen Zukunftspläne, die wir einst schmiedeten und an die Hoffnung, dass uns die Welt offenstehe

Wir erinnern uns an unsere Schulzeit und deren Abschluss. Wir erinnern uns an unsere erste Liebe und den ersten Kuss. Wir wollten einen Beruf erlernen oder ein Studium aufnehmen oder beides, einen sicheren Arbeitsplatz finden, Frieden und Freiheit auskosten und viel erleben. Wir wollten uns an persönliche Lebensgrundsätze halten und an einen geliebten Menschen binden, ihm die Treue halten, loyal zu ihm stehen und gemeinsam alt werden.

Wir wünschten uns eigene und gesunde Kinder, die wir lieben und behüten, erziehen und respektieren würden. Sie würden uns hoffentlich mit Stolz erfüllen und sie würden sich unser hoffentlich nicht zu schämen brauchen. Nie jedoch würden wir uns über unsere Kinder oder unsere beruflichen Tätigkeiten allein definieren. Wir würden uns nicht mit einem *Bett im Kornfeld* begnügen, sondern wünschten uns ein bergendes Dach über dem Kopf und den Kopf wiederum voller Wissbegier und Phantasie. Wir wollten unserer Familie gewogen sein und Freundschaften pflegen. Wir wollten die nähere Umgebung und fremde Länder erkunden und deren Einwohner kennenlernen.

Mit der Zeit lernten wir, wie beruhigend es ist, nicht jeden Pfennig umdrehen zu müssen und allesamt gesund zu bleiben. Ganz allmählich registrierten wir, dass unser Leben nicht statisch verläuft, sondern dynamisch; dass es auf Veränderung angelegt ist, nie stille steht und uns gar längere Verschnaufpausen gönnt. Wir erkannten, dass unser Einfluss auf viele Abläufe nur gering ist und wir oft fremdbestimmt sind. Ein aktives und erfülltes Leben setzte voraus, dass wir uns ständig neuen Herausforderungen würden stellen und uns weiterbilden müssten. Wir waren bereit, uns für andere

Menschen einzusetzen ohne uns selbst zu vergessen und ihnen zu helfen, wo Hilfe nötig war.

Wir wünschten uns, dass wir am Ende in der Lage sein würden unsere Lebensbilanz zu unserer Zufriedenheit und mit Gewinn abzuschließen, auch wenn sich unsere Einzelziele und Wünsche nicht zu *dem einen* großen Ziel, von dem anfangs im Psalmwort die Rede war, würden zusammenfügen lassen. Worin sollte dieses auch bestehen?

Es wurde uns allmählich klar, dass es kein flächendeckendes Glück gebe, sondern „nur" viele einzelne Glücksmomente, die sich jedoch zu einem Mosaik mit großen Lücken würden zusammenfügen lassen.

Rückblickend waren es wohl keine biblischen Engel, sondern unsere stillen Helden in Menschengestalt, die uns begleitet und behütet haben. Sie haben uns ungefragt geholfen und sich um uns gesorgt; mit uns gelacht und uns zugehört, wenn wir Kummer hatten; unsere Last mitgetragen und getröstet; uns besucht, als wir krank waren; an ihren Tisch eingeladen und bewirtet; uns gepflegt, bis wir wieder auf die Beine kamen oder, gemäß dem Psalmwort, davon mussten.

Diese stillen Helden gehörten zu unseren Familien, waren unsere Freunde oder unser Pflegepersonal.

Uns wurde Mut gemacht und wir haben Zuspruch erfahren. Wir waren oft allein, wurden aber nie so ganz allein gelassen.

Wir haben geglaubt und wir haben gezweifelt. Wir hatten stets eine konkrete Vorstellung von unseren irdischen Nahzielen, aber der Blick ins Jenseits wollte uns nie gelingen. In Bezug auf unser Fernziel wird deshalb auf ewig Unklarheit herrschen.

Es ist keineswegs einfach, so ganz aus sich selbst heraus und ohne auf ein konkretes Glaubensbekenntnis gestützt, genügend Lebenswillen und einzelne Etappenziele zu entwickeln, die uns wann und wo immer tragen; aber es ist möglich, das Leben von einem Augenblick zum anderen fröhlich und voller Zuversicht anzupacken.

*

Wir unterscheiden zwischen Biografien und Autobiografien. Das vorliegende Buch ist eine Mischform; denn es enthält in Bezug auf Ingrid, meine verstorbene Frau, naturgemäß viele biografische Elemente, erzähle *ich* doch über *sie*. Es trägt daneben auch autobiografische Züge, weil ich doch an vielen Geschehnissen unseres gemeinsamen Lebens Anteil hatte und selbst von ihnen betroffen war.

Da, wo es neben Tatsachen auch um Gefühle geht, tritt die Objektivität leise und bescheiden in den Hintergrund. Würde jemand ausschließlich über mich berichten, so würde ich lieber an meinen Stärken als an meinen Schwächen gemessen und insgesamt gnädig beurteilt werden. Gleiches soll auch für Ingrid gelten.

Meine nun folgende Darstellung ist einerseits grob chronologisch geordnet; aber diese chronologische Ordnung wird des Öfteren durch thematische Einschübe unterbrochen.

Auch der von mir eingenommene Erzählerstandpunkt wechselt; denn teilweise berichte ich in der ersten Person, der Ich-Form, und dann wieder in der dritten Person, je nach Belieben. Hierin spiegelt sich mein gegenwärtiges Leben wider: manchmal erzähle ich nämlich Dritten gegenüber von *Ingrid* als meiner geliebten Frau und manchmal halte ich gleichsam Zwiesprache mit ihr, so, als würde sie noch leben und mir stillschweigend zuhören; mal vielleicht eher kopfschüttelnd, mal mit ihrem sie auszeichnenden feinen Lächeln und mir zustimmend.

Mir ist einfach keine bessere Lösung eingefallen.

Die Jahre 1963 bis 1968

Vom 24. bis zum 27. Juli **1963** fand in Dortmund ein evangelischer Kirchentag statt, zu dem ich mit Pfarrer *Dr. Jürgen Boeckh* aus der ev. Kirchengemeinde Alt-Schöneberg anreiste. Jürgen Boeckh war Kriegsteilnehmer gewesen und trotz vorangeschrittenen Alters als der jüngste von drei Amtsbrüdern Jugendpfarrer in meiner damaligen Kirchengemeinde. Er war mir ein väterliches Leitbild. Er prägte meinen literarischen Geschmack und führte mich ein ins theologische Denken. Er war *Michaelsbruder,* glühender Anhänger der *Una-Sancta*-Bewegung und Freund des *Berneuchener Dienstes* und in seiner Frömmigkeit und in seinem geistlichen Einsatz im Dienst der Gemeinde überzeugend. Wir duzten uns, obwohl ich ja sehr viel jünger war als er.

Auf dem Kirchentagsgelände standen wir eines Tages vor dem randvoll ausgefüllten Wochenplan eines Pfarrers. Bei Jürgen Boeckh fühlte ich mich in nahezu jedem Gespräch schnell auf dem Prüfstand und so wollte er nun von mir wissen, was in diesem Plan wohl neben Predigtvorbereitung und Gottesdienst und Konfirmandenunterricht und Hausbesuchen und Geschäftsführung und Redaktion des Gemeindeblattes und Beerdigungen und Tauf- sowie Hochzeitsgesprächen und…und… eigentlich fehle. „Es kann nichts fehlen; denn es ist überhaupt kein Platz mehr," gab ich zu bedenken. „Doch," sagte er bestimmt, „mindestens zwei Wochenstunden wissenschaftlicher Weiterbildung."

Jürgen Boeckh hat damals als geschäftsführender Pfarrer in seiner Amtszeit klaglos hart gearbeitet und viel von sich verlangt und ich schätzte das hohe intellektuelle Niveau seiner Predigten, weil sie mich herausforderten und zum Denken anregten. Ob er seine braven Gemeindeglieder damit immer erreicht hat? Nie jedoch hat er mich zum Rauchen animieren können, auch wenn er mich dialektisch davon zu überzeugen versuchte, dass gemeinsames Rauchen die gegenseitige Kommunikation fördere. Mag ja sein. Ob seine Frau und seine fünf Kinder bei häuslichen Gesprächen stets zur Zigarette greifen mussten? Ich wage es zu bezweifeln.

*

Hier in Maschen bei Unna waren wir in einem Doppelzimmer eines ehemaligen Flüchtlingsheimes untergebracht worden und als es am nächsten Morgen heftig regnete, rannten wir beide nach dem gemeinsamen Frühstück (bei dem Jürgen Boeckh nahezu die *ganze* Kanne heißen Kaffees zerstreut und gedankenverloren selbst ausgetrunken hatte) zu einem bereit stehenden Shuttlebus, der zwar Kirchentagsgäste, aber nur nicht uns, zum Kirchentagsgelände bringen sollte. Etwa in der Wagenmitte hatten wir gerade rechts auf den beiden Doppelsitzen Platz genommen, als ein rothaariges Mädchen die mitfahrenden Kirchentagsgäste fragte, ob jemand eine Schere oder einen Brieföffner bei sich habe – sie habe nämlich von ihrem Bruder Post bekommen. Ich fand die Frage in dieser Situation etwas ungewöhnlich, während Jürgen Boeckh bemerkte, dass dies ein sehr *ordentliches Mädchen* sei.

Der Rotschopf entschwand bald wieder meinen Augen, war er doch durch die Nackenstützen der Sitze vor uns nicht mehr zu sehen.

Ich kann mich beim besten Willen nicht daran erinnern, ob ich sie beim Aussteigen schon wieder vergessen hatte oder ob sie flink wie ein Wiesel durch den Regen davongehuscht war. Egal, ich hätte sie bei meiner schüchternen Art wohl sowieso nicht angesprochen.

Erster Rückblick:

Hannelore, meine erste Freundin, hatte ich 1961 kennengelernt, aber sie hatte sich ungefähr anderthalb Jahre später von mir mit den überzeugenden Worten getrennt, dass man Liebe nicht erzwingen könne. Zu meiner Entschuldigung muss ich gestehen, dass ich von 1960 bis 1963 wirklich nur die Vorbereitung meines Abendabiturs bei Gabbe's Lehranstalten am Rüdesheimer Platz im Kopf hatte und das war schon zeitaufwendig und schwer genug! Für ausgedehnte Freundschaften mit einer Studentin der Romanistik hatte ich nur wenig Zeit zu erübrigen – und ihre nutzbringenden Korrekturen meiner französischen Anfängerübungen und kleinere Zärtlichkeiten und Bootsausflüge im Zwei-Wochen-Abstand genügten ihr wohl nicht. Das war zu verstehen– aber *ich* wollte studieren und die Studienratslaufbahn einschlagen, auch wenn ich es dabei als Sohn eines Handwerkers nicht ganz einfach haben würde.

Mein Vater wusste mit mir und meinen Plänen ohnehin nicht viel anzufangen. Er leistete verbalen Widerstand, konnte mich aber von meinen Berufsplänen nicht abbringen. Ich sollte Bierbrauer werden, weil Bier schließlich immer getrunken werde. Eigentlich schulde ich meinem Vater nachträglich Dank; denn er war für mich eine steile und schwer überwindbare Kletterwand, an der ich mich im Kraxeln üben konnte. Wände rühren sich nie, aber mir gelang der Aufstieg, weil ich mein Ziel vor Augen hatte. Nach Wanderungen trinke ich übrigens gern ein Bier, meist ein alkoholfreies Hefeweizen. Aber selbst brauen?

Es war also eine schwierige Gemengelage widerstreitender Interessen inmitten meiner eigenen noch völlig ungeklärten beruflichen und finanziellen Situation und mangelnden Selbständigkeit, die mir keineswegs zu einem gesunden Selbstbewusstsein verhalf, am allerwenigsten gegenüber Mädchen. Ich erinnere mich an *Elke-Marie* aus meiner Lehrzeit bei der Berliner Commerzbank, die mir ihre Zuneigung bekundete und an *Ursula* aus Wuppertal, die ich bei meinem Freund *Erwin* in Zeppenfeld kennengelernt hatte und mit der ich eine längere Brieffreundschaft pflegte. Aber ich war für eine engere Beziehung mit vollem Programm einfach noch nicht reif und wurde daher wiederholt schmerzhaft losgelassen.

Seit Mai 1963 war ich schließlich im Besitz meines Abiturzeugnisses, das ich einschließlich einer halbjährigen Verschnaufpause und der freiwilligen Wiederholung der dreizehnten Klasse nach insgesamt dreijähriger Vorbereitung in einer externen Prüfung am *Hermann-Ehlers-Gymnasium in Steglitz* erworben hatte.

Magerer Notendurchschnitt: 3,0.

Ich hatte in dieser mehrjährigen Vorbereitungsphase im Hauptgeschäft der Berliner Commerzbank AG an der Potsdamer- Ecke Bülowstraße gearbeitet, zuerst als Kreditsachbearbeiter und später als Kontoführer, und legte wochentags zwischen 17 und 18 Uhr den Fußweg von dort zu Gabbe's Lehranstalten am Rüdesheimer Platz zurück. Dieser Weg erfuhr einmal eine unfreiwillige Verlängerung um einige Meter, weil ich den Prostituierten in der „Leihkörperallee", also der Potsdamer Straße, mit züchtig niedergeschlagenen Augen ausweichen musste.

Ab Herbst wollte ich mit Hilfe einiger sozialer Bonuspunkte ein Studium der Geschichte und Anglistik an der Freien Universität Berlin beginnen. Noch wusste ich glücklicherweise nicht, dass ich Latein würde nachlernen müssen, um im Fach Geschichte die Prüfungen zum Hauptseminar ablegen zu können. Französisch als eine in vier Semesterkursen neu zu erlernende Sprache bis hin zur Abiturreife war für mich bei Gabbe's schon Herausforderung genug gewesen.

Zweiter Rückblick:

Seit meiner Konfirmation im Jahre 1955 durch Kirchenrat *Martin Perwitz* (der übrigens Jahre zuvor auch *Hildegard Knef* konfirmiert hatte) war ich fest in der evangelischen Kirchengemeinde Alt-Schöneberg verankert, hatte dort während meiner Ausbildung zum Bankkaufmann auf Vorschlag von *Gundolf Herz*, meinem ersten Jugendgruppenleiter (und späterem Pfarrer), nun selbst als Leiter der Jungschargruppe *Artus* Heimabende geleitet und Westwanderfahrten für Jungengruppen unternommen. Ausgerüstet waren wir jedesmal mit Affen, Wimpel, Kochgeschirr, Gitarre und grauen Fahrtenhemden mit aufgenähtem Ankerkreuz. Mein Vater war dagegen gewesen und hatte in dieser Frage nicht ganz unrecht; denn ich war noch längst nicht volljährig und die Haftungsfrage im Fall der Fälle war meines Wissens nicht eindeutig geklärt. Bis 1974 sang ich als ständiges Mitglied in der Gemeindekantorei unter der Leitung von Kirchenmusikdirektor *Johannes Günter Kraner* mit und fand Gefallen am Singen geistlicher Musik verschiedenster Epochen bis hin zur Moderne, wobei ich experimentelle Musik der jüngeren Zeit eigentlich immer nur widerwillig musizierte. Ich liebe weder Zwölftonmusik noch solche, bei der man zischen, rascheln oder schnalzen soll, im Glissando Fahrstuhl fährt oder undefinierbare Laute und Silben von sich geben muss.

Hier im Kirchenchor lernte ich, was intensives Proben heißt und dass nur beharrliches und diszipliniertes Üben zum ersehnten Erfolg führt. Jedes Konzert war eine neue Herausforderung für uns und beschenkte mich mit der beglückenden Wahrnehmung gelebter Gemeinschaft und dem Wagnis gemeinsamer Unternehmungen und jedweden Risikos mit ungewissem Ausgang.

Johannes Günter Kraner hatte mich musikalisch und Jürgen Boeckh (verstorben 2011) hatte mich in seinen Predigtvorbereitungs-Kreisen geistlich gerüstet.

Dritter Rückblick:

Zum Jahreswechsel 1962/63 hatte ich meine Arbeitsstelle bei der Berliner Commerzbank AG gekündigt um mich auf die schriftlichen und mündlichen Abiturprüfungen vorzubereiten. In den Augen meiner Arbeitgeber tat man so etwas nicht, vor allem nicht angesichts eines solch ungewissen Studienvorhabens. Ich musste jedoch das Ruder herumreißen; denn noch stand ich sowohl in Französisch als auch in Mathematik nur *ausreichend* bzw. *mangelhaft*. Auf meinem Abiturzeugnis fand sich dann später in Mathematik glücklicherweise ein *Gut* und in Französisch ein *Befriedigend*, wobei ich heutzutage der französischen Sprache in Wort und Schrift mangels praktischer Übung leider nicht mehr mächtig bin. Ich kenne zwar jede Menge Vokabeln, kann sie aber überhaupt nicht mehr im Satzzusammenhang verwenden. Aber ich könnte auch keine Differential- oder Integralrechnungen mehr lösen. Wozu auch? Muss ich wirklich wissen, wie lang ein Langholzwagen sein darf, damit er noch um eine bestimmte Ecke kommt?

Diese persönlichen Erfahrungen bestärkten mich später in der Überzeugung, dass wir Vieles – wenn auch nicht Alles – durch Fleiß und Konzentration und eisernen Willen erreichen können, sofern wir von Talenten und Begabungen nicht völlig verlassen sind und unser

Koordinierungssystem im Gehirn mitspielt. Oder soll ich es *Begabung* nennen? Ich habe gelernt, dass auch träges Wissen Geist und Denkvermögen schult.

Vierter Rückblick:

Meine Eltern und ich lebten seit 1959 in einer Zwei-Zimmer-Neubau- Wohnung der *DeGeWo* in der Heilbronner Straße 29, in W 30, dort, wo die Heilbronner Straße eine sackgassenartige Kehre mit Halteverbot zur Motzstraße hin bildet, mit wunderschönen Rotdornbäumen in der Mitte. Wir hatten einen Balkon über einer Durchfahrt zum Hof, fließendes warmes und kaltes Wasser sowie eine Küche mit Kühlschrank; aber noch fehlten uns Fernseher und Telefon.

Wir gehörten formal zur evangelischen Gemeinde *Zum Heilsbronnen,* wo ich mit genauer Beobachtung *Pfarrer George* leidenschaftlich predigen hörte und ihn dabei beobachtete, wie er es mit Hilfe verschiedener Tricks verstand, seine Gemeinde in innere Bewegung zu versetzen.

Mein Vater, gelernter Dekorateur, war nach seiner Rückkehr aus amerikanischer Kriegsgefangenschaft in Paris im Jahre 1947 im zweiten Beruf Polsterer und Tapezierer geworden und arbeitete später jahrzehntelang „bei den Amerikanern" in der Goerzallee. Meine Mutter war gelernte Verkäuferin, die in den folgenden Jahren Jobs an der Warenausgabe im *KaDeWe* und bei meinem Onkel in dessen Friseursalon in der Werbellinstraße 1 annahm. Ich selbst war Bankkaufmann geworden, nicht aus Leidenschaft oder Überzeugung, sondern, wie zuvor bereits berichtet, einzig und allein um mein späteres Abendabitur finanzieren zu können.

Mit meinen sozialen, theologischen und musikalischen Interessen stand ich zum Leidwesen meiner Eltern nicht in der gewohnten Familientradition und ich denke, meine Teilnahme am Kirchentag in Dortmund bereitete ihnen ebenfalls Kopfzerbrechen. Was mochte das Ganze wohl bedeuten und was sollte aus dem Jungen bloß einmal werden?

Ich hatte nun zwar mein Abitur in der Tasche, stand aber ohne Freundin da. Ohne ihr Wissen hatte Hannelore jedoch mein Selbstbewusstsein ein wenig aufgebaut und mich damit von einer unangenehmen Krankheit geheilt, einer Krankheit, die mit großer Wahrscheinlichkeit auf meinen Angstzuständen beruht hatte und auch nach ihrer Trennung von mir glücklicherweise nie wieder zurückkehrte.

∗∗∗

Es war am Samstag, 27.07.1963, dem dritten Veranstaltungstag in Dortmund, als ich auf dem sonnenbeschienenen Kirchentagsgelände unterwegs zu einem Vortrag von *Prälat Hanssler* war. Völlig unvermutet entdeckte ich den Rotschopf aus dem Shuttlebus in etwa dreißig Metern Entfernung vor mir.

Wer mochte sie wohl sein?

Woher stammte sie?

Was hatte sie vor und wo wollte sie hin?

Sie trug ein Minikleid und hatte einen flinken und wiegenden Gang. Sie kam mir entgegen und damit schmolz der uns trennende Abstand im Nu dahin.

Ich konnte keines der gängigen Klischees aus einschlägigen Liebesfilmen bedienen:

Sie kam mir keineswegs entgegen gestolpert, so dass ich sie hätte auffangen können; denn dazu war die Entfernung anfangs noch zu groß. Wir stießen nicht versehentlich zusammen; denn der Weg war breit genug und wir waren ja nicht blind. Sie verlor auch nichts, worauf ich sie hätte aufmerksam machen und was ich hätte aufheben können; ich hatte auch keine Visitenkarte, die ich hätte hervorzaubern können. Natürlich hätte ich sie auch fragen können, ob sie das Briefkuvert vorgestern im Bus am Ende habe schadlos öffnen können - aber diese Frage fiel mir einfach nicht ein.

Vermutlich habe ich meinen Gang verlangsamt, sie fragend angeschaut und – gelächelt. Mit einem grimmigen Gesicht hätte ich bei ihr schließlich keinen Blumentopf gewinnen können und es hätte ja auch dem Anlass überhaupt nicht entsprochen!

Meine Mutter hatte mich mit einem undefinierbaren Unterton oft „Ernstchen" genannt – sie hatte ja Recht: bis zum heutigen Tag bin ich eher von ruhiger und ernster Natur und lache über komische Situationen nie sofort, weil ich üblicherweise doch einige Zeit zum Begreifen brauche; aber ich schweife schon wieder ab und unterbreche die Handlung. Also: Hätte ich diesmal nicht etwas schneller als üblich reagiert, wäre mein Rotschopf längst vorbei gewesen.

Als wir beinahe auf gleicher Höhe waren, blieben wir wie angewurzelt stehen und ich fragte sie (später duzten wir uns ja bekanntlich) vermutlich mit meinem gewinnendsten Lächeln, ob sie in meine Richtung ginge – was sie bejahte.

Ich habe diese Begebenheit schon oft erzählt und bin bis heute von unserer damaligen gemeinsamen wortkargen Hilflosigkeit und der geringen Logik meiner Frage (und nicht minder von ihrer Antwort) immer noch innerlich berührt.

Wir gingen zum Herrn Prälaten. Wir saßen artig nebeneinander und blickten uns verstohlen von der Seite an – oder etwa nicht? Immerhin zogen mich ihr linkes Knie und ihre Sommersprossen magisch in den Bann. Der Vortrag war mir nicht mehr so wichtig, weil neben mir (m)eine Zauberfee saß, die mich unglaublich beeindruckte.

Ich weiß nicht mehr, wie es weiterging, aber wir entdeckten zur gegenseitigen Überraschung und Freude, dass wir beide aus Berlin kamen. *Ingrid* – und hier muss ich zum ersten Male ihren Namen einführen – erzählte mir, dass sie auf Einladung des *Schauspielstudios Iserlohn* als Statistin in einem für den Kirchentag konzipierten Bühnenstück *Alle Tage ist kein Sonntag* teilnehme.

Unlängst fiel mir ein an Ingrid gerichteter Brief vom 27.06.1963 in die Hände, in dem eine *Ingeburg Heine* das Folgende an sie schrieb:

Liebe Ingrid!

Von Herrn Gumpel habe ich erfahren, daß Du beim Kirchentags-Spiel mitmachen möchtest. Ich habe die Leitung der Gruppe nach Dortmund übernommen. Wir werden im Durchgangslager Maßen bei Dortmund untergebracht (2-4 Bettzimmer) und fahren mit Bussen ins Westfalenhallengelände. Über das Spiel kann ich noch nichts sagen. Ihr erhaltet alle noch einen Rüstbrief. Ich schicke Dir das Teilnehmerblatt zu; bitte laß es von Deinen Eltern unterschreiben und gehe in den ersten Juli-Tagen zum Arzt. Die Fahrt und der Aufenthalt sind kostenlos. Die 15,-- DM sollen uns bei Ausflügen in unserer Freizeit helfen. Wird das Geld nicht benötigt, so bekommst Du es ausgezahlt, wenn Du Dich von uns wieder trennst.

Damit wir uns aber schon einmal kennenlernen, wollen wir uns am 6.7. um 16,00 Uhr bei mir treffen. Zu diesem

Termin bringe dann bitte das Geld und den ausgefüllten Teilnehmerschein mit.

Mit freundlichen Grüßen, Deine Ingeburg Heine

Ein heutiger Leser gerät ins Grübeln, wenn er liest, dass Ingrid als 18jährige noch eine Unterschrift Ihrer Eltern benötigte. Die Erklärung ist ganz einfach, denn in jenen Jahren wurden wir erst mit 21 volljährig.

Nun zurück zu unserer ersten Begegnung:

Vermutlich tauschten wir unsere Adressen aus. Sie kam aus Neukölln und wohnte in der Warthestraße 1-2, mit Telefonanschluss! Ich versprach ihr, am Abend, dem letzten Veranstaltungstag, zur Aufführung zu kommen.

Ich hielt mein Versprechen und in der Dämmerung gab sie mir beim Abschied vor einer gelben Telefonzelle ihren Koffer mit auf den Weg nach Berlin, da sie anschließend noch weiter in ein zweiwöchiges Zeltlager der *drj*, der deutschen reformjugend, nach *Staffelstein* wollte und der Koffer dabei nur hinderlich sein würde. Gemeinsam bemühten wir uns erfolgreich um eine private Mitfahrgelegenheit für sie.

Ich glaube, in *dieser* Situation gingen wir vom *Sie* zum *Du* über:

„Wenn ich schon den Botendienst mit dem Koffer übernehme, dann möchte ich aber eine Belohnung," erklärte ich Dir. „Sei nicht so materialistisch," gabst Du mir ein wenig empört zur Antwort, nicht verstehend, was ich wohl meinte. Aber ich holte mir meine Belohnung, nämlich einen ersten zarten Kuss von Dir – es war ein zarter Lippenkuss, mehr war nicht drin. Du hast später immer bereitwillig geküsst, aber das, was ich mir von einem innigen Kuss vorstellte, war Dir vermutlich eher fremd. Sehr leidenschaftlich kamst Du mir unter der Straßenlaterne jedenfalls noch nicht vor!

Der damalige Kirchentagspräsident *von Thadden-Trieglaff* gestaltete im *Stadion Rote Erde* einen Teil der Liturgie und ich erinnere mich an den kuriosen Augenblick, in dem ein Windstoß seine sämtlichen Manuskriptblätter vom Podium wehte.

Ob ich an Dich dachte? Mit Sicherheit! Es war sehr heiß und Du schliefst als ermüdete Helferin, wie Du mir später erzähltest, auf dem Rasen ein.

Üblicherweise wird auf Kirchentagen gefragt, was die Teilnehmer mit nach Hause in den Alltag nähmen. Für mich war die Antwort klar: Dich und Deinen Koffer!

In einer Notiz aus dem Jahre 2010 schriebst Du mir, ich sei damals so anders als Andere gewesen und hätte so männlich gewirkt! Ehrlich gesagt, ich wäre mir da nicht so sicher gewesen, zumal ich mich ganz anders eingeschätzt habe.

Deine Fahrt nach Staffelstein sei herrlich und abwechslungsreich gewesen. Von Ferne hättest Du den Kölner Dom gesehen und Würzburg habe es Dir angetan. Wenig später erreichte mich eine Ansichtskarte von der Nürnberger Sebalduskirche. In einem ausführlicheren Brief erfuhr ich dann Folgendes:

Gegen 19 Uhr seist Du in Staffelstein angekommen und hättest innerhalb von einanhalb Stunden den Staffelberg auf der einen Seite erklimmen und auf der anderen Seite hinabsteigen müssen. Aber durch den Kirchentag *geistig aufgerichtet*, habest Du es *furchtlos und tapfer* geschafft. Um die singende und tanzende Gesellschaft nicht zu stören, hättest Du Dich einfach eingereiht.

Allein dieser Bericht zeigt, wie zwanglos Du Dich integrieren konntest und wie Du bereits nach kurzer Zeit einfach dazu gehörtest.

Gegen 22 Uhr sei schließlich Zapfenstreich gewesen. Dann folgen Dein Dank für die prompte Zustellung des Koffers und die Angabe der Adresse des Zeltlagers – falls ich Dir eine Postkarte schreiben wolle. Dafür würdest Du mir postalisch *viele liebe Grüße und 1 Küßchen* schicken. Sieh an, Du warst lernfähig!

Unlängst ist mir mein Brief an Dich vom 04.08.1963 nach Staffelstein in die Hände gefallen:

Liebe Ingrid,

ich habe mich über Deinen Brief sehr gefreut und hoffe, daß Ihr in Staffelstein von der argen Hitze nicht allzu sehr mitgenommen werdet.-

Deinen Koffer habe ich in der vergangenen Woche bei Euch abgegeben und mich bei dieser Gelegenheit des längeren mit Deinen Eltern unterhalten. Dabei habe ich ihnen auch einiges vom Kirchentag berichtet. –

Gestern bin ich mit meinem Freund Wolfgang auf dem Wasser gewesen, aber diesmal mußten wir in den

Schatten, weil uns die Sonne bei 34,9 Grad zu gefährlich war. Ich weiß nun nicht, wann Ihr in Berlin eintreffen werdet, aber vielleicht könnten wir beide am kommenden Sonntag unterwegs sein. Ich hoffe nicht, daß Ihr wie wir 3 Stunden in Helmstedt stehen müßt.-

Auf der Rückfahrt von Dortmund habe ich mich lange Zeit mit einem kirchlichen Bildhauer unterhalten, der mich zu einem Besuch in sein Atelier eingeladen hat. Über politische Fragen konnte ich mich mit einer älteren Dame unterhalten, die als ehemalige Bürgermeisterin von Lichtenberg noch heute aktiven Anteil an der Politik nimmt. Sie saß die ganze Zeit neben mir, da Dr. Boeckh ja von Köln-Wahn aus mit dem Flugzeug heimwärts flog.-

Am vergangenen Donnerstag habe ich angefangen zu arbeiten. Da ich meinen neuen Chef gut kenne, fühle ich mich fast wie zuhause. Auch die Angestellten sind sehr freundlich zu mir, obwohl sie zu Beginn nicht recht wußten, was sie mit mir anzufangen hätten, da ich so oft mit dem Chef über persönliche Dinge sprach. Er wird demnächst mein Schüler, da er als Anfänger Englisch lernen wlll. Im Übrigen bereitet mir die Arbeit an sich gar keine Schwierigkeiten, da wlr uns buchhalterische Fragen in der Berufsschule schon an den Schuhsohlen abgelaufen haben.

Liebe Ingrid, ich wünsche Dir noch einige erholsame Tage und hoffe, Dich bald in Berlin zu sehen. Mit herzlichem Gruß

Dein Jürgen

Bemerkung: Das Quantum „1 Küßchen" ist mir viel zu wenig. Mehrere!

Du warst begeisterungsfähig, unternehmungslustig, unbeschwert und wagemutig. Ich vermute, auch deshalb war ich intuitiv hingerissen von Deinem Wesen. Weshalb nur liebe ich an Frauen bis zum heutigen Tag echtes rotes Haar und Sommersprossen?

Ich hatte Dir also ins Zeltlager geschrieben und mich erreichte eine weitere Postkarte mit der Zusage, dass Du an einem Sonntag, dem Tag nach Deinem Eintreffen in Berlin, wohl *ein Stündchen* für mich erübrigen könntest. Ich könne ja anrufen um einen Treffpunkt auszumachen. Auf einer weiteren Postkarte lautet es am Ende: *Bis dahin alles Gute, ein erfolgreiches Schwimmen, viele Grüße und – (jetzt ist es mir entfallen) Deine Ingrid.*

Noch heute sehe ich in meiner Vorstellung Dein leises Lächeln beim Abfassen dieser Postkarte.

Ich weiß nicht mehr, wie ich die Heimreise mit zwei Koffern nach Berlin bewältigen konnte und wie ich meinen verdutzten Eltern die Existenz dieses unbekannten Koffers erklärt habe. Wahrscheinlich mit der Wahrheit.

Entscheidend war, dass ich Dich nun kannte und dass Du mir auf Anhieb vertraut hattest. Ich lieferte Deinen Koffer (wie oben berichtet) in Neukölln ab und wurde von Deiner „ahnungslosen" Mutter spontan zum nächsten Hausmusikabend eingeladen. Der Koffer wurde also zu meiner Eintrittskarte in Deine Familie und in Dein Leben.

(M)ein Gedichtfragment für Ingrid

Ein Kriegskind bin ich aus Berlin,

Wollt früh gern reisen – doch wohin?

Drei Transitwege gab's zu Land

Feindlich, fremd und unbekannt!

Ein Eiland war's, auf dem wir lebten

Und Freiheit pur, nach der wir strebten.

J.H. (o.D.)

Ich fühlte mich sogleich ausgesprochen wohl in Eurer Familie, die so lebendig und voller Leben war und von der ich mich angenommen fühlte. Deine Eltern waren von Jugend auf bündisch geprägt und leidenschaftliche Volkstänzer. In Eurer Familie ging es lebhaft und laut zu. Hier wurde musiziert und rezitiert; wir spielten Rommée, bis mir allerdings Deine Schummelei unterm Tisch zugunsten Eures Vaters zu bunt wurde. Ich wäre ja durchaus zum Verlieren bereit gewesen, aber auf unehrliche Weise wollte ich *nicht* ausscheiden! Mein Verhältnis zu Eurem Vater war von gegenseitiger Sympathie und von Verständnis geprägt und ich habe auch ihn in einzelnen Wesenszügen durchaus als Leitfigur angesehen. Es ist wahr, dass mich die vielseitigen Begabungen und Interessen der Familie *Rückert* irgendwie faszinierten und sich deutlich von meinem Zuhause abhoben.

Euer Vater spielte Querflöte und hatte Orchestererfahrung gesammelt. Oft wurde er von Dir am Klavier begleitet. Deine musikalische Begabung beeindruckte mich zutiefst. Du konntest nach Noten und vor allem auch auswendig spielen; Du konntest auf Deinen Instrumenten mühelos improvisieren und transponieren und variieren.

Ein Farbbild zeigt Dich etwa im Jahre 1963: Deine langärmelige türkisfarbene Bluse passt gut zu Deinem kurzen kastanienfarbenen Haar (oder war es karminrot?) und Du lächelst mit geschlossenen Lippen stillvergnügt und gutmütig, nach links gewandt, in die Kamera, während Du beidhändig Klavier spielst. Du warst schon früh an den Volkstanz herangeführt worden. Du hast zwar auch die gängigen Standardtänze, die man in der Tanzschule lernt, beherrscht, aber diese waren nie so sehr Dein Fall. Aus dem Chorsingen in der Altstimme machtest Du Dir hingegen wirklich nicht sonderlich viel.

Wenn in Deiner Schule, dem Albrecht-Dürer-Gymnasium in Berlin-Neukölln, in den Jahren vor 1963 Schulspiele anstanden, hast Du die Aufführungen auf dem Klavier begleitet und damit den Orchesterpart übernommen. Einmal, so erzähltest Du mir später, fehlten Dir die letzten Seiten der Mozartpartitur, aber das machte Dir nur wenig aus; denn mit Deinem Improvisationstalent brachtest Du die Aufführung ehrenvoll zu Ende. Niemand außer Eurem Musiklehrer hatte Deine Eigenkomposition wohl bemerkt, weil Du Mozarts Musikstil intuitiv offenbar angemessen getroffen hattest.

Deine Achillesferse auf dem Gymnasium war die Musiktheorie, so dass Du im Fach Musik nie die Note *sehr gut* erhieltest.

Du warst war ein Gemeinschaftsmensch, der sich im Kreise Gleichgesinnter – egal, welchen Alters – sehr wohl fühlte. Dazu gehörte vor allem die bereits erwähnte d*eutsche reformjugend*, in der Du bereits 1964 neunzehnjährig als Zeichen eines großen Vertrauensbeweises als Gruppenleiterin eingesetzt werden solltest, und unter deren Einfluss Du zeitweilig zur Vegetarierin wurdest.

Offenbar muss ich diese Organisation Dir gegenüber des Öfteren eher unkontrolliert madig gemacht haben. Ich begehre nämlich seit jeher auf, wenn ich spüre, dass auf dem Wege von Satzungen oder starren Regelwerken anderen Menschen ideologische Korsettstangen eingezogen werden sollen.

Bis zuletzt liebtest Du klassische Musik und kamst damit dem Geschmack Eurer Eltern sehr entgegen, die „das moderne Gedudel" nicht mochten.

Als ich Dich kennenlernte, trugst Du gerne Schuhe mit Pfennigabsätzen, auf denen Du jedoch häufig umknicktest, die Treppen beliebig auf- und abwärts fielst und Dir ständig blutige Knie holtest. Habe ich Dich je ohne Schürfwunden und Pflaster gesehen? Du warst schnell bis hektisch in Deinen Bewegungen und wirktest bei allem äußerst dynamisch.

Ein Schwarz-weiß-Foto zeigt uns beide im Winter auf einer Wanderung. Verspielt zeigst Du einen kleinen Löwen, der Dein Maskottchen war, und wenn Du lächelst, wirkt Dein Gesicht bis heute ungemein liebevoll. Ich trage auf diesem Bild einen Fischgrätenmantel und einen kleinen Filzhut und lächle gleichfalls. Unsere Kinder kennen mich hingegen nur mit Bart und Schirmmütze.

Euer Vater besaß einen beigefarbenen VW 1200, einen „Sparkäfer", mit dem auch Ausflüge an die Havel unternommen wurden. Oft haben Deine Eltern, autorisiert durch ihren vom Forstamt ausgestellten Holzlesschein, das Auto mit Leseholz vollgeladen und zuhause in Eurem Kachelofen verbrannt. Eure Familie verfügte außerdem über einen amtlich genehmigten

Telefonanschluss, war doch Euer Vater bis 1962 selbständiger Elektromeister gewesen, bevor er dann als angestellter Sachbearbeiter zum Kreuzberger Hochbauamt ging.

Die Warthestraße in Berlin-Neukölln war in den 60er Jahren ein Quartier von eher einfacher Wohnqualität, mit einer baumumsäumten Mittelpromenade und mit einer deutschen Bevölkerungsstruktur ohne jeglichen Migrationshintergrund — für heutige Verhältnisse unvorstellbar.

Wolfram, Dein Bruder und späterer Grundschullehrer, verfügte über ein erstaunliches Sprachentalent und eine chorreife Tenorstimme.

Du warst in meinen Augen ein meist spontan handelnder Mensch, obwohl Du eine starke Neigung und Fähigkeit zur Selbstreflektion hattest und Dir die Welt neugierig und selbständig- fragend erschließen konntest.

Deine Schulkarriere hattest Du allerdings im Frühjahr 1963 nach der zwölften Klasse abgebrochen, weil das viele an der Schule vermittelte träge Wissen nicht Dein Fall war. So wuchs die Zahl Deiner mangelhaften Noten bedrohlich an und das Abitur erschien Dir am Ende wohl unerreichbar oder zumindest nicht mehr erstrebenswert.

Da Du Dich mit diesem miserablen Abgangszeugnis nirgendwo bewerben konntest, besuchtest Du von April bis September 1963 die Hofmeister-Handelsschule in Wilmersdorf und lerntest unter anderem. Schreibmaschine und Stenografie, eine wichtige Grundlage für Deine Tätigkeit als Verwaltungsangestellte beim Deutschen Archäologischen Institut (DAI) in Dahlem, wo Du von Oktober 1963 bis März 1966 im Kreise älterer Kollegen gearbeitet hast.

Im Sommer '63 warst Du nicht nur Mitglied der *deutschen reform jugend,* sondern auch des Ruderclubs Tegel 1886 geworden. In beiden Gemeinschaften fühltest Du Dich wohl – und nun erschien *ich* auf der Bildfläche. Es ergab sich dadurch ein echter Interessenkonflikt für Dich. Aus dem Ruderclub bist Du dann schließlich meinetwegen ausgetreten.

Sehr geehrtes Fräulein Rückert!

Der Vorstand hat sich in seiner gestrigen Sitzung mit Ihrer Austrittserklärung vom 14.12.64 beschäftigt. In Würdigung der uns von Ihnen dargelegten Gründe, ist er ausnahmsweise bereit, Ihren Austritt noch zum 31.12.1964 anzuerkennen. Wir haben Sie also zu diesem Zeitpunkt aus unserer Mitgliederliste gestrichen.

Wir wünschen Ihnen für die Zukunft alles Gute, und verbleiben

Mit rudersportlichen Grüßen

Fischer

1. Schriftführer

Der *drj* bliebst Du hingegen treu. Die Teilnahme an Ausgrabungsprojekten des DAI lehntest Du wiederum meinetwegen ab.

Ende der 50er Jahre hatte ich von einem Kollegen und werdenden Vater zum Preise eines Kinderwagens ein Sharpy-Paddelboot gekauft und für eine monatliche Miete von DM 15,00 einen Bootsstand in der dritten Lage bei der *Nixe-Bootswerft* am Kleinen Wannsee übernommen.

Die Gewässer im alten West-Berlin waren an Wochenend-Sommertagen mit Booten aller Art übersät und für Paddler war es manchmal nur unter großem Risiko und bei erhöhtem Adrenalinspiegel möglich, die Fahrt über den Großen Wannsee heil zu überstehen. Wer mehrere Jahre mit seinem Boot unterwegs gewesen war, kannte am Ende jede Biegung und jede Bucht – aber Du warst bereit, mit mir gelegentlich auf Paddeltour zu gehen. Mit Deinem leuchtend roten Haar, Deiner schlanken Figur und Deinem rückwärtigen Bikini-Teil vor Augen war ich voll und ganz einverstanden. Allerdings musstest Du Dich bei Deiner empfindlichen Haut immer wieder schnell gegen die Sonneneinwirkung schützen. Dies war wohl der Hauptgrund, weshalb wir später vorzugsweise auf der nördlichen Erdhalbkugel reisend unterwegs waren.

Einmal hatten wir Glück im Unglück: ein PS-starkes Motorboot umkreiste verkehrsgefährdend ein Fahrgastschiff und plötzlich fielen die beiden jugendlichen Machos bei ihrem Wellenhüpfen aus dem Boot, das nun führerlos auf uns zugerast kam und, glücklicherweise durch Wellen und Wasser in eine andere Fahrtrichtung gelenkt, hart an uns vorbeischoss und Kurs nahm auf die Anlegestellen am Fährhafen Wannsee. Aber noch einmal wurde es ein Stück weit in unsere Richtung auf den See zurückgelenkt um dann am Ende jedoch mit lautem Knall auf eine in den See abschießende Straße zu krachen.

Ein anderes Mal hatten wir Pech: Arm in Arm purzelten wir beide eine Treppe von der Wannseebrücke zum Kleinen Wannsee hinunter und beschlossen, fortan nur noch Hand in Hand (durchs Leben) zu gehen - und nie mehr untergehakt.

Am 04.11.1963 schriebst Du mir, dass Du gerade vom Zahnarzt zurückgekommen seist. Du hättest erfahren müssen, dass ich Dich (telefonisch) zweimal nicht erreichen konnte, worüber Du sehr enttäuscht warst. Ich erinnere mich, dass es in der *Heilbronner Straße* in Richtung Barbarossastraße eine öffentliche gelbe Telefonzelle gab, in der man damals für 20 Pfennige ohne Zeitbegrenzung telefonieren konnte. Im November zweimal anzurufen bedeutete für mich: zweimal warm anziehen, zweimal die Wohnung verlassen und zweimal hoffen, dass die Telefonzelle nicht von Dauerkunden blockiert war. Du seist enttäuscht gewesen und andererseits erfreut, hätte ich Dir doch sicherlich über schöne Neuigkeiten berichten wollen. Ja, hätte ich doch nur 10 Minuten gewartet!

Erst um 17.30 Uhr seist Du am U-Bahnhof angekommen und ich müsse wohl eine Bahn vor Dir genommen haben. Künftig sollten wir doch montags mit demselben Zug fahren; Du würdest Dich auch beeilen, bereits um

17.15 Uhr am Bahnhof zu sein. Du fragst Dich, ob Du angesichts Deiner Neugier wohl schlafen könntest. Du seist sehr gespannt über meinen Bericht von der Uni und wünschtest mir alles Gute für mein zweites Semester. (Es sei hinzugefügt, dass Du eigentlich nie pünktlich sein konntest. Aus diesem Grunde richtete ich mich allmählich darauf ein, stets sieben Minuten zu warten.)

Am 02.12.63 hast Du mir berichtet, dass Du wieder einmal verschiedene „Bilder" aus Deiner Kammer hinausgeworfen habest. Vermutlich hatte ich moniert, dass Du Deine Bilder recht lieblos und krumm und schief mit Tesafilm an die Wand geklebt hattest. War ich damals wirklich ein wenig pedantisch? Immerhin grüßtest Du mich am Ende ganz versöhnlich mit zwei Küsschen.

Nach Vorlesungsschluss an der FU haben wir uns oft in der Nähe des U-Bahnhofes *Thielplatz* getroffen und meist hatte ich nur eine Stange *Vivil* bei mir, von der ich jedoch gern und großzügig abgab. Das wirkte in der Tat ärmlich-bescheiden, aber ich wusste oft kaum, wie ich finanziell über die Runden kommen sollte. Ich war neben dem Studium ständig auf Jobs angewiesen, wobei mir meine Tätigkeit als studentischer Tutor nur wenig einbrachte – aber immerhin etwas.

Im Rahmen meines selbstgewählten *studium generale* besuchtest Du mit mir gelegentlich gemeinsame Abendvorlesungen im Henry-Ford-Bau. Es hat mich damals tief beeindruckt, wie *Hellmuth Gollwitzer* in seiner warmherzigen Art uns, die er doch gar nicht näher kannte, jeweils vor Beginn seiner Vorlesung über „Probleme und Ergebnisse des deutschen Kirchenkampfes 1933-45" mit breitem Lächeln und Handschlag begrüßte. Das war im Sommersemester 1964.

Gleichfalls im Jahre 1964 bewarbst Du Dich für die Ausbildung zur Jugendpflegerin, bekamst jedoch noch keine Zusage, da Du erst volljährig, also nach damaliger Rechtslage 21 Jahre alt, sein musstest.

Auf einer undatierten Karte aus dem Jahr 1964 nimmst Du Anteil daran, dass ich bald eine weitere Woche meines Bürodienstes überstanden haben dürfte. Du habest Deinen Stolz überwunden und Dich entschlossen, mir zu schreiben.

Hatte ich schon wieder an Dir herumgenörgelt oder Dich gekränkt?

Jedenfalls seist Du am Abend nicht zu Hause; ich könne Dich am nächsten Tag gegen 12 Uhr anrufen oder nach dem Schwimmen. Du würdest mir viele Grüße schicken und etwas, was Dir jedoch „momentan entfallen" sei.

Aus unserer Korrespondenz wird klar, wie schwierig es für uns in einer Zeit ohne Handy war, spontan Kontakt aufzunehmen, zumal meine Eltern bis zu unserer Hochzeit im Jahre 1968 kein Telefon beantragt hatten..

Aber irgendwie ging aus Deinen Worten hervor, dass ich Dir (wohl von mir unbemerkt) erneut auf die Füße getreten war. Du warst offenbar sehr verletzlich, aber es war für mich immer schwer, einen Blick in Deine Gefühlswelt zu werfen.

Gemeinsam mit Deiner Freundin *Regine* warst Du im September 1964 mit der Evangelischen Jugend Alt-Tempelhof nach Frankreich gefahren. Auf einer Karte an Deinen <Mon Chérie> berichtest Du von Eurer sicheren Landung und bedauerst, dass es schade wäre, dass ich nicht dabei sei. Wir müssten unbedingt (mal wieder) in diese Gegend. Ihr würdet in der darauffolgenden Woche dem Mittelmeer einen Besuch abstatten. Das Wetter sei so wie bei uns während der heißen Tage. Postalisch schicktest Du mir viele Grüße und französische Küsschen.

In einem vierseitigen Brief beschreibst Du die trockene Wiese, auf der Regine und Du in Eurer Freizeit lagerten. Beeindruckend sei das Flimmern in der Luft, jenes Flimmern, das Deine Kunstlehrerin wohl gemeint habe, wenn sie die französischen Impressionisten mit Südfrankreich zusammengebracht habe. Du schwärmst von der blutroten Abendsonne und dem goldrot aufsteigenden Mond und verspürtest den Wunsch, zu jener Stunde *die zweite* Seele bei Dir zu haben um dieses Naturereignis gemeinsam erleben zu können. Offenbar hatte ich Dir einen Brief auf Französisch geschrieben, den Du ziemlich gut verstanden habest. Ob ich mit Wolfram, Deinem Bruder, gepaddelt sei, wolltest Du wissen. Ich weiß es heute nicht mehr. Wohl eher nicht!

Du fragst nach, ob ich auch schön fleißig lerne und was die Post mache. Vermutlich spieltest Du damit auf meine mehrmalige Tätigkeit als Postfacharbeiter in SW 11 an.

Eine weitere Ansichtskarte berichtet davon, dass Ihr vor *Notre Dame* sitzen und auf eine Führung warten würdet. Paris sei schöner als Du es Dir vorgestellt habest. Eigentlich hätte ich es ja nicht verdient, dass Du mir schriebest, aber man solle ja nicht Gleiches mit Gleichem vergelten!

Was war denn nun schon wieder vorgefallen?

Am 04.09. schreibst Du in der Pariser Metro eine letzte Karte aus Frankreich an mich.

Während Deiner Frankreichreise hatte ich mir ein Husarenstück geleistet, das nach Deiner Rückkehr allerdings wenig Anklang bei Dir fand. Ich hatte nämlich ungefragt Deine Mädchenkammer frisch tapeziert. Es sollte eine lieb gemeinte Überraschung für Dich sein, eine Aktion, der Deine Eltern zugestimmt hatten; eine Überraschung, die eine Menge Arbeit und Geld gekostet hatte. Aber als Du die frische Tapete an Deinen Wänden prangen sahst, stand auf Anhieb Deine Entscheidung fest, sie nicht zu mögen, weil Du sie schließlich nicht selbst ausgesucht hattest. Ich sah betrübt meinen Fehler ein. Diese Eigenmächtigkeit meinerseits und dieser Eingriff in Deine Privatsphäre sollten später wesentlich zu Deiner vorübergehenden Trennung von mir beitragen.

Mit dem Poststempel vom 29.10.1964 erreichte mich bei meinem Freund *Erwin Edelmann* in Zeppenfeld Kreis Siegen eine Postkarte, auf der mir meine "Maus" unter Beigabe eines Küsschens mitteilte, dass ihre Gedanken bei der in einer Stunde stattfindenden Prüfung seien. Leider vermag ich heute nicht mehr zu sagen, wer von uns beiden damals geprüft wurde.

Deine Idee, Jugendpflegerin zu werden, ging ins Jahr 1962 zurück, nachdem einer Deiner Lehrer Euch Schülern eines der *Blätter für Berufskunde* gegeben hatte.

Noch nach Jahren machtest Du mir Vorhaltungen, dass ich Dir als mögliche Alternative den Beruf der Kindergärtnerin und Hortnerin habe aufschwatzen wollen und mich damit ungefragt in Deine beruflichen Zukunftspläne eingemischt hätte.

Offenbar fühltest Du Dich von meinen apodiktischen Feststellungen und von meinen Vorschlägen oft überrumpelt und zu wenig ernst genommen. Das Problem bestand für mich jedoch darin, dass Du mir nie mitteiltest, was in Dir nagte und mir somit Grenzen setztest. Oft warfst Du mir vor, dass Du Deine Kritik an mir von meiner Seite dreifach zurückbekämst.

Bitte glaube mir: Ich habe niemals über Dich dominieren wollen und war oft betroffen, dass Du Dich von mir und meinen Vorschlägen gemaßregelt fühltest. Hättest Du mir doch nur *einmal* gesagt: *Bis hierhin und nicht weiter!* Ich hätte es möglicherweise begriffen. Aber so ganz sicher bin ich mir am Ende dann doch wieder nicht.

Wir saßen, wie schon berichtet, an warmen Tagen gern nahe dem U-Bahnhof Thielplatz auf dem Rasen unterm Baum und plauderten. Du konntest schon damals gut davon erzählen, was Du so tags über erlebt hattest und ich habe Dir gern zugehört. Ich glaube, ich habe manchmal viel weniger an Erlebnissen von mir preisgegeben als Du von Dir. Sicherlich war es eine Herausforderung für Dich, in diesem Institut zu arbeiten, da Du Kollegen hattest, die sämtlich viel älter waren als Du mit Deinen erst achtzehn Lenzen. Ein Foto zeigt Dich mit dem früheren Bundespräsidenten *Heinrich Lübke*, der dem Deutschen Archäologischen Institut unter der damaligen Leitung von *Prof. Bittel* einen Besuch abgestattet hatte.

In Deinen Unterlagen fand sich eine *Festsetzung der Dienstbezüge* als Schreibkraft bzw. als Stenotypistin im Angestelltenverhältnis. Du wurdest damals nach BAT IX bezahlt, was ab 01.10.1963 auf ein Gehalt von monatlich *DM* 421,00 hinauslief. Unklar bleibt, ob sich dieser Betrag als Brutto- oder Nettobetrag, also vor bzw. nach Steuern und Sozialabgaben, verstand. Es stellt sich die Frage, wieviel *Euro* das heute ungefähr entspräche. Diese Frage ist gar nicht so einfach zu beantworten, weil dabei die Lebenshaltungskosten, die Inflationsraten und die Gehaltssteigerungen eingerechnet werden müssen; vielleicht kämen heutzutage so etwa € 1.400,00 heraus. Wäre dies der Bruttobetrag gewesen, so hätte der sich daraus ergebende Nettobetrag schwerlich ein selbständiges Leben in eigener Wohnung und unabhängig vom elterlichen Schutzschirm ermöglicht.

Du erreichtest Deine tägliche Arbeitsstelle mit der U-Bahn über *Kottbusser Tor* und *Wittenbergplatz* als Umsteigebahnhöfen und so konnten wir gelegentlich abends wenigstens einen Teil Deiner Heimfahrt gemeinsam antreten.

Nach dem Dienst fuhrst Du oft in die jüdische Volkshochschule, wo Du Ballettunterricht nahmst. Ich erinnere mich, dass Du auch bei *Prof. Taubert* an der Musikhochschule Unterricht im höfischen Tanz hattest.

Sicherlich hast Du Abend für Abend kurze Eintragungen über Deine Erlebnisse und vielleicht auch über unser Zusammensein in Deinem Tagebuch gemacht; denn Du warst stets ein „Tagebuch-Typ" und hast wirklich allezeit über Gott und die Welt reflektiert. Meine eigene Welt war hingegen mit Sicherheit viel weniger erlebnisintensiv als Deine und eher sachlich und ein wenig spröde anmutend.

Deine Nähe machte mich einfach glücklich und für mich stand bald fest, dass ich bei aller vorläufigen Behutsamkeit Dir gegenüber gern mit Dir gemeinsam alt und schrumpelig werden würde — allerdings niemals bevor ich Verantwortung für Dich und mich (und uns?) würde übernehmen können! Ich hatte mein Berufsziel fest vor Augen und meine gefühlte Verantwortung im Herzen! Ich, der Schlipsträger. Ich, der in Dein damaliges Weltbild eigentlich gar nicht hundertprozentig hineinpasste!

Würdest Du überhaupt jemals *ja* zu mir sagen?

Der Alt-Schöneberger Kantorei gehörte ich von 1957 bis 1974 an und zeitweilig sangen Du und Wolfram, Dein Bruder, bei uns mit. Ich glaube, Du hast es jedoch nur mir zu Liebe getan. Singen war nie Deine Herzenssache – Du warst Instrumentalistin.

Wir erinnerten uns noch lebhaft daran, dass wir nach der Chorprobe meistens mit den Anderen im Restaurant zusammensaßen. Wir nannten dies unser kleines *Après*.

Es gibt Bilder, die dokumentieren, dass wir mit der Großfamilie auch einmal gewandert sind – sicherlich jedoch nicht mit Regelmäßigkeit. Gemeinsame Hausmusikabende habe ich nicht oft erlebt, da Eure Mutter mit ihrer Schwägerin eine für mich undurchschaubare und dauerhafte Privatfehde führte, die familiären Kontakte irgendwann rigoros abbrach und uns in ihre Entscheidung zwingend einband.

Wir beide gingen in den Zoo, ins Theater und in die Oper und – wir verstanden uns.

Dein Verhältnis zu Deinen Eltern erschien mir ambivalent. Du warst (wie ich übrigens Zeit seines Lebens auch) Eurem herzensguten Vater innig zugeneigt. Eure Mutter konnte in ihrer schwatzhaften Neugier sehr bestimmend und rechthaberisch sein und verbreitete eine spürbare hektische Unruhe. Du beklagtest Dich ihr gegenüber vermutlich nur wenig, aber Du warst als heranwachsende Tochter oft innerlich zornig, dass Du von ihr nicht in Ruhe gelassen worden warst um zum Beispiel Deine Hausaufgaben ungestört erledigen zu können. Wie oft magst Du mit Deinen Fäusten ohnmächtig gegen die Wände Deiner Mädchenkammer gehämmert haben? Wie oft musstest Du Deine Schularbeiten im Badezimmer erledigen, dem einzigen Ort, wo Du Ruhe finden konntest!?

Du hast noch vor 1964 *Margarethe Hembd*, meine Großmutter väterlicherseits, in der Heilbronner Straße 29 kennen gelernt. Ich kann nicht mehr sagen, wann ich Dich meinen Eltern vorgestellt habe, aber dies dürfte bald nach unserer ersten Begegnung in Dortmund geschehen sein. Ich bin mir wirklich nicht sicher, ob Du von Anfang an die Wunschkandidatin meiner Mutter warst. War ich hingegen je meiner späteren Schwiegermutter Liebling?

Was Dir an meinen Eltern weniger gefiel, waren deren Förmlichkeit, ihre eher schwach ausgeprägte Liberalität sowie die Tatsache, dass mich meine Mutter „Steppke" nannte. Dir waren jegliche Formen von Verniedlichungen und gefühlter Herabsetzung zuwider.

Du hast anderen Menschen stets Empathie und Respekt entgegengebracht und natürlich ein Gleiches auch in umgekehrter Richtung erwartet. Was Du Zeit Deines Lebens in besonderem Maße brauchtest, das waren: Achtung und Anerkennung.

Ich glaube, ich war selbst noch als Twen ein schwieriger Charakter. Schnell konnte ich in meiner aufbrausenden Art meine Beherrschung verlieren, wenn etwas nicht planmäßig ablief und für gewöhnlich kann man bis heute den Grad meiner Sympathie für irgendwen oder irgendetwas an meinem Gesichtsausdruck ablesen. Mir fehlte schon damals ein Quäntchen heiterer Gelassenheit und ich könnte mir vorstellen, dass ich Anderen ein wenig streng und hölzern und dominant vorkam, einen

Hang zum Eigenbrötler hatte und sehr bestimmend wirkte.

Du musst darunter sehr gelitten haben, ohne allerdings gegen mich aufzumucken oder Dir viel anmerken zu lassen.

Jedenfalls trenntest Du dich nach ungefähr zwanzig Monaten im Februar 1965 von mir. Der Krug sei, um aus Deinem Brief vom 20.03.1965 zu zitieren, gebrochen.

Du wolltest Du Dich von mir nicht gefangen nehmen lassen. Du wolltest nicht einen „aussichtslosen Kampf" gegen mich führen müssen. In den ersten Monaten habest Du Dich bei mir, dem fast vier Jahre Älteren, geborgen und beschützt gefühlt, so dass Du Dich der Umwelt habest stellen können. Aber nach Beobachtung der Anderen und im Vergleich mit ihnen hätte ich doch insgesamt eher nachteilhaft abgeschnitten, wobei Du mich um Verzeihung bätest, dass Du Dich so oft dem Nörgeln hingegeben hättest. Dieses Verhalten erschiene Dir selbst fremd an Dir und wäre wohl über kurz oder lang eskaliert.

Du seist ein Gemeinschaftsmensch, dem es schwerfiele, sich dauerhaft auf einen Einzelgänger wie mich einzulassen.

Ich wiederum bin sicher, Du fühltest Dich von mir damals nicht genügend ernst genommen.

Allerdings möchte ich Deinen Brief nur als einen *vorläufigen* Abschiedsbrief bezeichnen. Das letzte Wort war zwar gesprochen, aber vermutlich doch noch nicht das allerletzte:

Ich weiß es nicht, aber vielleicht bricht nun wirklich nur eine Zeit der Trennung an, damit wir füreinander reifer werden. Soll es nicht so sein, so denke immer an den Ausspruch von A. de Musset „Eine glückliche Erinnerung ist vielleicht auf Erden wahrer als das Glück."

Der Gruß am Ende klingt geradezu versöhnlich:

Mit recht vielen Grüßen und allen guten Wünschen Deine Ingrid

Hieltest Du Dich noch zu jung für eine feste Bindung?

Bis in die jüngste Zeit stelltest Du lobend fest, dass in den 1 ½ Jahren unserer Trennung im positiven Sinne niemand so gewesen sei wie *ich*. Na, ja…

Ich war damals todtraurig, wollte Deine Trennung von mir nicht akzeptieren und Dich zurückgewinnen. Aber wie?

Ich muss Dir spontan geantwortet haben; denn zwei Tage später, am 22.03.1965, erreichte mich ein zweiter ausführlicher Brief.

Meine Antwort auf Deinen ersten Brief habe Dir bestätigt, was Dich an mir so abstoße. *Es sei nicht Deine Art, mit einem Anderen offen zu reden*, weil Du niemals einen Menschen verletzen wolltest. Daher würdest Du Dich mit Andeutungen begnügen, aus denen der Andere lernen solle. Offenheit sei nicht Dein Stil.

Du verteidigst Deine gegenwärtige berufliche Tätigkeit und betonst, dass Du im Kollegenkreis angesehen seist und überall eingesetzt würdest. Du würdest Deinen Kollegen mit Freude begegnen und nicht mit offener Verachtung. Du würdest genau wissen, was Du tust und was Du willst; das hättest Du schon immer gewusst – ohne Reue zu empfinden.

Mit Liebe und Geduld sei mir nicht beizukommen gewesen, deshalb der Bruch mit mir. Ich hätte Dich verletzt *ohne es zu spüren*. Als ich z.B. ein Jahr zuvor beim Lackieren meines Bootes einen entlegenen Winkel auf der Werft ausgesucht habe, hätte ich nur meine Ruhe haben und ungestört sein wollen. Für Dich stehe jedoch der Mensch an erster Stelle. Es störe Dich die *Verachtung,* die ich Vielem und Vielen entgegenbrächte. Ich solle nur beobachten lernen. Es komme auf den Menschen an, nicht auf den Wissenschaftler. Ich sei zwar innerlich reif, hätte aber die Freiheit noch nicht geschmeckt und sei nicht derjenige geworden, der ich sein könnte.

Wir bräuchten reife, aber zugleich *jugendlich schwunghafte* Menschen. Vor allem letzterer Begriff sei mir fremd. Ich sei glücklich In melnem *gutbürgerlichen* Glauben, aber Du könntest solch ein Leben nicht mit mir teilen. Als Mensch, Mutter und Ehefrau wollest Du mehr erfüllen können als was man unter diesem Leben verstehe. Ich rümpfte zu sehr die Nase und nähme Dir alle Freude an einer Sache. Wichtig sei es Dir, Gemeinschaft und eheliche Partnerschaft miteinander zu vereinen. Es komme darauf an, sich in den Dienst der *Gemeinschaft* zu stellen, gehe es für Dich doch ohne die

Anderen nicht ab. Keine einzelne Person könne Dir je die Gemeinschaft ersetzen. Du könntest einen Menschen nur dann lieben, wenn Du Dich ihm mit ganzer Seele hingeben könntest. Deine *seelische Trennung* von mir habe sich jedoch schon seit längerer Zeit vollzogen. Du gehörtest *in die Welt* und nicht ins Haus und hinter den Ofen. Würdest Du ein Buch lesen wollen, würde ich Dich schelten, dass Du die Wohnung noch nicht sauber gemacht habest... Weggehen erschiene mir als unnütze Geldausgabe. Gäste wären mir ein Gräuel.

Du würdest einen zu Dir passenden Menschen suchen und Freude sammeln um sie weiterzugeben. Unbewusst hätte ich Dir viele Enttäuschungen bereitet. Gern wärst Du mit mir ewig durchs Leben gegangen. Wenn *ich* jetzt enttäuscht sei, so seist Du es schon lange zuvor gewesen. Du habest bereits genug geweint. Ich solle unser Freundschaftsverhältnis ruhen lassen.

Wenn ich es nachträglich auf den Punkt bringen sollte, so würde ich heute sagen, Du habest Dich damals an meinem von Dir als kleinkariert empfundenen Lebensmuster gestört sowie an meiner zersetzenden Kritikfreudigkeit, die offenbar Widerspruch nicht zuließ und an der Tatsache, dass man mit mir als Einzelgänger keine Freude im Rahmen der Gemeinschaft haben könne.

Fühltest Du Dich zu wenig ernstgenommen?

War ich möglicherweise eifersüchtig auf die drj, die deutsche reform jugend?

Du hast ja damals, wie bereits gesagt, mit 19 vierzehntägig eine Gruppe im Wolfgang-Scheunemann-Heim in Tiergarten geleitet, eine Gruppe, in der gesungen und erzählt und gewandert wurde und in der Du anerkannt warst und wo die Anderen Dir trotz Deiner Jugend vertrauten. Hier fühltest Du Dich geachtet und verstanden. Es musste Dich kränken, dass ich diese Gruppe mit ihrem Anliegen der gesunden Lebensführung offenbar herabzusetzen bereit gewesen war.

Weshalb nur war ich damals nicht liberal und tolerant genug, Dir Deine Freiheiten zu lassen, Dich zu stützen und wohlwollend zu begleiten?

Du hattest offenbar unter unserer Freundschaft gelitten ohne es mir deutlich   verstehen geben zu können, so dass ich eine Chance der Umkehr gehabt hätte.

Was hätten mir aber damals auch alle möglichen Rechtfertigungsversuche genützt, wenn Du als Person und Deinem Gefühl entsprechend längst den Entschluss gefasst hattest, Dich von mir zu trennen? Bis heute spüre ich, dass sich zwischen andere Menschen und mir oft ein unsichtbarer Vorhang schiebt, so dass es wirklich schwierig ist, emotional an mich heranzukommen.

Was hätte es geholfen, wenn ich Dir vor Augen gehalten hätte, dass ich doch bereits selbst jahrelang *vor* Dir Jugendgruppenleiter und Chormitglied gewesen sei und mir „die Gemeinschaft" an sich ja gar nicht fremd war?

Ich hatte die Schlacht verloren, weil ich Dich am Ende nicht für mich hatte gewinnen können.

Ich mochte noch so oft in den Spiegel sehen – *ich* war es ja nicht, der mit mir auskommen musste! *Du* wärest es gewesen, die mit mir hätte fertig werden müssen, aber Du hattest es nicht geschafft und schließlich aufgegeben, weil Dein Vorrat an Zuneigung vorläufig erschöpft war.

Ich habe es in unserem späteren gemeinsamen Leben stets als wohltuend empfunden, dass Du mir niemals Vorwürfe machtest. Daraus schloss ich jedoch fälschlicherweise, dass für Dich stets alles in Ordnung sei.

Vielleicht war ich aufgrund meiner Wesensart auf Deine kleinen Andeutungen und Zeichen nicht genügend geeicht. Du als *Nesthäkchen* Deiner Familie schwiegst lieber als Dich mit jemandem argumentativ auseinanderzusetzen.

Es mag stimmen, dass mir bis heute eine gewisse Spontaneität abgeht und dass ich sehr ernst, nachdenklich und oft auch aggressiv sein kann, zumal, wenn ich mich gereizt fühle.

Erinnerst Du Dich?

Im Herbst 1973 fuhren wir aus Lichtenrade über Lichterfelde und Schöneberg zu sechst in unserem damit überladenen VW-Käfer um unsere Gäste aus den USA und meine Eltern nach Hause zu bringen. Ich werde nie vergessen, wie viele Pluspunkte und emotionale Hingabe mir diese Risikobereitschaft bei Dir einbrachte. Ich hatte mich in Deinen Augen endlich einmal zum zivilen Ungehorsam überwunden!

Vor einigen Jahren erst bin ich eines Nachts in der Nähe unserer Wohnung ungeduldig bei „rot" mit Dir über die Ampel gegangen und Du umarmtest mich überglücklich, weil ich „es" geschafft hatte, nämlich über meinen Schatten zu springen.

Schüler an meiner alten Schule schätzten mich später als *streng* und *lernintensiv* ein und manchmal frage ich mich, wie sehr jemand in meiner Gegenwart gelitten haben musste und an meiner Seite möglicherweise bis zum heutigen Tag leiden müsste!

Damals war ich angesichts unserer Trennung fassungslos und untröstlich; denn Du wärst meine Traumprinzessin gewesen.

Gab es am Ende vielleicht doch noch eine gemeinsame Chance für uns?

Im Jahre 1965 bewarbst Du Dich nochmals im Haus am Rupenhorn. Diesmal warst Du alt genug. Dir glückte die Zulassungsprüfung und Du wurdest ab 01.04.1966 Teilnehmerin des 11. Jugendpflegerlehrganges, des vorletzten überhaupt, der für Dich bis zum 31.03.1969 dauern sollte.

Deine Ausbildung war an verschiedene Bedingungen geknüpft: Du musstest zwischenzeitlich in einem Zeltlager mitgearbeitet und eine internationale

Begegnung geleitet, einen Erste-Hilfe-Lehrgang absolviert, die Rettungsschwimmer-Prüfung bestanden und musisch-kulturell gearbeitet haben. Du warst nur eine von zwei Frauen unter achtzehn Männern, für die jetzt eine dreijährige nebenberufliche Ausbildung begann.

Am 31. März 1966 wurde Dir vom Deutschen Archäologischen Institut ein Zeugnis ausgestellt, in dem es u.a. hieß:

(...) Fräulein Rückert hat alle ihr übertragenen Arbeiten mit Interesse, Fleiß und großer Gründlichkeit zur vollsten Zufriedenheit erledigt.

Dank ihrer frischen, aufgeschlossenen Art und ihres verbindlichen Verhaltens sowie nicht zuletzt aufgrund ihrer guten Arbeitsleistung fand sie zu den zum Teil erheblich älteren Mitarbeitern schnell Kontakt und kameradschaftliche Aufnahme in den Mitarbeiterkreis.

(Sie scheidet...) nach Ablauf des mit ihr geschlossenen Zeitarbeitsvertrages aus eigenem Wunsch aus, um künftig auf dem Gebiet der Jugendpflege tätig zu sein. Ich sehe Fräulein Rückert nur ungern aus dem Institutsdienst ausscheiden, hoffe aber sehr, daß sie auch in ihrem neuen Aufgabenkreis Befriedigung finden möge.(...)

*****

Die Zeit unserer Trennung war für mich eine Zeit der gefühlsmäßigen Dürre und der Sehnsucht zugleich.

Gewiss, Du lerntest nach eigenen Aussagen andere junge Männer kennen und ich hielt meinerseits Ausschau nach anderen jungen Frauen. Voneinander getrennt, fuhren wir also volles Risiko! Aber Du warst offenbar sehr vorsichtig und viel zu zurückhaltend um Dich auf tiefergehende Beziehungen einzulassen und hast Dich niemals leichtfertig an andere Partner verloren. Mir ging es Grund genommen nicht anders. Keiner von uns machte sich je zum „Wanderpokal".

Eure Mutter war mit dem Verlauf der Dinge gar nicht einverstanden, aber sie konnte Deine Gefühle nicht umdrehen. Sie schrieb mir des Öfteren und lieferte die Begleitmusik zu unserer Trennung.

Immer wieder muss ich Dir geschrieben haben; denn in einem undatierten Schreiben an mich bedankst Du Dich für meinen Brief und bedauerst es, dass ich nur sehr langsam über den Berg käme. Aber das Leben ginge doch schließlich weiter und wir dürften Dingen nicht nachtrauern, die nicht zu ändern seien. Wenn immer ich mich bei Dir meldete, machtest Du Dir meinetwegen Vorwürfe. Ich solle wieder Ruhe finden. Und dann kommt die Schlussformel:

Mit allen guten Wünschen und den besten Grüßen, Deine Ingrid

Irgendwie spürte ich: hier ist noch lange nicht Schluss!

Aus einem weiteren undatierten Brief spricht Dein Eingeständnis, dass Du Dir Vorwürfe machtest, mich *so* behandelt zu haben und dass Du Dir vorgenommen hättest, mich niemals mehr zu verletzen, obwohl es doch erneut wieder geschehen sei. Aber der ursprüngliche „Scheidungsgrund" bestehe noch immer.

Viele Grüße, Deine Ingrid

Nein, hier gab es noch Hoffnung!

Am 16. Mai 1966 erhielt ich eine Geburtstagskarte: Herzlichen Glückwunsch zum Geburtstag *sendet Dir, lieber Jürgen, Deine Ingrid, nebst Eltern und Bruder*

War dies wirklich das letzte Wort in unserer Beziehung?

Leider ist der Poststempel unleserlich, aber die Postkarte mit einem Motiv aus Luzern trägt als Absender die Adresse eines Sommerlagers der drj in Konstanz. Du habest eine schöne Woche in der Schweiz verbracht und seist nun im Zeltlager fern jeder Zivilisation in Konstanz nahe am Bodensee gelandet.

Am 18.08.1966 bedankst Du dich für meinen netten Brief; Du fändest den Vorschlag mit dem Stündchen (am Sonnabend) nicht schlecht.

Dann teilst Du mir in einem weiteren undatierten Brief mit, dass Du an besagtem Sonnabend frei haben werdest – wenn nichts dazwischenkomme. Am Freitag davor würdest Du zwischen 20 und 23 Uhr den Club Cá ira, einen Akademikerkreis, besuchen. Du müsstest dort in der Münsterschen Straße bis zum Ende bleiben und würdest Dich über mein Kommen freuen.

Wenn ich mich nur daran erinnern könnte, ob ich wirklich da war…

Du warst im Sommer 1966, nach fast anderthalb Jahren, zu mir „zurückgekehrt". Du habest fortan glückliche Monate mit mir verlebt, da wir aufeinander zu gegangen seien. Allerdings hättest Du Dich auch gehörig angepasst.

Am 02. Oktober 1966 erhielt ich einen vierseitigen Brief von Dir mit kleinen Zeichnungen am Rande: Blümchen und die Zeppenfelder Berge, eine Maus und Kinder, auf die wir warteten (?), sowie Tannen und Herzchen.

Ich hatte Dir aus dem Siegerland eine Karte und einen Brief geschrieben und die dortige Gastfreundschaft gepriesen. Nun schreibst Du, in Gedanken seist Du oft bei mir und stelltest Dir vor, wie ich durch den Wald wandere. Du berichtest, dass Du mit Anneliese, einer westdeutschen Freundin, eine Fahrt zur Grenze nach Berlin-Buckow unternommen, mit dem Aufzug auf den Funkturm gefahren und anschließend noch das Oktoberfest besucht habest, auch wenn Dir der Trubel dort nicht behagt und Dir die Fahrt mit dem Karussell überhaupt nicht gutgetan habe.

Du hättest nun Deine Erkundungsbesuche der Wilmersdorfer Jugendheime hinter Dir, habest viele Berufskollegen kennengelernt, jedoch keinen *Idealtyp* entdeckt, der Deinem gewählten Beruf wirklich gerecht werden könne. Nun aber würdest Du Dich darauf freuen, dass jetzt bald Deine Arbeit im Jugendheim oben im

Rathaus Schmargendorf beginne. Ein wenig würdest Du dich davor fürchten, weil Du noch nicht so recht wüsstest, was mit den Kindern und Jugendlichen dort anzufangen sei. Du würdest Dich auf gemeinsame Spaziergänge mit mir freuen und deutest uns Beide mit zwei Strichmännchen an. Du grüßt meinen Freund Erwin und mich und schließt mit den Worten: *Deine Ingrid.*

Am 06. Oktober wünschtest Du mir per Postkarte einen guten Rückflug und ein frohes Wiedersehen.

Zum Weihnachtsfest 1966 versprach mir meine *neue Ingrid* eine schöne und ausgeglichene Partnerschaft, Toleranz und gegenseitiges Verständnis. Es möge „Gras" über alles Leid wachsen, das die Trennung mit sich gebracht habe und nur noch kleine Wölkchen mögen künftig unsere Freundschaft beschatten. *Deine liebe, neue Ingrid.*

Du musstest damals in einem Stimmungshoch gewesen sein, wozu mit Sicherheit Dein Berufseinstieg beigetragen haben dürfte. Du hattest zunächst halbtags in Kinderheimen in Kreuzberg gearbeitet, aber Deine Kollegen überredeten Dich dazu, Dich auf eine volle Stelle zu bewerben. Aus diesem Grunde studiertest Du eine Ausschreibung des Rathauses Wilmersdorf etwas genauer – mit Erfolg.

Wir litten weiterhin an echten Kommunikations-problemen, da meine Familie immer noch kein Telefon besaß. So bekam ich am 27. Dezember 1966 ein Telegramm mit der Bitte: „Ingrid anrufen". Worum dürfte es dabei gegangen sein? Kündeten sich hier bereits erste neue Wölkchen am Horizont an?

Am 29.12.1966 erhielt ich eine Karte vom Silvesterlager der drj auf der Freusburg. Es sei schön dort, aber es fehle doch etwas. *Wer* oder *was* wohl?

Offenbar hattest Du diese Reise jedoch vorzeitig abgebrochen, weil ich vermutlich irgendwie interveniert haben dürfte. *Ich* wollte gern mit Dir den Jahreswechsel begehen – was dann letztlich auch geschah.

Zum zweiten Male hattest Du ein Zugeständnis gemacht, das, strenggenommen, jedoch nicht notwendig gewesen wäre, hättest Du nach einigem Nachdenken nicht schon wieder Reißaus genommen! Nun warst Du vorzeitig nach Berlin zurückgekommen, aber es war bei Deiner Vitalität und Deinen zahlreichen Aktivitäten ohnehin sehr schwer, Dich festzuhalten und an sich zu binden – und was konnte ich Dir bei meinem Phlegma und mit meiner Bodenständigkeit schon bieten? Passten wir beide überhaupt zusammen? Hätte andererseits ein Partner mit einem ähnlichen Temperament wie dem Deinigen, also zwei Vulkane unter einem Dach, überhaupt zu Dir gepasst?

Am 26. März 1967 verlobten wir uns. Wir spielten Vier-Ecken-Raten, woran ich mich gar nicht mehr erinnern kann.

Mein Ring war jahrelang so festgewachsen, dass ich ihn gar nicht mehr vom Finger ziehen konnte. Ich habe ihn weiten lassen, Deiner hingegen wurde enger gemacht.

Zu Weihnachten 1967 haben wir *Margarethe Henseleit*, meine Großmutter in Spandau, besucht. Auf einem Farbbild sind wir beide auf merkwürdige Weise „kostümiert" und feiern im Familienkreis offenbar Bescherung.

Ein weiteres Foto zeigt uns im Februar 1968 auf dem Balkon in der Warthestraße 1-2: Beide sind wir mit schwarzen Pullovern bekleidet und ich lehne meine rechte Gesichtshälfte liebevoll an Deinen Haarschopf.

Diesen schwarzen Pullover trage ich heute noch, heute, nach über einem halben Jahrhundert! Ein früherer Schüler hat ihn bei einer Ruderregatta getragen; Silke, unsere Tochter, hat ihn gleichfalls angehabt.

Vor einigen Jahren entdeckte Silke auf einem Foto einen jungen Mann, am Ufer des Edersees stehend, der mit diesem Pullover bekleidet war. „Papa, wer ist dieser Mann?" wollte sie aufgeregt von mir wissen. „Dein Vater," gab ich ihr lakonisch zur Antwort. Sie war enttäuscht und sagte lediglich gedehnt: „Ach so..."

Im April 1967 gingst Du auf Exkursion nach London und Birmingham. Aus London erreichte mich eine Ansichtskarte mit dem Tower und Deinem Versprechen, Dich um eine gute *th*-Aussprache zu bemühen. Wenige

Tage später warst Du im *Westhill College of Birmingham*. Stratford und Coventry standen noch auf dem Programm. Eine weitere Karte kündigt Deine Rückkehr am Sonntag um 8.36 Uhr an – mit dem Zug, vermutlich am Bahnhof Zoo. Ob ich Dich damals abgeholt habe?

Im Poststadion half ich Dir, gemeinsam mit mir die Prüfung als Rettungsschwimmer(in) zu bestehen. Da Du Probleme mit dem Streckentauchen hattest, schärfte ich Dir ein, sofort nach mir ins Wasser zu springen und mir, der fast am Beckengrund voranschwamm, hinterher zu schwimmen, bis ich auftauchen würde. Ich war sozusagen Dein Schrittmacher. Meinen Pflichtsprung vom Dreier absolvierte ich übrigens als Paketsprung, da ich bis zum heutigen Tage nur ungern ins Wasser springe – egal, aus welcher Höhe.

Zu Pfingsten 1967 begleiteten wir *Ingrid Tietsch* mit ihrem Blockflötenkreis als Assistenten in ein DRK-Heim am Edersee. Ich erinnere mich, dass ich gegenüber den nach meiner Meinung teilweise sehr von sich eingenommenen und aufmüpfigen Musikschülern aus Steglitz keine besonders gute Figur gemacht habe und schon einmal sehr deutlich wurde. Ich spielte kein Instrument (außer der Klampfe) und konnte allein schon deshalb nicht als Fachautorität glänzen. In einem Fußballspiel knöpfte ich Dir, die Du in der gegnerischen Mannschaft mitspieltest, den Ball ab. Dazu gehörte zwar nicht viel, aber Du hast mir diese Zurschaustellung meiner Überlegenheit nie verziehen.

Vom Sommer 1967 stammt ein Farbfoto, das ich wie folgt beschrieben habe:

„Da sitzt *Ingrid*, der Rotschopf, im rechten Winkel vor mir auf einem Felsbrocken und mit fröhlichen Augen lächelt sie vermutlich unseren Schweizer Freunden zu; denn mit denen sind wir unterwegs und machen gerade für einen Augenblick Rast auf unserer Bergwanderung. Ingrid trägt eine hellgraue Windjacke, am Kragen, an den Handgelenken und im Bund blau abgesetzt mit zwei weißen Streifen. Ihr linkes Bein hat sie hochgezogen und angewinkelt und ihre linke Hand hält die Schnalle eines der beiden Fußlatschen fest, in die sie – hoffentlich nur für die Dauer der Rast – hineinschlüpft um für einen Augenblick die schweren Bergschuhe loszuwerden. In ihren Kniebundhosen aus braunem Cord und ihren dunklen wollenen Kniestrümpfen kommt ihre gertenschlanke Figur vorteilhaft zu Ausdruck.

Auf ihrem linken Ringfinger ist der Ring zu sehen, den sie noch heute trägt.“

Nach unserer Verlobung waren wir also im Sommer einer Einladung der Familie *Siegenthaler* nach *Brienzwiler* ins Emmental gefolgt. Haben wir eigentlich damals in demselben Zimmer übernachtet oder waren wir sittsam getrennt?

Nicht einmal dies weiß ich mehr!

Sommer 1967

1968: Wir - ein ideales Brautpaar?

Unsere Kinder halten unsere Geschichte des Kennenlernens auf dem Kirchentag in Dortmund für eine gut zurecht gemachte Anekdote und letztlich für — unglaubwürdig. Es mag sein, dass diese im besten Sinne des Wortes *merkwürdige* Begegnung ein Zeichen war. Ob nun Zeichen oder Zufall — es wird ein ewig ungeklärtes Geheimnis bleiben.

Es ist doch merkwürdig, dass diese unsere erste Begegnung gleichsam wie ein ständiger Film mit Endlosschleife in meinem Gedächtnis abläuft. Mit Sicherheit war dies einer der eindrucksvollsten Momente in meinem Leben.

Seinerzeit warst Du Vegetarierin und weiterhin Mitglied der d*eutschen reformjugend*. Euch ging es schon damals um ein bewusstes Erleben der Natur. Gemeinsam mit anderen Kindern, Jugendlichen und Heranwachsenden bis Mitte zwanzig waren Zeltlager und Wanderungen, gemeinsames Singen und Volkstanz Eure Sache. Die meisten von Euch waren Vegetarier und haben sich eingesetzt für die Umwelt sowie für den Schutz der Tiere und des Lebens überhaupt. Ihr habt, um dieses Klischee zu verwenden, selbst in Euch hineingehorcht und mit Fragen nach einem gesunden und sinnerfüllten Leben gerungen.

Ich erinnere mich noch an die berühmten *Besinnungsaufsätze* aus meiner eigenen Schulzeit und könnte mir gut vorstellen, dass *Du gern* über *Albert*

Schweitzer und sein Wirken in *Lambarene* geschrieben hättest. Allerdings waren wir beide später nicht wirklich dafür geschaffen bzw. konsequent und mutig genug, vor Ort aktiv in die Entwicklungshilfe einzusteigen oder einen Auslandsschuldienst anzutreten,

Ich selbst bin noch nie Vegetarier gewesen, obwohl ich heute oft und gern vegetarische Kost esse. In meiner Familie haben wir jedoch stets schieres Fleisch und nie Innereien wie Lunge, Leber, Nieren oder Blutwurst zu uns genommen — aber gegen Königsberger Klopse mit Kapern, ein Wiener Schnitzel, Kohlrouladen oder Kassler mit Sauerkraut hatte ich niemals etwas einzuwenden. Ich war und bin kein Feinschmecker, sondern habe es stets deftig gemocht.

Zeltlager und Nachtwachen, Lagerfeuer und Musik mit Klampfenbegleitung waren auch mir durch die *Evangelische Jugend* vertraut, aber ich war lange Zeit meines Lebens eher mit Theologie und der teleologischen Sinnfrage als mit dem heutigen Begriff der Achtsamkeit oder gar mit Tier- und Naturschutz beschäftigt.

Als junger Bankkaufmann hatte ich in einer Spandauer Fleischfabrik Zessionen zu prüfen und wer einmal abhängende Schweine- und Rinderhälften zu zählen hatte, dürfte leicht den Appetit verloren haben und zum Vegetarier werden können.

Nie werde ich vergessen, wie ich als 15jähriger auf einem Bauernhof in der Lüneburger Heide vor einem geköpften Huhn angewidert Reißaus genommen habe, vor einem kopflosen Huhn, dessen Rumpf blutspritzend auf mich zugeflattert kam.

Als wir in den 80er Jahren mit unseren Kindern in unserm norwegischen Fjord Kabeljau gefangen hatten, musste *ich* die zappelnden Fische ins Jenseits befördern, köpfen und ausnehmen — und das alles ohne einen betäubenden Schnaps! Eimerweise haben unsere Kinder damals mit großem Jagdeifer Fische gefangen und ihrem armen Vater zum Verzehr überlassen, der am Ende verzweifelt protestierte und den Fischfang schließlich boykottierte!

Irgendwann nach unserer Verlobung hatte Ingrid von einem Kollegen erfahren, dass der *Neuköllner Wohnungsbauverein* in der Mellener Straße 1 in Lichtenrade ein Wohnhochhaus errichtete. Sie schlug vor, wir sollten uns doch dort um eine Wohnung bewerben. Jeder von uns müsse einen Genossenschaftsanteil von DM 300,00 kaufen.

Gesagt, getan.

Ingrid hatte nur ein kleines Einkommen aus ihrer Tätigkeit als Erzieherin im Jugendfreizeitheim Rathaus Schmargendorf beim Bezirksamt Wilmersdorf.

1968, kurz vor unserer Hochzeit, war für sie ein Schulpraktikum in der Familienfürsorge des Bezirksamtes Wilmersdorf und im Jahr darauf ein Berufspraktikum in der dortigen Behindertenfürsorge fällig.

Ich hatte meinerseits ein noch kleineres Gehalt als wissenschaftlicher Hilfsassistent an der FU Berlin, wo ich zeitweise in der Bibliothek des Englischen Seminars die Bücherbestände katalogisierte und meinen Kommilitonen einschlägige Fachliteratur auslieh. Wenn wir unsere Einkünfte zusammentaten, dann würde es für die Miete und die fixen Kosten knapp reichen. Das Ehestandsdarlehen in Höhe von DM 3.000.00 musste einstweilen für die anfängliche Wohnungseinrichtung genügen und diverse Hochzeitsgeschenke würden gewiss zu unserer Erstausstattung beitragen.

Mir war mulmig zumute; denn ich hatte noch nicht einmal mein Erstes Staatsexamen abgelegt und Ingrids Examen stand erst für das folgende Jahr an. Ein Vabanquespiel mit ungewissem Ausgang?

Aber wir waren einander zugetan. Grundsätzlich wollten wir heiraten und auf eigenen Füßen stehen. Letzterer Gesichtspunkt galt insbesondere für Ingrid.

Zugegeben, ich war eher risikoscheu; aber die 1 ½-Zimmer-Wohnung im 15. Stockwerk wurde uns nur unter der Bedingung zugesprochen, dass wir ein verheiratetes Paar wären. So sittsam war das Leben damals!

Also heirateten wir am 23. August 1968 standesamtlich und zwei Tage später kirchlich.

Ich erinnere mich noch sehr genau, wie ich gegenüber meinen Schwiegereltern um Ingrids Hand anhielt. Mit dem Ratgeber *1 x 1 des guten Tons* in der Hand machten Ingrid und ich einen aufführungsreifen Sketch aus dieser Sache und meine Schwiegereltern zogen als weitere Mitglieder unseres vierköpfigen Laienspiel-Ensembles bereitwillig mit.

Ein Wort zu unserem Polterabend: Einer der klugen Lebensreformer prophezeite mir eine nur kurze Überlebensdauer unserer Ehe, weil wir in Fragen der Ernährung zu sehr auseinander drifteten. Vermutlich war er der Meinung, dass nur eine Verbindung von Gleichgesinnten eine ewige Haltbarkeitsgarantie habe. Reichlich schroff versuchte ich ihm zu erklären, dass, wäre meine zukünftige Frau eine *katholische schwarzafrikanische Vegetarierin*, wir mit Sicherheit *drei* Probleme hätten. Aber eigentlich könnten wir uns doch glücklich schätzen, hätten wir doch nur *eines davon*!

Im Übrigen gab es auch unter Vegetariern Scheidungen und auch sie lebten als Lebensreformer keineswegs ewig!

Nun, wir sind nie im Partnerlook gegangen. Stets haben wir darauf vertraut, dass wir am Ende beide selbst herausfinden würden, was uns guttue. Manche Wege sind wir gemeinsam, andere aber jeder für sich gegangen. Wir haben einander vertraut und nie losgelassen. Punkt.

Neulich ist mir zu Ohren gekommen, dass es damals weitere Zweifler am Überleben unserer Ehe gegeben habe. Ingrid sei nämlich eine dynamische, kreative und begeisterungsfähige junge Frau gewesen. Ich jedoch hätte eher einer schwächelnden Schlaftablette geglichen. In der Tat: Ich habe uns beide gelegentlich mit einem Auto verglichen. Ingrid sei der Motor, ich die Bremse. Und als geübter Sprücheklopfer habe ich oft gesagt, dass, hätten wir das dasselbe Temperament, unter unserm Dach der *Ätna* und der *Vesuv* zugleich brodeln und lodern würden.

Ich glaube bis zum heutigen Tag, dass die *Liebe* an sich ein großes Geheimnis ist. Stimmt doch, Zuneigung und Liebe sind und bleiben ein Mysterium — oder?

In Ingrids Lebenslauf heißt es: *23.08.1963 Jürgen Hembd geheiratet*

Von 1968 bis1974 lebten wir also in besagter 1 ½-Zimmer-Wohnung im 15. Stockwerk unseres Hochhauses in Lichtenrade mit Fernblick auf die Müggelberge und bis hin zum DDR-Flughafen Schönefeld. Dieser Blick durchs Fernglas verschaffte mir stets Ruhe in den nötigen Verschnaufpausen zwischen meiner zunächst wissenschaftlichen und später schulischen Arbeit, die jeweils höchste Konzentration erforderte.

Wir beantragten sofort ein Telefon und konnten auf diese Weise mit der Außenwelt in Verbindung treten — auch mit meinen Eltern, die ich hatte überreden können, es uns gleichzutun.

In dieser Zeit legten Ingrid und ich wichtige Examina ab, die der Grundstein unserer beruflichen Tätigkeiten wurden.

Ingrid bestand nämlich 1968 das schriftliche und das mündliche Schlussexamen ihres Jugendpflegelehrganges im Haus am Rupenhorn. Ihre schriftliche Arbeit wurde mit *sehr gut*, ihre mündliche Prüfung mit *gut* bewertet. Zu ihren Prüfungsfächern gehörten: Soziologie (2), Psychologie (2), Haushalts- und Kassenwesen (2),

Verwaltungskunde (3), Recht (4), Sport (3), Jugendpflege (1), Literatur (2) und Pädagogik (1).

Auf diese Ergebnisse konnte Ingrid stolz sein; denn sie zeigten ihre Leistungsfähigkeit als Ergebnis ihres selbstbestimmten Berufszieles und ihrer hohen Motivation. Sie war stets ein eher praktischer Mensch mit erstaunlicher Kreativität, Risikofreude und Einsatzbereitschaft.

1970 bestand *ich* mein Erstes Staatsexamen in Geschichte und Anglistik sowie in der Allgemeinen Prüfung (Pädagogik und Philosophie) mit insgesamt *gut*.

Während ich die Fachprüfungen in Geschichte bei den Professoren *Dietrich* und *Helbig* mit *sehr gut* ablegte, verwirrte mich Herr Prof. *Reinhold* in der literarischen Abteilung der Anglistik dermaßen, dass ich bei ihm nahezu versagte. Er pflanzte sich nämlich linkerhand im rechten Winkel zu mir auf seinen Stuhl und stellte mir mit geradeaus zur Wand gerichtetem Blick roboterhaft eine Batterie von Fragen ohne mich dabei je anzusehen und in irgendeiner Weise auf meine Beiträge zu reagieren. Damit verunsicherte er mich total. Aus dieser betrüblichen Erfahrung habe ich gelernt, als Prüfender später stets auf meine Kandidaten per Blickkontakt und mit Empathie einzugehen und sie durch die Prüfung zu geleiten – ohne sie freilich zu begünstigen oder ihnen gute Ergebnisse zu schenken.

Prüfungen wurden bei mir nie zu Schlachtfeldern!

Im Herbst desselben Jahres begann mein Referendariat, für das ich vom Senator für Schulwesen in der Bretschneiderstraße an die Werner-von-Siemens-Oberschule in Berlin-Nikolassee abgeordnet wurde. Meine Fachseminare Englisch und Geschichte fanden an benachbarten Gymnasien (Schadow-Gymnasium und Droste-Hülshoff-Oberschule) statt. An letzterem Gymnasium hatte ich als Referendar für etwa drei Monate den Auftrag, Englischunterricht in der Oberstufe für eine erkrankte Kollegin zu erteilen. Es war schon merkwürdig: *Herr Dr. Friese*, der Leiter dieses Gymnasiums, hatte uns bei Gabbe's Lehranstalten Geschichtsunterricht erteilt und *Herr Dr. Helmert*, der Leiter meiner Stammschule, hatte mich bei meinem externen Abitur 1963 in Erdkunde geprüft.

Sehr viel gelernt habe ich bei meinem Hauptseminarleiter, *Herrn OStD Krüger*, der mir in seiner analysierenden und sachkompetent-scharfsinnigen Wesensart viel vermitteln konnte.

1972 schloss ich diese Vorbereitungszeit mit dem Zweiten Staatsexamen ab und erzielte auch hier eine gute Note. Ich hätte an zwei weiteren Schulen, nämlich in Zehlendorf oder auch in Kreuzberg, als Studienassessor anfangen können, aber es stand für Herrn Dr. Helmert und für mich fest, dass ich an meiner Schule übernommen und bleiben würde, ohne dass wir darüber viele Worte verloren hätten.

Weniger Glück hatten Ingrid und ich mit unseren Führerschein-Prüfungen. Ich fiel bei der praktischen

Prüfung 1970 einmal durch, Ingrid sogar zweimal, was sie stark verunsicherte und unsere Reisepläne für 1970 nach Finnland über den Haufen warf.

Wir hatten oft Gäste und stifteten sogar ungeplant eine Ehe.

Ursprünglich hatten wir vor, ein Gästebuch anzulegen. Wir taten es auch, aber dieses Vorhaben geriet irgendwie in Vergessenheit – oder schlummert etwa noch ein Gästebuch in einem mir unbekannten Winkel unserer Wohnung im Nebelhornweg?

Gern erinnere ich mich an meine Studienfreunde *Hanfried* (und Carol), *Bernd* (und Gillian) sowie *Ulrich* (und Regine). Hanfried lobte besonders mein methodisches Arbeiten; Bernd war ein passiver Musikliebhaber; mit Ulrich hatte ich Mitte der 60er Jahre auf Einladung des Rev. *Martin Cordes* eine Reise nach Lincolnshire unternommen. Dort in der Mellener Straße 1 lernte Ulrich seine Regine kennen und ich konnte nur zu gut verstehen, dass er von ihr angetan war.

Wir haben uns später allesamt aus den Augen verloren; denn vermutlich waren unsere Freundschaften im Einzelnen und insgesamt wohl eher Zweckbündnisse gewesen, die uns Studium und Examen erleichtern halfen.

Ingrid hatte meine Studienfreunde von damals freundschaftlich akzeptiert, aber es fiel mir in jenen Jahren nicht leicht, Beziehungen mit der nötigen Energie auf Dauer zu pflegen. Hinzu kam, dass unsere Zeitfenster bei unserer aufreibenden Berufstätigkeit und bei unseren diversen Freizeitinteressen allmählich sehr klein wurden.

Wir waren, materiell gesehen, inzwischen abgesichert: Ingrid war im festen Angestelltenverhältnis beim Bezirksamt Wilmersdorf beschäftigt, ich selbst war ab 1973 frischgebackener beamteter Studienrat.

Ingrid kaufte für unseren Haushalt ein und kochte. Ich hingegen hielt die Wohnung sauber. Gelegentlich trugen wir unsere Bettwäsche gemeinsam in einen Waschsalon in der Lichtenrader Bahnhofstraße, wo wir die großen Wäschestücke gemeinsam mangelten und rollten. Ingrid war zwar bis zu Silkes Geburt weiterhin Vegetarierin, aber ohne viel Aufhebens zu machen, setzte sie stets einen weiteren Kochtopf oder eine Bratpfanne auf den Herd, um meinen nicht-vegetarischen Ansprüchen gerecht zu werden.

Lange Zeit standen unsere beiden Autos auf dem Parkplatz tief unter uns.

Bis zum Jahre 1979 fuhr ich mit dem Pkw regelmäßig zur Schule. Ebenso fuhr Ingrid mit ihrem Auto zum Dienst.

Meine Mutter kam Anfang der 70er Jahre für einige Zeit einmal pro Woche zu uns und kümmerte sich zusätzlich um unsere Wohnung. Ich bezahlte sie dafür, um ihr Taschen- und Wirtschaftsgeld aufzubessern. Ingrid musste sich dabei manchmal in Geduld üben.

Meine Frau sang die meiste Zeit gemeinsam mit mir in der Alt-Schöneberger Kantorei mit und unfassbar war meine Freude, als sie 1973 eines Abends vor der Heimfahrt verschmitzt zu mir sagte: „Dann lass uns mal nach Hause fahren, Du junger Papa." Hurra, sie war schwanger!

Unser Hochhaus hatte zwei Fahrstühle, aber im ungünstigsten Falle hätte es lange Zeit gedauert, bis wir unten gewesen wären um unsere Aufsichtspflicht wahrzunehmen. Die geringe Größe der Wohnung beunruhigte mich so sehr, dass ich Ingrid mit dem Gedanken ansteckte, eine neue Wohnung zu ebener Erde zu suchen.

So studierte ich Wohnungsannoncen in der Zeitung und schließlich gelang es uns, eine auf dem Zweiten Förderungsweg begünstigte Maisonette - Neubauwohnung im Nebelhornweg 13 in Berlin-Mariendorf zu ergattern, deren Staffelmiete in den folgenden 12 Jahren ständig steigen würde. Nach Ablauf dieser Zeit hätten wir die Option gehabt unsere Wohnung zu kaufen – aber bis zum heutigen Tage ist sie eine Mietwohnung geblieben.

Vielleicht hätten wir auch beim *Wohnungsbauverein Neukölln* eine größere Wohnung erhalten, aber merkwürdigerweise war uns diese Idee gar nicht in den Sinn gekommen.

Entropie als sozialer Begriff

Limonade trinke ich gerne kühl, Kaffee hingegen heiß (ohne mir dabei jedoch, bitte schön, die Zunge zu verbrennen). Wenn wir Gäste haben, stelle ich die Kannen mit dem gebrühten Kaffee oder Tee auf Stövchen, in denen Kerzen brennen. Auf diese Weise der Energiezufuhr bleibt der Kaffee heiß. Eine Thermoskanne würde für einige Zeit denselben Zweck erfüllen, da sie den Wärmeverlust bremst. Ich bin auf den mir bis dahin unbekannten Begriff der *Entropie* beim Literaturstudium während meiner Seelsorgekurse im Jahre 2007 gestoßen. Er entstammt zwar dem Bereich der Physik, aber er lässt sich auch auf weite Bereiche unseres sozialen Daseins übertragen. Tagtäglich müssen wir nämlich Energien aufwenden um dem entstandenen oder sich anbahnenden Chaos zu wehren oder um ein Ziel zu erreichen. Der Abwasch erledigt sich nicht von selbst, der Schreibtisch räumt sich nicht von alleine auf. Ohne Training kein Marathonlauf und ohne Üben keine gelungene Musikaufführung! Keine guten Schulnoten ohne ständigen Fleiß und kein Mittagessen zu Hause ohne vorheriges Einkaufen und Zubereiten!

Wir haben unsere Kinder nicht einfach nur wachsen lassen, sondern wir haben sie begleitet und geführt. Wir haben es versucht, ihnen mit Verständnis zu begegnen und haben ihnen Hilfestellungen gegeben. Wir haben uns um sie gesorgt und Ängste ausgestanden und obwohl sie heute längst erwachsen sind, bleiben sie doch unsere Kinder, die ich (nunmehr allein) nicht im

Stich lassen werde. Dies gilt natürlich auch umgekehrt. Ich kann mir keine Erziehung ohne Kraftaufwand vorstellen, wobei ich offenlassen möchte, inwieweit wir beide echte Leitbilder waren und welche Werte wir letztlich vermittelt haben. Es lässt sich jedoch unschwer erkennen, dass Erziehung vor allem auf Elternseite starke Energien bindet.

Schüler haben mich damals gefragt, wie es komme, dass Ingrid und ich selbst nach vier Jahrzehnten noch verheiratet seien. Am Ende waren es derer ja sogar fünf! An einer Beziehung muss man arbeiten, wenn sie eine Chance haben sollt um zu bestehen. Auch dies erfordert Energie.

Nun - Ingrid und ich ließen uns auf der Basis eines unerschütterlichen gegenseitigen Vertrauens sehr viele Freiheiten und Freiräume und konnten uns, jeder für sich und wiederum auch gemeinsam, so entfalten, wie wir es als richtig und angemessen empfanden. Wir hielten zusammen ohne zu klammern, weil wir wussten, dass wir uns aufgrund der uns gemeinsamen Grundüberzeugungen aufeinander verlassen konnten. Niemand kann mit dem Blick auf die Zukunft einen Blankoscheck in Sachen persönlicher Treue ausstellen, aber wir beide spürten zunehmend, dass es dieses Blankoschecks bei uns nie bedurfte. Trotzdem: Eine Partnerschaft kann nur gelingen, wenn man sich ständig verständnisvoll und nachsichtig um einander bemüht; wenn man bereit ist, mehr zu geben als zu nehmen und nichts gegeneinander aufrechnet; wenn man es mit einem wehmütigen Lächeln hinnimmt, dass wir uns im

Laufe der Zeit verändern und unsere Altersfotos anders aussehen als die aus der Jugendzeit. Es erfordert Energien, einem zeitweiligen Gefühlschaos zu steuern.

Auf meinen Klassenreisen ließ ich mich, wie Ingrid wusste, gern von Müttern begleiten, waren wir doch mehrmals Selbstverpfleger und da wissen besonders Mütter mit ihrem praktischen Erfahrungsschatz in der Regel sehr genau, wie viel einzukaufen sei und welche Mengen an Kartoffeln geschält werden müssten und wie viel Suppe in den Topf gehöre. Wir beide erinnern uns an *Frau Klinger*, die einmal lächelnd zu mir sagte, sie hätte unterwegs den Eindruck gewonnen, als würde meine Frau ständig im Gepäck mitreisen, weil ich immer wieder von ihr erzählte und schwärmte. Stimmt! Offenbar war meinerseits häufig in positivem Sinne von ihr die Rede und meine Gedanken kreisten um sie und unsere Kinder. Wir beide waren bestens miteinander vertraut und solange Ingrid noch gesund war, war es federleicht, mit ihr unser Familienschiff gemeinsam zu steuern. In den Phasen ihrer sich verstärkenden Krankheit bedurfte es jedoch zunehmender gemeinsamer Geduld und wir mussten alle unsere Energien bündeln um Kurs zu halten.

Würden wir beliebige Senioren im Seniorenhaus Lerchenweg fragen, was Menschen zusammenschmiedet, so würden sie am Ende eines langen Lebens wohl antworten: sich in Geduld üben und Grenzen erkennen; einander Respekt erweisen; nachsichtig sein und sich versöhnen können; mit einander reden und unterschiedliche Meinungen ertragen können; sich gegenseitig seiner Liebe versichern und sich nach einander sehnen.

Einander treu zu sein schließt ja nicht aus, andere Menschen sympathisch zu finden oder gar für sie zu schwärmen. Wir können Freundschaft mit ihnen schließen ohne unseren Freunden gegenüber je besitzergreifend oder gar übergriffig sein zu wollen.

Für mich war es wichtig, mit Ingrid und unseren Kindern und Freunden eine Erlebnisgemeinschaft zu bilden. Erst wenn wir uns allmählich aus den Augen verloren haben sollten und immer wieder erst gegenseitig „abholen" müssten, würde eine Beziehung schwer wie Blei und einen gewaltigen Energieaufwand erfordern um sie wenigstens auf mittlerer Flamme zu halten. Ob sich eine derartige Beziehung aus alter Gewohnheit dann noch lohnt?

Als ich Ingrid 1963 kennenlernte, war sie, wie schon mehrfach gesagt, Vegetarierin. Während ihrer Schwangerschaften wurde ihr ärztlicherseits jedoch geraten, in Maßen Fleisch und Fisch zu essen und damit wlchtlge Ernährungsbausteine zu sich zu nehmen. Ingrid liebte es, Gastgeberin zu sein und war sehr schnell in der Zubereitung von durchaus schmackhaften Mahlzeiten. Ihre Küche war jedoch kein Labor, in dem sie sich Zeit genommen hätte um konzentriert zu experimentieren. Einkaufen und Kochen gehörten wie selbstverständlich zu ihrem Aufgabenbereich und diese Aufgaben erledigten sich nie von alleine!

Sie liebte solide Hausmannskost: Wenn sie zwischen Kartoffeln, Reis und Nudeln wählen konnte, so bevorzugte sie gekochte Kartoffeln. Wenn es ums Gemüse ging, so kamen natürlich grüne Bohnen und Mohrrüben auf den Tisch. Dazu gab es oft Minutenschnitzel. Sie war keine Freundin von Suppen und Soßen und scharfen Gewürzen. Sie bereitete auch Hackfleisch zu, aß es selbst jedoch nicht allzu gern.

Sie mochte Pizza. Wenn wir in Restaurants einkehrten, lautete die erste Frage, ob an einem bestimmten Gericht Speck und Zwiebeln wären; denn beides konnte sie nicht ausstehen.

Abends aß sie gern Brot, belegt mit Edamer oder gelegentlich mit Camembert – aber bitte keine Wurst und nur wenig Fett!

Alkohol trank sie nur ausnahmsweise, morgens Kaffee, ansonsten regelmäßig Softgetränke. Wir hätten uns fraglos eine Geschirrspülmaschine leisten können, aber diese lehnte sie ab und bevorzugte stattdessen die Tellerwäsche per Hand. Wir sind stets alle satt geworden und unsere Gäste sind oft und gern wiedergekommen; aber ohne Ingrids Energie wäre wenig gelaufen!

Universitätslaufbahn – etwas für mich?

Am 17. April 1963 wurde ich an der FU Berlin immatrikuliert. Als wir uns im Sommer desselben Jahres kennenlernten, war ich also ein frisch gebackenes Erstsemester in den Fächern Geschichte und Anglistik. Der Freien Universität Berlin habe ich bis zum Wintersemester 69/70 angehört und wurde am 07.10.70 nach bestandenen Examina exmatrikuliert. Über meine Führung, so steht es im Abgangszeugnis, sei Nachteiliges nicht bekannt geworden. Ich hoffe, dass dieser Persilschein auch für unser Privatleben galt — jedenfalls im Großen und Ganzen; denn wer ist schon perfekt und über jeden Tadel erhaben?

Im Wintersemester 63/64 belegte ich bei Professor *Rolf Kaiser* eine zweistündige Übung über die altenglische Literatur. Im folgenden Sommersemester waren es bei ihm altenglische Übungen für Anfänger. Daran schlossen sich zwei Seminare über das Mittelenglische (Kaiser) und Mittelenglisch für Anfänger (Scheler) an. Beim Durchblättern meines Studienbuches stelle ich fest, dass mich diese beiden akademischen Lehrer über Jahre begleitet haben. Für mich und alle anderen „Anglisten" bedeutete dies damals, dass wir einerseits mit dem Alt- und andererseits mit dem Mittelenglischen zwei völlig neue Sprachen zu studieren und deren Grundbeherrschung in Klausuren nachzuweisen hatten. Die Einarbeitung in die ältere Sprachwissenschaft verschlang den Großteil meiner Studienzeit und da ich außerdem Latein vom Nullpunkt an bis zur

Hauptseminarprüfung in Geschichte lernen musste, frage ich mich nachträglich, wann ich denn überhaupt Zeit hatte zum Lesen wichtiger Literatur in beiden Hauptfächern sowie für die Allgemeine Prüfung in Pädagogik und Philosophie. Es war also ein steiniger Weg bis zum Ersten Staatsexamen!

Ich hatte unerklärlicherweise eine gewisse Freude an diesen zeitaufwändigen altsprachlichen Studien und konnte nach einiger Zeit meine erworbenen Kenntnisse als Tutor sogar an Studienanfänger weitervermitteln. Als Tutor wurde von mir erwartet, dass ich jüngeren Kommilitonen bei der Überwindung fachlicher Schwierigkeiten helfen und so etwas wie eine soziale Clearingstelle sein würde. Pro Semestermonat gab es eine Aufwandsentschädigung von DM 70,00 und weitere DM 20,00 als Zuschuss für die Gruppe.

Für meine Studien in Alt- und Mittelenglisch besaß ich einen Zettelkasten, in dem ich zu einer Vielzahl neuenglischer Wörter die Etymologien derselben festgehalten hatte. *Professor Kaiser* muss mich des Öfteren wohlwollend dabei beobachtet haben, wie ich während seiner Vorlesungen und Übungen darin blätterte und anhand meiner Aufzeichnungen stets auf dem Laufenden war, was seine linguistischen Vorträge betraf. Er und *Professor Reinhold* verschafften mir für mehrere Semester, nämlich vom 01.10.67 bis zum 30.09.70, eine Hilfsassistentenstelle am Englischen Seminar, die recht gut bezahlt wurde und uns finanziell mit über Wasser hielt. Ich habe anfangs in der Bibliothek des Englischen Seminars gearbeitet und war am Ende mit dem Glossar zur Kaiser-Anthologie befasst. Es mag sein, dass Rolf Kaiser meine Emsigkeit imponierte; denn als es auf mein Erstes Staatsexamen zuging, forderte er mich auf, mich um eine Assistentenstelle bei ihm in der Älteren Abteilung der Anglistik zu bewerben. Widerspruch ausgeschlossen!

Hans-Dieter Gelfert teilt in seinem Aufsatz zur Geschichte des Anglistikstudiums an der FU dem Leser mit, dass Rolf Kaiser, zunächst als wissenschaftlicher Rat und bis 1975 als Professor, ein besonderes Interesse an der Laut- und Formenlehre des Alt- und Mittelenglischen hatte — wenigstens er. Ich erinnere mich daran, dass schon damals die Zahl der Studienabbrecher enorm hoch war und kann nicht sagen, dass mich das Universitätsstudium angemessen auf meine Unterrichtstätigkeit am Gymnasium vorbereitet hätte — und zwar in keinem der beiden von mir gewählten Studienfächer. Das Erlernen von trägem Wissen war eine oftmals trockene Angelegenheit und so empfanden es wohl vor allem die linken und rebellischen Studenten. Mir erschienen schon damals alle jene akademischen Lehrer irgendwie verdächtig, die ständig meinten, die Existenzberechtigung und Wertigkeit ihres Lehrfaches verteidigen zu müssen. Glaubten sie etwa selbst nicht so recht daran? Besonders schwierig wurde es für sie, wenn sie nicht zu den studentischen Sympathieträgern gehörten. Ich habe an der FU viel gelernt über die historische Entwicklung der englischen Sprache und konnte sie somit in ihrem Werden gut verstehen, aber damit war meiner Sprachbeherrschung des modernen Englisch überhaupt nicht geholfen! Ich hielt mich zwar zeitlebens für zielstrebig und fleißig, aber ich war noch nie ein Genie — weder auf dem Gebiet der Musik noch auf dem der Sprache. Vieles verdanke ich dem Übersetzen und dem Essay-Writing und — vor allem — dem aufmerksamen Lesen englischer Texte mit Lineal und Bleistift.

Als Hilfsassistent hatte ich in unserer Bibliothek gelegentlich in die Jahre gekommene ungelesene Dissertationen aufgeschnitten, die sich in einem Falle so ungefähr damit beschäftigten, ob *Thomas Castleford* etwas nördlicher oder südlicher als bisher vermutet in England zu verorten wäre. Meine Ergebnisse wissenschaftlichen Arbeitens hätten immer zu einem praktischen Nutzen führen müssen, wären sie doch mit einem enormen Aufwand an Lebenszeit verbunden gewesen. Höhere Dienstgrade und akademische Titel hätten zudem meinen Abstand zu anderen Menschen nur vergrößert.

Am 27.04.70 bewarb ich mich dennoch aus eher taktischen Erwägungen um eine Assistentenstelle am Englischen Seminar, Ältere Abteilung, wobei ich die Schlussprüfung meines Ersten Staatsexamens erst am 12.06.70 ablegen konnte. Am 07.09.70 erhielt ich vom Universitätspräsidenten die Mitteilung, dass ich für die Zeit vom 13.06.70 bis zum 12.06.73 als wissenschaftlicher Assistent im Angestelltenverhältnis nach BAT II a mit 120 Monatsstunden eingestellt worden sei. Am 23.09.70 bat ich die Universitätsleitung, diesen Vertrag zunächst nicht über den 31.10.70 hinaus zu befristen. Der Entscheidungsprozess an der FU war offenbar sehr kompliziert gewesen. Am 29.06.1970 hatte nämlich der Fachbereichsrat offenbar unter Missachtung eines weitergehenden Geschäftsordnungsantrages auf

Vertagung beschlossen, auch mich als einen von zwei Assistenten einzustellen. Dieser Beschluss wurde am 08.07.1970 durch einen erneuten FBR-Beschluss revidiert, um mit der Stellenbesetzung einer vernünftigen Entwicklungsplanung nicht vorzugreifen und die geplante stärkere Berücksichtigung der Linguistik nicht zu blockieren. Worum ging es eigentlich? In Zukunft sollte für die Studenten bei der Zwischenprüfung eine Wahlmöglichkeit zwischen diachronischer und synchronischer Sprachwissenschaft bestehen. Es ging also um die Fragestellung Ältere contra Neuere Abteilung.

Anfang Juli 1970 hatten die *Berliner Morgenpost* und *Der Tagesspiegel* über Vorlesungsstörungen durch Go-ins berichtet, bei denen es auch und vor allem um die Besetzung der beiden offenen Assistentenstellen ging. Ich war für die *Rotzang* „Nicht-Marxist" und „Kaiser-Zögling", mithin ein „liberaler Scheisser", der nicht „mit dialektisch-materialistischem Ansatz" arbeiten würde. Diese Stellenbesetzung durch meine Person sei eine „Schweinerei", eine „Kampfansage der Reaktion an die Studenten".

Präsident *Rolf Kreibich* erklärte vor einer Studentenversammlung, es sei die Frage, ob die englische Sprachgeschichte an der FU zugunsten der dringend notwendigen Lehrerausbildung überhaupt noch aufrecht zu erhalten sei. Allerdings könne es bei der Einstellung von Assistenten nicht darum gehen, ob diese Marxisten seien oder nicht. Allein entscheidend sei deren Qualifikation. Den vorliegenden Einstellungsbeschluss nannte Kreibich allerdings ein „unmögliches Verfahren", weil hier „ohne den Ansatz einer Planung" vorgegangen worden sei (Tsp. 09.07.70).

Dem damaligen Universitätspräsidenten Kreibich bin ich nie persönlich begegnet, dafür aber seiner Tochter *Miriam*, deren langjähriger Klassenlehrer ich später an der Werner-von-Siemens-Oberschule war und der ich — so hoffe ich jedenfalls — stets Empathie und Gerechtigkeit habe widerfahren lassen.

Ingrid konnte sich daran erinnern, dass es bei uns in West-Berlin damals für Referendare des Lehramtes in vielen Fächern mitunter erhebliche Wartezeiten gab und dass wir uns beide bereithielten, notfalls den schmerzhaften Weg nach Westdeutschland — vorzugsweise nach Kassel – zu gehen. Mein Interesse an einer akademischen Karriere war eigentlich relativ überschaubar, aber ich befand mich in einem Dilemma; denn mir war nicht klar, ob ich ohne schriftliche Bewerbung um die mir angebotene Assistentenstelle zeitgleich mit meinen Examensprüfungen wirklich noch gute Karten gehabt hätte. Ich glaube, ich habe diesen Konflikt damals eher mit mir selbst ausgetragen, aber Ingrid hat meine Probleme wahrgenommen. Ich gehörte damals nicht zur von Professor Gollwitzer als elitär geadelten 68er Protestgeneration und habe nie die wertvollen Werke unserer englischen Präsenzbibliothek aus dem Fenster in die Garystraße befördert. Wir haben damals glücklich und zufrieden im 15. Stockwerk unserer Hochauswohnung gewohnt und nur aus der Zeitung erfahren, wie unser Familienname verunglimpft wurde.

Mit Bedacht war Ich jedoch zweigleisig vorgegangen, indem ich mich auch beim Schulsenator um ein

Referendariat für die Studienratslaufbahn beworben hatte. Irgendwie glich es einem kleinen Wunder, dass just zu jener Zeit die Wartelisten für Referendare aufgelöst wurden und ich nach meiner Vereidigung als Beamter auf Probe an die damals noch kleine Werner-von-Siemens-Oberschule in Nikolassee delegiert wurde. Ich kann wirklich nicht sagen, dass es bis nach Nikolassee nur ein Katzensprung gewesen sei. Aber auch die FU in Dahlem war weit von uns entfernt, so dass mir die späteren politischen Vorgänge dort eigentlich nichts anhaben konnten. Die FU war abgehakt. Nein, nicht ganz; denn meine ursprüngliche Bewerbung hatte ich ja gar nicht zurückgezogen!

Ingrids Berufsanfänge

Wir erinnern uns: Im Jahre 1963 hatte Ingrid ihr Gymnasium nach der 12. Klasse freiwillig verlassen und sich bei der *Hofmeister-Schule* in Wilmersdorf eingeschrieben, wo sie von April bis September 1963 Schreibmaschine und Stenografie erlernte. Mit diesen Grundfertigkeiten versehen, konnte sie dann eine Stelle als Verwaltungsangestellte im Deutschen Archäologischen Institut in Dahlem ergattern, wo sie vom 01.10.1963 bis zum 31.03.1966 gearbeitet hat.

Als Student und überhaupt stand ich schon damals der linken Szene ablehnend gegenüber. Ich hielt es da eher mit dem Historiker *Rudolf Stadelmann*, der in seinem Standardwerk über die *Soziale und politische Geschichte der Revolution von 1848* ausdrücklich mahnte, sich vor den politischen Flügelgruppen zu hüten.

Manchmal saßen wir nach Vorlesungs- bzw. Dienstschluss am Thielplatz unter unserm Baum und genossen die Abendsonne. Ich war damals arm wie eine Kirchenmaus, aber für eine Stange Pfefferminz hat es dennoch gereicht. Ein guter Atem war ja auch unbedingt wichtig für uns! Es hat also von Ingrids Seite einer Menge an Zutrauen in meine berufliche Zukunft bedurft; denn ich war wirklich keine „reiche Partie". Vielleicht spielten aber materielle Erwägungen für Ingrid schon damals keine große Rolle und dieser Charakterzug spräche ausnahmslos für sie! Im Gegenzug war es mir relativ egal, welche Schulbildung ihr am Ende genügte. Ich glaube bis zum heutigen Tag, dass uns am meisten das Leben selbst schult und dass es darauf ankommt, mit dem Herzen bei der Sache zu sein, sich Herausforderungen zu stellen und die richtigen

Ingrid hatte in ihren Ausbildungsjahren im Haus am Rupenhorn gute bis sehr gute Ergebnisse erzielt, vermutlich, weil es diesmal ihre *Sache* war!

Aus dem Berliner Ferienlager Grebenheim/Oberwald in Oberhessen erhielt ich am 14.07.1968 von Ingrid eine Karte von einem Zeltlager des Bezirksamtes Reinickendorf, an dem sie teilnahm und wo sie acht Mädchen zu betreuen hatte – eine weitere Zulassungsvoraussetzung zu ihrem Schlussexamen. Es muss eine hügelige, verregnete Landschaft gewesen sein und ein Zeltlager mit stabilen Zelten, Holzboden und festen Betten für 200 Kinder zwischen 10 und 16 Jahren. Was die bevorstehende Hochzeit am 23. bzw. 25.08. angehe, so sollten wir ganz ruhig bleiben und uns nur nicht aufregen.

Zwei Tage später erreichte mich ein Brief von ihr, der den 3. Tag des Lageraufenthaltes beschreibt. Sie sei froh, dass ich nicht darüber verärgert sei, dass sie hier im Zeltlager sei. Was seien schon 14 Tage, wenn wir uns künftig jeden Tag sähen.

Ingrid schrieb mir fleißig, an manchen Tagen sogar zweimal und beklagte sich zugleich über meine mangelnde Schreibfreudigkeit. Sie habe dort keine Langeweile; es sei immer etwas zu tun: Ballspiel, Wandern, Schwimmen, Ausflüge....

Vor allem habe sie 9 Stunden Schlaf. In fünf Wochen seien wir auf unserer Hochzeitsreise in München, der Zwischenstation, angelangt. Sie freue sich, nach ihrer Rückkehr am kommenden Wochenende wieder mit mir zusammen zu sein und wolle bei schönem Wetter mit mir paddeln gehen, zu meiner Großmutter fahren und eine Ortsbesichtigung an unserem noch im Bau befindlichen Hochhaus machen. Aus Ingrids Ansichtskarten spricht eine liebevolle Sehnsucht und eine große Freude auf unser Wiedersehen – zugleich jedoch auch ein unbändiger Tatendrang, zumal wir ja auf unserer Reise alles mit öffentlichen Verkehrsmitteln zu bewältigen haben würden!

Unser Hochhaus, in das wir nach der Hochzeit einziehen wollten, war noch längst nicht fertig gestellt, aber wir waren dennoch zuversichtlich, am Ende dort einziehen zu können. Es blieben ja weitere sechs Wochen.

Noch habe im Zeltlager niemand bemerkt, dass sie kein Fleisch esse

In einem weiteren Brief aus Grebenheim räumt Ingrid ein, dass in Sachen Planung und Organisation alles unwahrscheinlich gut sei; aber der Geist, der vom Lagerteam ausgehe, sei recht fragwürdig. Sie stehe dort allein und habe niemanden, nicht einmal mich, mit dem sie sich aussprechen könne. Einige Mitglieder des Lagerteams hätten etwas gegen sie, spielten dies jedoch nicht offen aus; vielleicht würde selbst dieser Brief aufgebrochen und gelesen werden und nie bei mir ankommen. Von Misstrauen und Angst ist die Rede. Ihr fehle meine Wärme und jemand, der sie streicheln würde.

Im Folgenden spricht sie unsere Hochzeit in fünf Wochen an und erklärt sich mit einem Tischklavier bei den Hochzeitsfeierlichkeiten einverstanden.

Abermals meldet sie Vorbehalte gegenüber der „verschworenen Gemeinschaft" der Lagerleitung an. Sie spricht von Gegensätzen, an die man stoße, ohne dass es ernste und offene Auseinandersetzungen gebe.

Ingrid gibt keinerlei konkrete Beispiele, an denen die Friktionen ablesbar gewesen wären, unter denen sie litt. Vermutlich nagte an ihr ein Generationenproblem, waren doch lediglich drei Helfer in ihrem Alter oder nur wenig älter als sie. Vielleicht hatte sie andere Vorstellungen, wie mit Jugendlichen umzugehen sei oder was man mit ihnen unternehmen könne. Vielleicht igelte sich die Stammmannschaft auch ein und schnürte sich ab. Oder gab es *überhaupt* Vorbehalte ihr gegenüber? Bildete sie sich diese nur ein? Wer weiß.

Ingrid war damals 23 Jahre alt, Berufsanfängerin und noch in der Ausbildung. Von ihr waren billigerweise weder eine jahrelange Erfahrung noch Routine zu erwarten. Ihr pädagogischer Ideenreichtum war vermutlich unerschöpflich und wollte realisiert werden. Jetzt und sofort! Ich könnte mir gut vorstellen, dass sie eine Menge Kummer in sich hineinfraß, weil sie klare Auseinandersetzungen und offene Worte scheute.

Vermutlich habe ich Ingrids Ängste damals nicht als sonderlich dramatisch eingestuft, aber es deutete sich doch bereits in jenen Jahren an, dass sie sich oft allein gelassen und unverstanden fühlte und davon ausging, dass sie von den Anderen nicht sonderlich gelitten, vielmehr von ihnen umringt sei oder sogar gemieden werde. Ich weiß nicht, ob wir damals den Begriff *mobbing* schon verwendet haben, aber vielleicht fühlte sie sich gelegentlich gemobbt. Vielleicht ging ihr jedwede Kritik an ihrer Person oder ihren Vorstellungen verständlicherweise sehr nahe und machte sie unsicher. Ob hier ihre negativen Erfahrungen in der Oberstufe des Gymnasiums nachwirkten? Oder zeichnete sich in ihrem Gemüt bereits damals etwas ab, was ihr auch künftig zu schaffen machen würde?

In einem dritten Brief gibt sie zu verstehen, dass sie froh sei, dass *wir uns beide* so blendend verstünden. Wie das?

Kurz vor unserer Hochzeit hatte Ingrid eine 18-tägige internationale Begegnungsfahrt mit Berliner Jugendlichen nach Norwegen als eine weitere Zulassungsvoraussetzung zum Examen zu erfüllen. Noch heute erstrahlt ihr Hochzeitsgeschenk für mich, eine Wandlampe aus *Lom*, die sie vor Ort übrigens gar nicht in bar bezahlen konnte, sondern deren Preis sie auf Vertrauensbasis nachträglich von zu Hause überwies. Dieses in sie gesetzte Vertrauen hatte sie niemals vergessen.

Eine ganze Postkartenserie erreichte mich aus Norwegen. Aus Lom schrieb sie mir, dass der Gedanke an unsere bevorstehende Hochzeit so schön sei wie die norwegische Landschaft. Wir müssten unbedingt nach Norwegen zurückkehren. Ingrids Gedanken begannen freudig um unsere bevorstehende Hochzeit zu kreisen. Sie machte sich Gedanken über den Kauf meines Anzugs und freute sich, dass wir die Tapeten unserer neuen Wohnung gemeinsam aussuchen dürften.

Oslo war nach *Göteborg* die nächste Station ihres Aufenthaltes. Ihre Ansichtskarte zeigt Kong Olav V, den Royal Palace und die königliche Garde. Ingrid ist beeindruckt von der spürbaren Freundlichkeit der Norweger. Soeben habe sie sich mit zwei Österreicherinnen unterhalten, die vom Ossiacher See geschwärmt hätten. Ein gutes Omen also für unsere Hochzeitsreise.

Sicherlich werde ich Ingrid am Bahnhof Zoo damals freudig und zärtlich in Empfang genommen haben – eine Woche vor unserer Hochzeit.

*****

Zwei Jahre später sollte ich als Studienreferendar Mitglied eines 24köpfigen Kollegiums der Werner-von-Siemens-Oberschule in Nikolassee werden und ich erinnere mich noch recht genau daran, dass es für mich am Anfang schwierig war, mit gewissen Fachkolleginnen, die aus der Zopfzeit zu kommen schienen, einvernehmlich auszukommen, weil sie in puncto Schülerdisziplin und Leistungsbewertungen ganz andere, ja geradezu rigorose, Vorstellungen hatten als ich. Ich habe darunter nicht sonderlich gelitten, sondern mich – so weit möglich – stoisch darüber hinweggesetzt, solange ich mich im Recht wähnte und gute Argumente für meine Position hatte. Es ist heute kaum vorstellbar, wie bissig die Kommentare ältlicher Kolleginnen ausfielen, als eine von mir sehr geschätzte Mathematiklehrerin entgegen der damaligen Kleiderordnung mit langen Hosen in der Schule erschien.

Von meinen 36 Berufsjahren im Schuldienst war ich überdies 28 Jahre lang Inhaber einer Funktionsstelle und damit vermutlich wenig angreifbar. Andererseits habe ich im täglichen Schulleben mit meinen Kollegen kaum kooperieren müssen, sondern wir haben eher *nebeneinander* gearbeitet ohne uns gegenseitig ins Gehege zu kommen. Ich habe als Fachvorgesetzter meine Kollegen gestützt und fördernd begleitet, außerdem zwischen ihnen und den Schülern oft vermittelt und mich über ihre persönlichen Teilerfolge wohlwollend geäußert.

Bis 1969 hatte Ingrid als Angestellte des Bezirksamtes Wilmersdorf überwiegend im Jugendfreizeitheim im vierten Stock des Rathauses Schmargendorf gearbeitet und ich habe sie, so oft ich konnte, von dort abends gegen 22 Uhr abgeholt um sie nach Hause in die Warthestraße zu begleiten. In den Jahren 1970 und 1971 war sie in der ev. Kirchengemeinde Mariendorf-Süd für die Jugendarbeit zuständig und nach einer kurzen Episode im ev. Kirchenkreis Spandau begannen ab dem 1. Dezember 1972 ausgesprochen erfolgreiche Berufsjahre für sie beim Bezirksamt Neukölln, Abteilung Soziales.

Ingrid war nie in der komfortablen Lage, Fachleiterin von irgendetwas zu sein und deshalb war sie stets in hohem

Maße abhängig vom guten Willen ihrer Dienstvorgesetzten und auch ihrer Kollegen. Sie fühlte sich als Einzelkämpferin einerseits oft unverstanden und war andererseits über Widerstände hinweg stark erfolgsorientiert. Sie hat in ihrem späteren Wirken als Sozialpädagogin in Berlin-Neukölln einzigartige positive Maßstäbe gesetzt, Maßstäbe, die in ihren Augen nicht immer die entsprechende Anerkennung ihrer Dienstvorgesetzten fanden und nur ungenügend gewürdigt wurden. Oft begegnete sie allenfalls freundlichem Desinteresse und dies hat sie innerlich zermürbt und vielleicht auch krank gemacht.

Ingrids ehrenamtlicher Einsatz für die Vereinigung für Jugendhilfe Berlin e.V.

Die VfJ wurde 1951 gegründet und befasste sich zunächst mit der Eingliederung arbeitsloser Jugendlicher. 1960 änderte der Verein sein Profil, indem er sich nunmehr als *Werkstatt für Menschen mit geistigen und mehrfachen Behinderungen* etablierte. Menschen mit Behinderungen sollten eine Arbeit bekommen und von anderen Menschen anerkannt werden. Hier sollte man arbeiten, wohnen und seine Freizeit verbringen können.

Die VfJ legt bis heute Wert darauf, von niemandem abhängig zu sein und keiner Partei und keiner Religion anzugehören. Es sei ihr wichtig, dass es allen Menschen gut gehe. Alle Menschen sollten gleichbehandelt werden. Es solle jedem geholfen werden. Jeder solle so anerkannt werden, wie er ist.

Im Mittelpunkt stehe der Mensch. Jeden Menschen gebe es nur einmal auf der Welt und ein jeder solle Anerkennung bekommen. Menschen mit Behinderungen hätten viele Fähigkeiten. Die VfJ arbeite daran, dass behinderte Menschen dieselben Möglichkeiten im Leben bekämen. Die VfJ sei Partner ihrer Kunden.

Solche Leitbilder in einfacher Sprache sind meines Erachtens wichtig, weil sie jedermann eine elementare Orientierungshilfe bieten.

Die VfJ hat mehrere Standorte in Berlin und für *Ingrid* wurden die *Grenzallee* und später die *Zweigwerkstatt Adlershof* wichtig.

Im Jahre 1970 war sie von *Hans Spänkuch, dem damaligen Bezirksjugendpfleger,* angesprochen worden, ob sie bei der VfJ ehrenamtlich mitarbeiten wolle und sie entschied sich spontan für die Clubarbeit im Freizeitbereich.

Die Gleichbehandlung aller Menschen schließt im übertragenen Sinne den Umgang mit geistig behinderten Menschen auf gleicher Augenhöhe ein. Ingrid nahm an mehreren Wochenendfreizeiten in geschlossener Gesellschaft in Kladow teil und organisierte auch Ausflüge in die Randbezirke unserer Stadt. Es war meist schwer für sie, in Ausflugsrestaurants Plätze zu reservieren, weil viele Wirte ihren übrigen Gästen den Anblick behinderter Menschen ersparen wollten. Bis heute fällt mir auf, dass Menschen mit Behinderung ihre Gefühle unverstellt und sehr direkt äußern. Im Theater lachen sie an traurigen Stellen und weinen mitunter, wenn es auf der Bühne komisch wird. Sie sind verzweifelt, wenn ihr vermeintlicher Sitzplatz bereits besetzt ist, weil sie sich in ihrer Sitzreihe geirrt haben. Sie kassieren in der Pause verächtliche Blicke, wenn sie im Foyer ihre Butterbrote auspacken.

In ihrer Clubarbeit hat Ingrid gemeinsam mit ihnen Brötchen geschmiert, belegt und gegessen. Sie haben miteinander gespielt und gesungen. Sie haben Urlaubsbilder betrachtet und Gästen von draußen zugehört. Den Clubmitarbeitern ging es stets darum, Lebensfreude zu vermitteln und das Gemeinschaftsgefühl zu stärken. Sie haben sozusagen „Flagge gezeigt" und „Farbe bekannt", indem sie den Clubmitgliedern signalisierten, dass sie deren Welt ein wenig wohnlicher einrichten wollten und auf ihrer Seite standen.

Die Clubleiter haben die Clubmitglieder „gesiezt" um ihnen damit Respekt zu erweisen.

Ingrid wusste, dass ich ihren Einsatz für die VfJ guthieß und gelegentlich mitzuhelfen bereit war.

Jahrelang hat sie beim Rixdorfer Weihnachtsmarkt hinter dem Stand der VfJ auch bei bitterer Kälte ausgeharrt, aber es war ihr ein Anliegen, hier präsent zu sein. Die VfJ hat ihre tatkräftige Hilfe oft gebraucht: zum Beispiel als Betreuungsperson beim Gegenbesuch aus der Partnerstadt Boulogne-Billancourt bei Paris (1990); als Betreuerin beim Behindertensportfest (1998) oder als Helferin beim Tag der offenen Tür (2000).

In der 82sten Ausgabe von *VfJ Intern* heißt es in der Traueranzeige:

Wir trauern um unser langjähriges Vereinsmitglied

Ingrid Hembd

* 28.02.1945 † 06.08.2019

Frau Hembd war 17 Jahre Mitglied der Vereinigung für Jugendhilfe und darüber hinaus 33 Jahre ehrenamtlich für unseren Freizeitclub tätig.

Für ihr Engagement und ihr Wirken zum Wohle der Menschen mit Behinderung und für das, was sie für die

Vereinigung für Jugendhilfe geleistet hat, sind wir ihr

sehr dankbar.

Unser Mitgefühl gilt ihrer Familie.

Wir werden ihr ein ehrendes Andenken bewahren.

Vereinigung für Jugendhilfe Berlin e.V.

Grenzallee 53, 12057 Berlin

Ralf Feuerbaum
Horst Kluge

Geschäftsführender 1. Vorsitzender
Beisitzer

Diese Traueranzeige spiegelt Ingrids Beständigkeit in all ihrem Tuns wider. Ergänzen ließe sich die Tatsache, dass sie außer mir auch unsere Kinder und unsern Enkel in den engeren oder weiteren Kreis der Mitarbeiter einbinden konnte. Wer in der VfJ als Außenstehender gelegentlich ehrenamtlich mitarbeitet, spürt dort eine wohlige innere Wärme und fühlt sich schnell zu Hause.

Meine Berufsentscheidung: Schule oder Universität?

Im Herbst 1970 begann, wie bereits erwähnt, mein Referendariat. Meine Fachseminare fanden an benachbarten Gymnasien (Schadow-Gymnasium und Droste-Hülshoff-Oberschule) statt. An letzterem Gymnasium hatte ich als Referendar für etwa drei Monate den Auftrag, Englischunterricht in der Oberstufe für eine erkrankte Kollegin zu erteilen. Es war schon merkwürdig: Herr *Dr. Friese*, der Leiter dieses Gymnasiums, hatte uns bei Gabbe's Lehranstalten Geschichtsunterricht erteilt und Herr *Dr. Helmert*, der Leiter meiner Stammschule, hatte mich bei meinem externen Abitur mündlich in Erdkunde geprüft.

Sehr viel gelernt habe ich bei meinem Hauptseminarleiter, Herrn OStD *Krüger*, der mir in seiner analysierenden und sachkompent-scharfsinnigen Wesensart viel vermitteln konnte.

1972 schloss ich diese Vorbereitungszeit mit dem Zweiten Staatsexamen ab und erzielte auch hier eine gute Note. Ich hätte an zwei weiteren Schulen in Zehlendorf bzw. in Kreuzberg als Studienassessor anfangen können, aber es stand für Herrn Dr.Helmert, und für mich fest, dass ich von meiner Schule übernommen und dort bleiben würde, ohne dass wir darüber viele Worte verloren hätten.

Ich fühlte mich zur Werner-von-Siemens-Oberschule gehörig, obwohl es da einen bemerkenswerten

Zwischenfall mit meinem damaligen Schulleiter gegeben hatte. In eine Zensurenliste vor der anstehenden Zensurenkonferenz hatte ich die Englischnote eines Schülers lediglich mit Bleistift — also nicht urkundensicher — eingetragen, weil ich sowohl ein *ausreichend* als auch ein *mangelhaft* hätte verantworten können. Ich weiß nicht mehr, wozu ich mich letztlich unter dem Druck der Auseinandersetzung durchgerungen habe (wohl eher Milde vor Härte), aber Herr *Dr. Helmert,* mein erster Schulleiter, fuhr mich aufbrausend an, dass ich diese Frage, bitte schön, *zuvor* hätte abklären sollen und dass die Versetzungskonferenz nicht der Ort des Lamentierens sei. Ich habe ihn dann etwa eine Woche lang „geschnitten" und als er mich wegen meiner Verweigerungshaltung zur Rede stellte, sagte ich ihm, dass ich mich als Anfänger in meinem Beruf sowohl in der Sache als auch in der Form ungerecht behandelt gefühlt hätte. Meine Frau habe an ihrer früheren Schule jedenfalls einen Direktor (jenen von mir bereits erwähnten *Dr. Johannes F. Klein*) gehabt, bei dem alle wussten, dass er problematische Dinge ruhig, freundlich und sachlich wieder aufs Gleis setzen würde. Solch einen Chef würde auch ich mir wünschen. Dr. Helmert sah mich betroffen an, reichte mir die Hand und fortan verband uns und unsere Familien eine Freundschaft, die bis zu seinem Tode andauern sollte. Ich erinnere mich gern an ihn!

Wir waren damals ein kleines Gymnasium mit ungefähr dreißig Lehrern und vierhundert Schülern. Bei meiner Pensionierung im Jahre 2006 hatten sich diese Zahlen mindestens verdreifacht! Von Anfang an hatte ich zehn Stunden ab Klasse 10 zu unterrichten und im Jahre 1973 nahm ich die ersten Abiturprüfungen in Englisch ab. Die mündlichen Prüfungen erfolgten damals, vor der Einführung der gymnasialen Oberstufe, in Anwesenheit des vollständig versammelten Lehrkörpers und ich kann kaum sagen, wer aufgeregter war — die Prüflinge oder ich.

Der Schulunterricht bereitete mir Freude und anfangs unterrichtete ich *Englisch* lieber als *Geschichte und Sozialkunde*. Später war allerdings *Politische Weltkunde* viel mehr nach meinem Geschmack als Englisch, weil ich mich im Sprach- und Literaturbetrieb schneller ausgebrannt fühlte. Außerdem empfand ich es stets als ein persönliches Manko, dass Englisch auch für mich eine Fremdsprache war und mir der letzte Schliff fehlte. Ich denke, ich war zunehmend in der gymnasialen Oberstufe bei „meinen Abiturienten" erst so richtig zu Hause.

Im Schulunterricht ging es um die stetige Erweiterung wichtiger Kernkompetenzen meiner Schüler (und meiner selbst). Die Schüler sollten Wissen und Fertigkeiten vermittelt bekommen und ihre Urteilsfähigkeit schulen. Sie sollten es lernen, den Anderen zuzuhören und ihre Gedanken geordnet und nachvollziehbar zu artikulieren. Im Fach Englisch sollten sie lernen, die Zielsprache zunehmend besser zu verstehen und sich in deren mündlichem und schriftlichem Gebrauch zu üben und zu verbessern. Ich vermittelte ihnen eine Fremdsprache, die ich zugegebenermaßen bis zum heutigen Tag nur ansatzweise beherrsche. Aber so viel war klar: ich hatte mir während meines Universitätsstudiums sehr viel träges Wissen aneignen müssen. Im pädagogischen Alltagsgeschäft kam ich jedoch weder mit der Fähigkeit des Entzifferns historischer Handschriften noch mit Alt- bzw. Mittelenglisch weiter. Da zählten ganz andere Qualitäten, die im Lehrplan der Universität damals mehr oder weniger fehlten. Ohne meine Sprachkenntnisse in der älteren Anglistik und ohne Latein-Grundkenntnisse wäre ich einerseits niemals bis zum Staatsexamen gekommen, aber andererseits gehörten sie leider zu meinen akademischen Luxusgütern ohne pädagogischen Nährwert. Wie hätte ich mit meinem Herzen je ein universitäres Lehrfach vertreten können, dessen Daseinsberechtigung ich jeden Tag aufs Neue hätte rechtfertigen müssen? Vermutlich wäre ich zum Zyniker geworden, vorzeitig gealtert oder in tiefe Depressionen versunken.

Sicherlich habe ich als Lehrer am Gymnasium in mehrfacher Beziehung vieles falsch gemacht, aber hoffentlich doch nicht alles! Das Gleiche könnte ich vermutlich auch von meinem übrigen sozialen Rollenspiel sagen — aber sollte es mir gelungen sein, meinen Schülern und unseren beiden eigenen Kindern Wege aufzuzeigen, wie man das Leben wenigstens so *einigermaßen* anpacken könne, wäre ich schon sehr mit mir zufrieden.

War die FU für mich nach dem Abschluss von Studium und Referendariat tatsächlich abgehakt?

Offenbar hatte ich Ende April 1972, also noch vor dem letzten Prüfungstag meiner Zweiten Staatsexamensprüfung am 13.06.1972, mit Herrn *Dr. Steiger* vom Englischen Seminar ein Telefongespräch gehabt, in dem es vermutlich um die Aufrechterhaltung der Bewerbung vom 27.04.1970 auf die Assistentenstelle für Sprachwissenschaft im Englischen Seminar gegangen war. Am 07.07.1972 nämlich nahm ich in einem Schreiben an Herrn *Dr. Krey* auf dieses Telefonat Bezug. Angesichts der anhaltenden atmosphärischen Spannungen an der FU — und wohl vor allem aufgrund meiner inneren grundsätzlichen Vorbehalte — stand ich einer Neuausschreibung dieser Vakanz in meinem Namen nunmehr ablehnend gegenüber. Wenn das Englische Seminar weiterhin an meinen Diensten im Bereich der Lehre interessiert sei, so möge man mir doch einen Lehrauftrag erteilen. Im Bereich der Forschung bliebe daneben die langfristige Aufgabe der Promotion bestehen. Auf keinen Fall jedoch wolle ich mich unnötig und vorzeitig verschleißen lassen.

Mit diesem Brief, so hoffte ich, hatte ich den gordischen Knoten gelöst und das *Kapitel Universität* zugeschlagen. Aber es kam anders.

Am 28. Juni 1972 teilte mir Herr Prof. Dr. Krey mit, dass nach über zehn Jahren Tätigkeit der Lehrbeauftragte Dr. Johannes F. Klein unerwartet aus dem Englischen Seminar ausgeschieden sei. Dr. Klein war als Oberstudiendirektor nicht nur Ingrids vormaliger Schulleiter am Albrecht-Dürer-Gymnasium in Berlin-Neukölln, sondern während meines Studiums auch *mein* akademischer Lehrer gewesen. Während der Zeit des Nationalsozialismus hatte er, ein Sozialdemokrat, meines Wissens als College-Professor in den USA gearbeitet. Ich erinnere mich an folgende peinliche Situation in einer seiner Lehrveranstaltungen: er fragte uns Studenten, was wohl auf Englisch „die Tür zuziehen" hieße. Nachdem wir einige Zeit ratlos geschwiegen hatten, verriet er uns seine Lösung: „to pull the door to". Es folgte ein höhnisches Gelächter der Kommilitonen. Dies sei doch wohl ein Germanismus, wie er im Buche stehe! Während meines späteren intensiven Lesens englischer Literatur mit Zettel und Bleistift ist mir genau diese Wendung mehrmals begegnet. Wie gern hätte ich es erreicht, dass Dr. Klein späte Genugtuung erfahren hätte, aber am Ende war es dann leider zu spät.

Nun sollte ich als sein Nachfolger zwei doppelstündige Syntax-Kurse in Englisch abhalten, in denen es einerseits um Schul- und andererseits um wissenschaftliche Grammatik ging. Die Vergütung für jede Lehrauftragsstunde betrug damals 250.- DM pro Semester. Neben meiner Tätigkeit als frisch gebackener Assessor des Lehramts begann ich für diesen Lehrauftrag im Wintersemester 1972/73 zu büffeln und brauchte dafür pro Woche weit mehr als zwanzig Stunden Vorbereitung. Die bestandene Abschlussklausur in Syntax 2 war für die Anglistik-Studenten die Eintrittskarte ins begehrte Hauptseminar und so führte für sie auf ihrem Weg zum Ersten Staatsexamen damals kein Weg an mir vorbei.

Ingrid als Sozialpädagogin in ihrem Heimatbezirk Neukölln

Bevor Ingrid am 01.12.1971 *Sachbearbeiterin für musische, kulturelle und sportliche Veranstaltungen für Kinder und Jugendliche bei der Abteilung Jugend und Sport des Bezirksamtes Neukölln wurde*, war sie zwei Jahre lang als Sozialarbeiterin für die Jugendarbeit in der ev. Kirchengemeinde Mariendorf-Süd und zwei Monate beim Kreisjugendpfarramt Berlin-Spandau beschäftigt gewesen.

In Mariendorf-Süd hatte sie gemeinsam mit den dortigen Jugendlichen die Kellerräume unter dem Gemeindehaus zum Jugendkeller ausgebaut, den es wiederholt gegen marodierende Jugendgangs zu verteidigen galt.

Da sie sich beim Kreisjugendpfarramt Spandau sehr unwohl fühlte, hatte sie sich beim Bezirksamt Neukölln beworben. Am 30.11.1971 sortierte ich bei uns zuhause in Lichtenrade alte Zeitungen aus und entdeckte dabei einen Brief, der sich zwischen ungelesene Zeitungsteile verirrt hatte. Ich rief Ingrid sofort an und teilte ihr mit, dass sie eigentlich an jenem Tage im Bezirksamt Neukölln hätte vorsprechen sollen. Sie setzte sich mit ihrem neuen Arbeitgeber sofort telefonisch in Verbindung, erwirkte in Spandau in aller Eile am letzten Arbeitstag des dortigen Superintendenten kraft seiner Unterschrift einen Auflösungsvertrag ihres Beschäftigungsverhältnisses, eilte nach Neukölln, klärte, was es dort zu klären gab und nahm schon am nächsten Tag ihre Arbeit auf.

Anfangs war Ingrid als Jugendpflegerin in der Abteilung Jugend und Sport des Bezirksamtes Neukölln im Range einer Sozialinspektorin tätig. Es muss wohl unwidersprochen bleiben, dass sie sich dort ihre eigenen Aufgabenfelder selbständig gesucht und ihnen Leben eingehaucht hat.

Damals hatte die Neuköllner Jugendpflege ihren Sitz in der Lahnstraße 78 und Ingrid war dort angestellt unter dem Stellenzeichen *Jug VI A 4* mit dem Arbeitsgebiet *„Freizeithilfen für Jugendliche und junge Erwachsene".*

Ziemlich am Anfang bekam sie vom 10. bis zum 23.04.1972 die Leitung einer deutsch-französischen Jugendbegegnung in *Chamrousse* übertragen.

Unvergessen ist die Veranstaltung *Sportliche Tage in der Gropiusstadt* vom 17.09. bis zum 01.10.72, wobei sie als Zielgruppe Teilnehmer zwischen 3 und 75 Jahren ansprach – zur Stärkung der Gemeinschaftsgefühle aller „Gropiusstädter". Vier von zehn Veranstaltungen oblagen der Jugendpflege und daneben erhielt sie Unterstützung vom Sportamt und von Sportvereinen.

Den Teilnehmern standen Innenräume sowie der Schulhof und vermutlich auch die sportlichen Anlagen der Helmholtz-Oberschule in der Wutzkyallee zur Verfügung. Draußen wurde Fuß- und Handball gespielt oder mit dem Rhönrad, mit Fahrrädern sowie mit Rollern und Dreirädern gefahren. Es fanden Weitsprungwettbewerbe und Tischtennisturniere statt und etwa 800 Teilnehmer waren beim Volkslauf mit dabei. Im Hause konnten Interessierte Schach spielen und basteln. Gern denken wir an *Doris und Dieter Salje*, zurück, die Ingrid damals tatkräftig geholfen haben. Sie erinnerte sich daran, dass sich insgesamt 2.600 Teilnehmer für die stündlich wechselnden Angebote interessierten und natürlich Urkunden für ihr Mitmachen erhielten. Mit Sicherheit war Ingrid am Ende dieser Veranstaltungsreihe wohlig erschöpft, aber vor allem auch beglückt, weil sie stets mit Leib und Seele hinter ihren Veranstaltungen gestanden und sie zu ihrer Herzenssache gemacht hatte.

Von 1972 bis 1976 fanden unter Ingrids Leitung alljährlich *Tischtennisturniere der Neuköllner Jugendfreizeitstätten* an jeweils acht Tischtennisplatten u.a. in der *Columbia-Sporthalle* am Columbiadamm statt. Oft hat sie dankbar *Horst Bergemann* erwähnt, einen Sozialarbeiter aus der Abteilung Jugendpflege, der ihr beim Transport und Aufbau der schweren Gerätschaften behilflich war. Jugendliche z.B. aus dem *Haus der Jugend Lessinghöhe* oder aus den *Jugendfreizeitstätten in der Rütlistraße*, der *Oderstraße* oder in der *Hannemannstraße* fühlten sich zum Mitmachen angespornt.

Für das Jahr 1973 entwarf Ingrid eine Jahresplanung für den bezirklichen Jugendwohlfahrtsausschuss. Darin nannte sie als Besonderheiten das Art Meeting, ein Volksradfahren, Wochenendseminare und jeweils ein Volkstanz- und ein Sportfest.

Geradezu einmalig war wohl jenes legendäre *Art Meeting*, ein Pop-Festival, das erstmalig vom 10. bis zum 12. Mai 1973 unter Ingrids Mitverantwortung in der *Lessinghöhe* stattfand und welches sie gemeinsam mit *Ernst Ebel*, einem ihrer damaligen Kollegen und

Jugendpfleger vom *Anne-Frank-Haus,* organisiert hatte. Ich erinnere mich noch daran, wie sie unermüdlich quer durch Berlin gefahren war und jugendliche Dichter und Maler und Musiker angesprochen und zur Teilnahme motiviert hatte. Ingrid erwähnte dankbar, dass ihnen im Vorfeld damals die *Berliner Morgenpost* und Jugendzeitschriften wie der *blickpunkt* in Sachen Werbung mitgeholfen hatten. Daneben waren freilich auch Plakate gedruckt und Handzettel verteilt worden. Im Vergleich zu heute fand seinerzeit gewissermaßen alles unter erschwerten Bedingungen statt; denn es gab weder Handy noch PC. Interessierte Bands bewarben sich bei der Veranstaltungsleitung, wurden sorgfältig ausgewählt und neun von ihnen wurden dann im 60-Minuten-Rhythmus ins Programm eingetaktet. Mich hat bei meinem Besuch die ruhige und harmonische Atmosphäre nach Sonnenuntergang in der Lessinghöhe positiv beeindruckt, jenem im Jahre 1951 im Rahmen des GYA (German Youth Activity) - Programms errichteten Jugendfreizeitheim mitten in Neukölln. Ingrid war stolz darauf, dass am Freitag 400 und am Samstag 600 Besucher kamen. Hier konnten Erfahrungen ausgetauscht, Kontakte geknüpft und Diskussionen geführt werden. Allerdings wurde kritisiert, dass Theatergruppen gefehlt hätten und dass Literatur und eigenes Schaffen zu kurz gekommen seien.

Nun, wenn wir das Prinzip *Learning by doing* akzeptieren, dann müssen wir auch Fehler oder Schwachpunkte unseres Handelns hinnehmen und können für den Wiederholungsfall nur daraus lernen. Geht es denn immer nur um die *Förderung* des

Einzelnen? Zählt es denn gar nicht, wenn der Besucher zumindest unterhalten wird und Freude verspürt?

Ein zweites *art meeting* fand wohl sehr erfolgreich vom 10. bis zum 12.05.1974 statt, aber Ingrid befand sich vom 03.05. bis zum 26.09.74 im Mutterschutz und konnte deshalb nicht mehr aktiv daran mitwirken.

Ingrid hat stets über die Ziele ihrer Arbeit und ihr sozialpädagogisches Konzept nachgedacht. Es ging ihr darum, für Kinder und Jugendliche da zu sein, ihnen Freizeithilfen anzubieten, ihren Horizont zu erweitern, ihnen ungezwungene Treffen zu ermöglichen, bereits vorhandene Gruppen zu unterstützen, deren Zusammensein Spannung und Abwechslung zu schenken, gemeinsames Tun mit Gleichaltrigen zu ermöglichen und etwas für die Eigenständigkeit und für die Gewissensbildung der Heranwachsenden zu tun.

Für den Zeitraum von 1972 bis 1975 hat Ingrid insgesamt 73 ihrer Veranstaltungen aufgelistet, wobei Sportveranstaltungen und Wochenendseminare zahlenmäßig dominierten.

Was sie sich für ihre Arbeit gewünscht hätte? Beratung, ein regelmäßiges Feedback und mehr Hilfestellung. Oft beklagte sie im Stillen, dass sie zu viel Energie aus sich selbst schöpfen müsse.

Zeiterfassungsbögen aus den Jahren 1974 und 1975 zeigten, dass Ingrid mehr leistete als sie hätte leisten müssen.

„Ist unser Rathaus ein leeres Gebäude"? Unter dieser Fragestellung organisierte Ingrid im Oktober 1975 ein *Reporterspiel*, bei dem zehn Bezirksamtsvertreter 30 Teilnehmern zwischen 11 und 14 Jahren, aufgeteilt in sechs Gruppen, als Interviewpartner zur Verfügung standen. Auch *Dr. Stücklen*, der damalige Bezirksbürgermeister, machte mit und Ingrid war sehr stolz, dass er sich zuvor nach Silkes Geburt unter die Gratulanten bei uns zu Hause eingereiht hatte.

Beispielhaft für die zahlreichen *Wochenendseminare* sei jenes vom 15. bis zum 16.11.1975 in Kladow erwähnt, bei dem *Helmut Herbst*, Regisseur und Dozent an der Film- und Fernsehakademie Berlin, eine *„Einführung in die Technik des Zeichentrickfilmes"* gab.

Aus einem Vermerk geht hervor, dass sie im Februar und März 1976 ein Preisausschreiben ausgelobt hatte unter dem Motto „Neukölln – Bezirk zwischen Anspruch und Wirklichkeit". Hier konnten z.B. Fotos, Kurzfilme, Gedichte, Liedertexte, Kurzgeschichten, Zeichnungen o.ä. eingereicht werden, die von einer gestrengen Jury ausgewählt und prämiert werden sollten. Ziel war eine kritische Betrachtung des Bezirkes.

Da Ingrid kurz vor Andis Geburt am 08.08.1976 verbeamtet worden war, konnte sie für sechs Jahre unbezahlten Urlaub nehmen und stellte damit ihre beruflichen Interessen zurück.

Danach kehrte sie vom 01.11.1982 bis zum 30.04.1989 (zunächst halbtags) als Sozialpädagogin im Kinderclub

Gemeinschaftshaus Gropiusstadt in ihren alten Beruf zurück, wurde zwischenzeitlich am 01.07.1986 zur *Sozialoberinspektorin* ernannt und übte dann aber ab 01.05.1989 ihre Tätigkeit als *Sacharbeiterin für kulturelle und sportliche Veranstaltungen und Angebote für Seniorinnen und Senioren bei der Abteilung Sozialwesen in Berlin-Neukölln* aus.

Kurz vor der Wende wurde Ingrid vorübergehend mit der Leitung der Behindertentagesstätte Alt-Buckow betraut, deren 10jähriges Bestehen unter ihrer Regie am 07.09.1989 gefeiert wurde. Im November 1989 (und ebenso 1991 und 1992) hat unter ihrer Leitung in den BVV-Räumen des Rathauses Neukölln an zwei Tagen ein *Weihnachtsbasar der Senioreneinrichtungen* stattgefunden. Dort, im Rathaus Neukölln, war sie auch im Jahre 1990 für ein *Sommerfest* mit einer *„Reisebörse"* verantwortlich.

Für die Jahre 1989 bis 1993 führte Ingrid eine Statistik in Sachen Kartenverkauf für ihre Seniorenveranstaltungen. Daraus ergaben sich durchschnittlich 100 Veranstaltungen pro Jahr. Legen wir für diesen Zeitraum 19.374 verkaufte Karten zu Grunde, so hatte Ingrid pro Veranstaltung durchschnittlich 193 Besucher. Um welche Art Veranstaltungen handelte es sich dabei? Nun, stichwortartig seien genannt: Fasching, politische Bildung, Bus- und Dampferfahrten, Musik-, Tanz- und Talkshows, Urania-Varieté, diverse Theaterangebote, Polizeiorchester, Künstlerförderung, Jahresabschlussball und Veranstaltungen des Bezirksamtes. Es wird wohl auf ewig ungeklärt bleiben, wie viele Menschen Ingrid individuell angesprochen hat. Die Zahl dürfte irgendwo zwischen 193 und 19.374 liegen, weil viele Besucher immer wieder zu ihren Veranstaltungen kamen. Es waren jedenfalls viele

In der dunklen Jahreszeit fanden mehrmals kostenlose *Verkehrslichter- und Informationsfahrten* mit Bussen statt.

Im Mai 1990 erreichte sie die Einladung von *Ulrich Helm,* Pfarrer im Haus der Mitte, zu einer Sitzung des *Stadtteilausschusses Gropiusstadt.* Hierbei ging es um Funktion und Aufgaben des Gemeinschaftshauses Gropiusstadt und die Vorbereitung eines Stadtteilfestes.

Das Gemeinschaftshaus war durch seine Lage und seine räumlichen Möglichkeiten gut geeignet für Ingrids Großveranstaltungen, wie z.B. solche in der Vorweihnachtszeit oder der Jahresabschlussball.

Was mich bei der Auswertung von Ingrids Unterlagen beeindruckte, waren ihre Überlegungen zu ihrem nunmehrigen Arbeitsfeld Soz II C, ausgedrückt in der Frage *„Management oder sozialpädagogische Arbeit"?* Es geht ihr also um die geistige Durchdringung ihres Aufgabengebietes und um die Konkretisierung ihres sozialen Auftrags.

Ingrid geht davon aus, dass auch der ältere Mensch in seiner Persönlichkeit Veränderungen unterworfen sei, nämlich „durch den Verlust eines nahen Angehörigen, Alterserscheinungen (z.B. Verkalkung), Kontaktarmut,

Einsamkeit, Krankheiten usw., Wegfall der Berufstätigkeit (...)

Ihm neue Lebensinhalte anzubieten, Interesse zu wecken, Kontaktmöglichkeiten zu bieten, ihn aus seiner Isolation und Einsamkeit herauszuholen, Angebote zu machen um Freude, Lebensbereicherung zu finden, sind Aspekte, unter denen ein solches Aufgabengebiet steht.

Gehen wir zunächst von den „jungen Alten" aus, so ist die Anteilnahme an der Umwelt noch recht stark. Im Rahmen der Talk-Show bzw. „Neuköllner Plaudereien" werden interessante Informationen weitergegeben bzw. für unsere Senioren Persönlichkeiten des öffentlichen Lebens vorgestellt.- In der Veranstaltungsreihe „Mit dem Stadtrat unterwegs" können Betriebe, Museen und andere Einrichtungen besichtigt werden. Beide Veranstaltungen werden ausgesprochen gern angenommen. Selbstverständlich werden diese Veranstaltungen auch von 70jährigen und älteren Mitbürgern besucht, nur werden wir laufend bemüht sein, möglichst viele Personen zu erreichen, die gerade in den Ruhestand getreten sind.

Aktiv sein, fit bleiben: diese Eigenschaften werden in unseren sportlichen Angeboten gefördert. Senioren werden immer wieder von dem Angebot der Schwimm- und Gymnastikgruppen gern Gebrauch machen.

Aktivität und die Möglichkeit, Anerkennung zu finden, haben wir in der Seniorenvertretung, in der Arbeit der Sozialkommissionsmitglieder, in der Gruppe der Zeitungsherstellung der *Rixdorfer Polka* und bei den ehrenamtlichen Helfern der Seniorenfreizeitstätten und

Seniorenwohnhäuser sowie vielen anderen Angeboten unserer Abteilung.

Den wohl größten Rahmen der Angebote unserer Arbeitsstelle (Soz II C und Soz II C 1) nehmen Veranstaltungen ein, die einen geselligen bzw. unterhaltsamen Charakter haben. Hierbei spielt ein Kaffeegedeck eine große Rolle, wie bei den Veranstaltungen: Tanzparty für Junggebliebene; Faschingsveranstaltungen; Pfingstfrühkonzert;

Sommerfest;   Weihnachtsfeiern;   Jahresabschlussball;
Bus- und Dampferfahrten, Modenschauen, „In Rixdorf is
Musike" usw. (...)

‚Angebote machen sieht wie ein Management aus, aber
wenn   man   dies   aus   unserem   Blickwinkel   als
Sozialpädagogen oder Sozialarbeiter sieht, dann ergeben
sich da noch weitere Gesichtspunkte: wir wollen mit
unseren Angeboten dem Einzelnen die Möglichkeit
schaffen, Kontakte zu schließen, aus seiner Einsamkeit
bzw. Isolation herauszukommen oder auch Aktivitäten zu
fördern, dem Einzelnen die Möglichkeit geben, sich
auszusprechen,   neue   Impulse   zu   erfahren,   neue
Lebensinhalte zu finden, Begeisterung und Freude zu
(emp)finden. Darüber hinaus hat ein Senior die
Möglichkeit, selbst für Andere aktiv zu werden, sich
einzusetzen und seinem Leben eine zusätzliche und
gemeinnützige Aufgabe zu geben. (...)

Ein japanisches Sprichwort lautet: *Ein Volk ist dann
glücklich, wenn seine Alten glücklich sind.* Wenn diese
Arbeitsstelle ein wenig dazu beitragen kann, ist ihre
Arbeit mehr als ein bloßes Management!"

Im Jahre 1991 bot Ingrid insgesamt 14 Busfahrten für
jeweils 100 Senioren (Ziele u.a. Strausberg, Buckow und
Neuruppin) und 5 Dampferfahrten an. Die Einnahmen
deckten dabei eigentlich nie die Ausgaben für
Schiffsmiete, Verpflegung und Musik.

Im Jahre 1991 geschah es doch tatsächlich, dass ein
psychisch   kranker   und   schlagkräftiger   Störenfried

anlässlich einer vorweihnachtlichen Veranstaltung polizeilich aus dem Gemeinschaftshaus abgeführt werden musste. Auch solche Zwischenfälle hatte Ingrid zu verkraften!

Bei einer dieser Veranstaltungen im Gemeinschaftshaus fiel mir auf, dass nach dem Veranstaltungsende die Senioren nur in kleinen Gruppen zu je zwanzig Personen schubweise in Richtung Garderobe durch die Saaltüren „entlassen" wurden. Ich erfuhr, dass es an der Garderobe schon Prügeleien gegeben habe; denn eine gemütliche Veranstaltung konnte zwar durchaus mehrere Stunden dauern, aber im Angesicht der Kleiderhaken riss bei manchen SeniorInnen dann doch der Geduldsfaden.

Zu ihren Aufgaben gehörte auch der Abschluss von Gastspielverträgen wie z.B. für die Conferenciers *Fiete Münzner oder Günter Schulzke,* der *Gerry-Belz- und der Hartmut Kupka Band,* der *Kindertanzgruppe der Flughafen GmbH Schönefeld,* dem *Volkstanzkreis Reinickendorf,* den *„Friedrichshainer Spatzen" (Ltg. Ehm Kurzweg),* den *Radfahrerfreunden Neukölln,* den *Gropiuslerchen* oder *Bata Illic.*

Am 30.11.1993 nahm Ingrid schriftlich Stellung zu der Arbeit des Sachgebietes „Kulturelle Veranstaltungen und Angebote für Seniorinnen und Senioren Neuköllns". Nach ihrer Feststellung, dass bei dieser Arbeit Ausgabe- und Einnahmetitel bedauerlicherweise nicht deckungsgleich seien, beschreibt Ingrid die Bedürfnisse der Seniorinnen und Senioren wie folgt:

a) Geselligkeit, Kontaktbedürfnis und Wunsch nach Gemeinschaft (...)
b) man möchte sich gern „mitreißen" lassen, d.h., sich nicht nur "berieseln"
lassen, sondern mit in das Programm einbezogen werden: durch klatschen,
singen, schunkeln, Gedichte vortragen usw.;
c) man möchte aus seiner Einsamkeit heraus, möchte unter Menschen sein, gesehen werden, etwas erleben, auf andere Gedanken kommen, vorübergehend seine Sorgen vergessen;
d) man möchte etwas Neues sehen und erleben: 1993 standen die Fahrten in das Umland Berlins und die Begegnung mit Schlössern, Städten, Museen der Mark Brandenburg im Vordergrund.
e) (Es bestehe der) Wunsch, sich einer Gruppe anzuschließen und etwas gemeinsam zu erarbeiten:
Gymnastik, schwimmen, kegeln, filmen, wandern, radfahren, spielen, musizieren, singen, Theater spielen usw.;
f) in erheblichem Umfang spielt das Bedürfnis selbst zu tanzen eine große Rolle. Trotz körperlicher Schwächen scheint es oft noch möglich zu sein, sich auf der Tanzfläche zu bewegen.

Ingrid gibt an, dass es sich bei den Besuchern zum größten Teil um Frauen handele, wobei der Prozentsatz an männlichen Teilnehmern mit den für sie interessanten Veranstaltungen wachse. Sie verstehe unter „Kultur-Seniorenarbeit" Kultur im Sinne von mitmenschlichem Umgang; es gehe mehr um die sozialen Aspekte als um „Kunst", ohne den künstlerischen Aspekt einer Veranstaltung außer Acht lassen zu wollen.

Im Jahr 1993 feierte das *Gemeinschaftshaus Gropiusstadt* sein 20jähriges Bestehen. In der aus diesem Anlass veröffentlichten Festschrift schrieb Ingrid unter dem Titel

Veranstaltungen der Abteilung Sozialwesen

„Allein sein – nicht allein bleiben"

folgenden Beitrag, der uns einen guten Einblick in ihre berufliche Tätigkeit und in ihr Organisationstalent gibt. Er zeigt auch, welche Akzente sie gesetzt hat und was ihr wichtig war:

Unter diesem Motto bietet seit Jahren die Abteilung Sozialwesen Neuköllner Seniorinnen und Senioren im Gemeinschaftshaus ein vielseitiges Veranstaltungsangebot an.

An erster Stelle zu nennen sind die Faschingsveranstaltungen „Neuköllner Tolle Tage" und zum Faschingsauftakt das „Närrische Neukölln". Die bunten Programme der „Blauen Garde Britz" und der „Fidelen Rixdorfer" erhalten stets großen Beifall. Bereits im dritten Jahr sorgt der Komiker und Conferencier Wolfgang Scheele für viel Stimmung.

Das Sommerfest der Abt. Sozialwesen rund um das Gemeinschaftshaus und in dessen Innenhof bot den Besuchern stets ein buntes Bild.

Seit Schließung der Berliner Kindl Festsäle 1990 finden im Dezember die beliebten Weihnachtsfeiern bei Gesang und Ballettdarbietungen in feierlicher Stimmung im Gemeinschaftshaus statt. Außerdem konnten zwei weitere beliebte Veranstaltungen im Saal des Gemeinschaftshauses eine neue Heimat finden: „In Rixdorf ist Musike" mit dem Auftritt des Frank-Schauß-Chores und der Berliner Blasmusikanten sowie der festliche Jahresabschlußball.

Wer Lebensfreude erfahren will, sollte einmal Gast bei den „Tanzpartys für Junggebliebene" sein. Hier wird ununterbrochen vom ersten bis zum letzten Tanz mitgemacht, und das bedeutet schon etwas, wenn man bedenkt, daß diese Tanzpartys über drei Stunden dauern.

Modenschauen, Chorkonzerte, Akkordeon- und Mandolinenkonzerte, bunte Programme der Sozialen Künstlerförderung sind laufende Angebote, die von den Interessenten dem monatlich erscheinenden Veranstaltungskalender der Abt. Sozialwesen entnommen werden können. „Melodien, die jung erhalten", die Gerald-Mann-Show, Weinfeste, Revuenachmittage und andere ins Programm neu aufgenommene Veranstaltungen werden ebenfalls gerne besucht.

Der Versuch, mehrere Generationen an einer Veranstaltung zu beteiligen, war bei der Veranstaltung „Jung und Alt unter'm Lichterbaum" im Dezember 1992 ein großer Erfolg. Man erfreute sich nicht nur gemeinsam an dem Marionettenstück „Ali Baba und die vierzig Räuber", sondern tanzte gemeinsam angeleitete

Weihnachtstänze, was bei den Größenunterschieden ein heiteres Bild ergab.

Höhepunkte im Laufe des Jahres sind immer wieder die Konzerte mit dem Polizciorchester Berlin unter der Leitung von Michael Kern.

Der Applaus nimmt von Seiten der Senioren nicht ab. Oft ist nach den Veranstaltungen zu hören „Das war aber wieder mal schön", „das war wieder ein gelungener Nachmittag", „war das ein schöner Nachmittag" usw. und da all diese Veranstaltungen ohne Mithilfe von Herrn Uhlmann und seinen Mitarbeitern und ohne Gemeinschaftshaus nicht möglich sind, wollen wir an dieser Stelle ein herzliches Dankeschön sagen und alles Gute für die nächsten Jahre wünschen.

Ein *Veranstaltungskalender* des Bezirksamtes Neukölln von Berlin gibt für die Zeit vom 12. bis zum 20. Juni 1993 Auskunft über die dort angebotenen Veranstaltungen. Da hatten die Senioren die Wahl zwischen einer *Tanzparty für Junggebliebene* oder einem *Bunten Nachmittag gemeinsam mit Treptower Seniorinnen und Senioren;* da wurden Busfahrten angeboten nach *Bad Saarow am Scharmützelsee, nach Luhme und Flecken Zechlin, zum Schloss und Park Branitz, ins Schlosshotel Dammsmühle oder zum Schiffshebewerk Niederfinow.* Die älteren Bürger hätten ferner teilnehmen können an einer *Führung durch den Britzer Garten, einer Kremserfahrt durch Rudow oder einer Radtour für Seniorinnen und Senioren.* Eine größere Veranstaltung für 400 Personen wurde angeboten unter dem Titel *Europa zu Gast im Gemeinschaftshaus Gropiustadt mit Stefanie Simon, Bert*

Beel, Pierre Minot, den Dancers Berlin und der Hartmut-Kupka-Band.

Im Rahmen der 19. Berliner Seniorenwoche wurden hier in Neukölln im Juni 1993 an manchen Tagen sogar zwei oder drei Veranstaltungen angeboten.

Habe ich etwa das *Kegelturnier* von 1994 vergessen? Da gab es doch Urkunden, unterschrieben vom damaligen Bezirksbürgermeister und vom Sozialstadtrat.

Vom 21.06.1994 stammt eine Betrachtung darüber, wie sich das Arbeitsgebiet „Kulturelle Veranstaltungen für Seniorinnen und Senioren" praktisch umsetzen ließe. Hierbei nimmt Ingrid zunächst einmal die Bezugsgruppen in den Blick, mit denen sie es zu tun habe, Gruppen, die sich von ihrer Altersentwicklung und ihren Interessen stark unterschieden:

a) *Personen im Vorruhestand und erwerbslose ältere Bürgerinnen und Bürger;*
b) *Seniorinnen und Senioren, die in den Ruhestand gehen oder sich seit wenigen Jahren im Ruhestand befinden (60-70jährige);*
c) *Seniorinnen und Senioren über 70 bis über 90 Jahre.*

Sind die Seniorinnen und Senioren über 70 zum Teil nicht mehr sehr beweglich und von der geistigen Ansprechbarkeit träger, so sind die zu den beiden anderen Gruppen gehörenden Personen sehr mobil, ansprechbar und interessiert. Kommen die einen mehr zu Unterhaltungsveranstaltungen, so nehmen die anderen gern an Besichtigungsunternehmen teil (...) Die Angebote gelten für alle, jedoch zeigt die Praxis, daß die verschiedenen Gruppierungen bei den einzelnen Angeboten dominieren.

Ferner bestehen Unterschiede

1. vom Alter her,
2. vom Engagement der vorhergegangenen Lebensjahre;
3. aufgrund der Familiensituation (viele Seniorinnen und Senioren sind einsam, ihnen fehlen Bewegungsmöglichkeiten und Abwechslung),
4. durch die jeweilige Kondition, den Gesundheitszustand und den Alterungsprozeß.

Aber:

1. der ältere Mensch ist lernfähig;
2. der ältere Mensch kann zwar physisch und psychisch abbauen, ist diesem Prozeß aber nicht bedingungslos ausgeliefert (...);
3. der ältere Mensch ist geistig oft wachsam, kann eln objektives Urteil fällen und seine Einstellungen einbringen;
4. der ältere Mensch kann ebenso fröhlich und ausgelassen sein wie der jüngere. Oft empfindet er sein Leben bewußter, er hat mehr Abstand zu seiner Umwelt und steht mitunter über den Dingen; der alte Mensch ist weder dumm noch eingefahren!
5. Der ältere Mensch ist ein guter Kritiker(...)

Ingrid schließt mit folgender Feststellung:

Ältere Menschen werden leicht abgeschoben. Es ist unsere Pflicht, sie als Teil unserer Gesellschaft zu sehen und sie am Leben, vor allem auch am kulturellen Geschehen innerhalb unserer Gesellschaft, teilnehmen zu lassen. Aufgabe ist es, möglichst viele ältere Bürgerinnen und Bürger zu erreichen, die sich schnell isolieren und schwer ansprechbar sind.

Ich erinnere mich noch lebhaft an die Zeiten, als Ingrid im Zuge der Haushaltssperre von 1996 mit einem sogenannten „Durchlaufkonto" arbeiten musste, d.h, dass aufgrund einer *Vereinbarungserklärung* die Einnahmen direkt an die Anbieter flossen. Dieses Verfahren hat ihr viel Kopfzerbrechen bereitet.

Es gab natürlich auch kostenlose Auftritte wie z.B. jene des *Polizeiorchesters Berlin* oder des *Musikkorps des Bundesgrenzschutzes* (1996 und 1997). Da brauchte das BA Neukölln nur noch die GEMA-Gebühren zu übernehmen.

Ende Januar 1996 musizierten *Carola Opitz* und das Berlin-Sextett unter der Leitung von *Rudi Richter*, Mitte April kam letztmalig *Fiete Münzner mit Klein Erna* aus Hamburg, im Juni 1996 wurde nochmals eine Radtour für Senioren angeboten und in demselben Monat zum Seniorenchorfest im Britzer Garten eingeladen.

Anhand des Kartenverkaufes hat Ingrid statistisch festgehalten, wie viele Personen jeweils zu den einzelnen Veranstaltungen gekommen waren. Dabei konnte es ihr nicht entgehen, dass die Teilnehmerzahl über die Jahre rückläufig war und ich denke, dass sie dieser Tatbestand beunruhigt hat. Ich hätte sie getröstet mit der Beobachtung, dass wir nun einmal im digitalen Zeitalter leben und die Formen der Zerstreuung einem permanenten Wandel ausgesetzt seien. Das Jonglieren mit der großen Zahl von Teilnehmern oder Besuchern oder Einschaltquoten setze uns als Veranstalter eh nur unter Druck und sage überhaupt nichts aus über die Qualität unserer Angebote. Im Übrigen sei die Zahl der Besucher unterm Strich mit Sicherheit noch geringer, da ja niemals festgehalten wurde, wie viele von ihnen doppelt oder mehrfach kamen.

Da Ingrid den Kartenverkauf teilweise selbst übernehmen musste, sah sie die Qualität ihrer Arbeit und ihre Gesundheit gefährdet. Aus diesem Grunde hatte sie bereits am 24.01.1995 um ihre Versetzung in die Abteilung Jugend oder Volksbildung gebeten. Am 16.10.1995 schließlich bewarb sie sich (in ihrer Stellung als Sozialoberinspektorin) um die Stellung einer Sozialoberinspektorin (also eher eine Versetzung ohne Beförderungsanliegen) in der Abteilung Jugend – meiner Erinnerung nach erfolglos.

Ein Schriftsatz vom 17.06.1997 war vermutlich Ingrids letztes Memorandum zu ihrem beruflichen Aufgabenfeld:

Bereits in den 80er Jahren bestand das Angebot „mit dem Stadtrat unterwegs", um Neuköllner Seniorinnen und Senioren in loser Folge Industriebetriebe, kulturelle und soziale Einrichtungen des Landes Berlin näherzubringen. Es war zugleich die Möglichkeit, sich als Amtsträger mit den Bürgern auseinanderzusetzen und ihnen mit Gesprächen zur Verfügung zu stehen.

Nach der Wiedervereinigung wurde es möglich, sich mit dem Umland Berlins vertraut zu machen, Gegenwartsgeschichte zu erleben und sich mit der „deutsch-deutschen" Geschichte vertraut zu machen. Hierbei haben immer wieder Begegnungen und Gespräche mit Menschen vor Ort eine Rolle gespielt, die vermittelten und „zur Versöhnung" beitrugen. Für solche Gespräche war die Vermittlung eines ausgebildeten Sozialpädagogen unbedingt notwendig. (...)

Diese pädagogische Arbeit erfordert ein hohes Maß an Zuverlässigkeit, Einfühlungsvermögen, Durchhaltevermögen und eine relativ stabile Gesundheit.

Es hat sich gezeigt, daß jede Fahrt sorgfältig nach den Bedürfnissen der Seniorinnen und Senioren geplant und vor Ort vorbereitet werden muß. Dazu gehören Ortsbesichtigungen und persönliche Gespräche sowie geschäftsmäßige Verhandlungen. Diese Vorbereitungen sind nur unter erheblichem privaten Engagement möglich.

Mich hat es bewegt, dass Ingrid (seit 1987 „Diplom-Sozialpädagogin"), mit ihren Veranstaltungen auch viele junge Menschen angesprochen hat, Menschen, die zu ihr kamen und sozusagen *mit ihren Füßen* über ihre Freizeitangebote *abgestimmt* haben. Wie sehr freute es mich, dass sie stolz auf ihren rastlos erkämpften Erfolg sein durfte und zugleich selbstkritisch unentwegt darüber nachgedacht hat, auf welche sinnvoll-kreative Weise sie gerade jungen Menschen zu Spaß und Lebensfreude verhelfen konnte. Ingrid und ich — wir haben uns zeitlebens zwar nie *parteipolitisch* definiert und doch würde ich sagen, dass wir der *polis*, dem Gemeinwesen also, unermüdlich zu Diensten standen – Ingrid immerhin unter Abzug ihrer 6jährigen Beurlaubung fast 30 Jahre lang. Dürfen wir daher sagen, dass wir wenigstens *sozialpolitisch* unterwegs waren?

Die Kremserfahrt in Groß-Raden im Mai 1997 könnte eine der letzten Veranstaltungen gewesen sein, die Ingrid, noch im Amte befindlich, durchführen konnte. Geplant waren noch ein Auftritt der Blauen Garde Britz im November 1997, der „Gordons" und die traditionellen Adventsfeiern im Dezember, aber aufgrund ihres Gesundheitszustandes musste sie zuvor leider wegen Dienstunfähigkeit in den Ruhestand versetzt werden, der 1999 formal wirksam wurde..

Ihre Mutter notierte: *Wolfram und Ingrid erkrankten und wurden 1996 und 1999 pensioniert.*

Ingrid und ich waren durch unsere Berufstätigkeit voll vereinnahmt. Habe ich etwa vergessen, dass sich Ingrid bereits im Januar 1976 von ihrem Dienstherrn eine Nebentätigkeit bei der ev. Familienbildungsstätte Tempelhof mit monatlich je zwei Vortrags- und Diskussionsabenden hatte genehmigen lassen? Hatten wir ab August desselben Jahres nicht für mittlerweile zwei Kinder Sorge zu tragen? Machten sich Einkäufe und Haushalt so gänzlich von allein? Konnten wir es uns leisten, die Familie abzuschreiben? Lohnte es sich überhaupt, auf Freizeit und private Interessen sowie auf Erholungsphasen zu verzichten?

Ich selbst war seit jeher daran gewöhnt, unermüdlich und hart und zielgerichtet zu arbeiten; aber die Frage stand im Raum, wie lange dies gut gehen konnte.

War selbst *ich* etwa unbemerkt zu einem *workaholic* geworden, der sich zu wenige Freiräume und Nischen gönnte?

Galt dies womöglich in noch stärkerem Maße auch für Ingrid?

Mein Lehrauftrag an der FU

Meine beiden doppelstündigen Syntaxkurse fanden, wenn ich mich recht erinnere, nach einander an einem Tag pro Woche in einem rauchigen Hörsaal des Englischen Seminars in der *Goßlerstraße* statt. Da saßen ungefähr siebzig Studenten der Anglistik wie im Kino auf Klappstühlen vor mir und in den letzten Reihen wurde heftig geraucht! Die Unterrichtsatmosphäre war keineswegs locker und entspannt, sondern eher verkrampft, feindselig und unterschwellig kampfbetont. Mir kam es so vor, als wollten die dort anwesenden Studenten in zehn Doppelstunden an Stoff nachholen, was ihnen zuvor in zehn Jahren wohl nicht gelungen war. Allein schon die erdrückende Zahl der HörerInnen und die Kürze des Semesters ließen überhaupt keine persönlichen Beziehungsgeflechte zu, wie ich sie wenigstens ansatzweise aus meinen Klassen und Kursen in der Werner-von-Siemens-Oberschule kannte. Hier fand kein fragend-entwickelndes Unterrichtsgespräch auf Augenhöhe statt, sondern ich dozierte frontal. So war das eben üblich! Nur sehr selten hatte ich es während meiner Studienjahre in Vorlesungen oder Seminaren erlebt, dass Professoren ihre Studenten dazu ermunterten, ihnen Fragen zu stellen, Fragen, die ihnen auf den Nägeln brannten oder die sie erst mühsam entwickeln mussten. Gelacht wurde selten. Nein, Studieren war stets eine ernste Sache! Der da vorne las — mehr oder weniger monoton — aus seinen vergilbten Manuskripten vor und wir schrieben emsig und oft schläfrig mit. Habe ich es je erlebt, dass uns ein akademischer Lehrer an der Entwicklung seiner Themen und Forschungsschritte oder an seinen Zweifeln und Selbstzweifeln teilhaben ließ? Wie oft kam mir je die Erleuchtung, weshalb das, was ich da gerade mitschrieb, für meinen späteren Beruf und Unterricht relevant sein würde? Hat sich je ein akademischer Lehrer danach erkundigt, wer *ich* eigentlich sei und wie ich fühlte? Hat sich im akademischen Betrieb überhaupt jemand für mich zuständig gefühlt — für mich persönlich? Sozusagen als mein Betreuer und mein Pate?

Damals wurden viele Lehrveranstaltungen von der *Rotzang*, den Roten Zellen Anglistik, durch martialische G*o-ins* gestört. Auch meine Syntaxkurse blieben davon nicht verschont, aber beim dritten Male platze mir der Kragen. Ich baute mich mit geballten und in den Hosentaschen versenkten Fäusten vor der ehrenwerten Gesellschaft auf und erklärte ihnen das Folgende:

Wenn auch nur noch einmal eine meine Lehrveranstaltungen gestört wird, dann werde ich meinen Lehrauftrag zurückgeben. Ich werde dies dem Dekan der Philosophischen Fakultät schreiben, dem Herrn N.N. Dieser Herr N.N. wird dann meinen Nachfolger bestimmen, wiederum ein Herr N.N. Ich garantiere Ihnen, dass dieses Semester damit für sie verloren sein wird.

Ich erinnere mich, dass sich die Störenfriede aus dem Raum trollten und bis zum Semesterende nicht mehr wiederkamen. Was hatte die rote Mao-Bibel auch mit englischer Syntax im Rahmen eines Anglistikstudiums zu tun?

Zwei Semester lang habe ich meine Veranstaltungen tapfer abgehalten, aber ich fand mich selbst, meine akademische Eignung und meinen Unterrichtserfolg eher mäßig. Eines Tages zog der Hausmeister mit seinem *Ormig-Umdrucker* für mich Arbeitsbögen für die Lehrveranstaltung in der darauffolgenden Woche ab. Hinter mir vernahm ich eine männliche Stimme, die ihrem stummen Gesprächspartner einhämmerte, dass dieser nur Englisch lernen würde durch Sprechen, Sprechen und nochmals Sprechen. Mir missfiel dieser belehrende und herablassende Ton und ich schaltete mich durch eine körperliche Vierteldrehung ungefragt in diese „Lehrstunde" ein:

Mir scheint, dies ist nur die halbe Wahrheit; denn neben dem Sprechen geht es nicht ohne genauere Kenntnisse der sprachlichen Regelbildung ab

Ich hatte hiermit wohl ein Sakrileg begangen; denn ich war dem allseits hochgeschätzten Herrn *Professor Wächtler* vorlaut in die Parade gefahren. Noch heute würde ich jedoch zu meinen Worten stehen und noch heute bin ich froh, dass sich nach Ablauf des zweiten Unterrichtssemesters mein Lehrauftrag an der FU wie von selbst erledigt hatte. Er wurde einfach nicht verlängert...

Nein, die FU war nicht meine Welt!

Kurz darauf rief mich auf Empfehlung Herr *Rohde* von der VHS Schöneberg mit Sitz am *Barbarossaplatz* an, der dort als Studiendirektor die Abend-Abiturlehrgänge für

Erwachsene leitete. So handelte ich mir ab 1973 sozusagen lückenlos zwei dreieinhalbjährige Lehrgänge in Folge ein und hatte dort fortan pro Woche zwei recht gut bezahlte Doppelstunden zu unterrichten. Aber auch an der VHS herrschte ein politisches Reizklima. Wir hatten es immer noch mit der 68er-Generation und deren Epigonen zu tun, mit denen ich niemals gemeinsame Sache machen würde. Ich glaube, ich war der einzige Dozent, der seine erwachsenen Schüler prinzipiell „Siezte" und der nichts anderes tat, als sachbezogen zu unterrichten, und zwar Englisch.

Ingrid hat mich gelegentlich gefragt, ob ich ein beliebter Lehrer gewesen sei. „Nein," habe ich ihr geantwortet, "beliebt war ich nie – eher respektiert." Was nimmt es bei meiner Wesensart Wunder, dass ich zu den FU-Studenten einerseits und den Abendschülern andererseits ein eher distanziertes Verhältnis hatte. Ich bin in meiner Wesensart eben nicht der Kumpel von nebenan, dem man kameradschaftlich und einfach so auf die Schulter klopft und mit dem man eine Molle zischt.

Neben dem Unterrichten war ich ab 1972 im Auftrag der Gemeinde Alt-Schöneberg gemeinsam mit *Klaudia Räbiger*, einer Pastorin und Silkes späterer Patentante, ehrenamtlich in der Gefängnisseelsorge tätig, wo wir als Abgeordnete einer Kirchengemeinde dem Gefangenenjargon entsprechend zu den „Himmelskomikern" gehörten, denen es allerdings nicht einmal im Verlaufe von sieben Jahren gelingen wollte, die Strafgefangenen auf die richtige soziale Schiene zu setzen.

Ingrid als Tochter ihrer Eltern und Mutter ihrer Kinder

Ingrid und ich – wir waren beide Kriegskinder.

Ingrid wurde am 28.02.1945 in der Leinestraße 8 von ihrer Mutter Ilse (* 1910) in Eigenregie zur Welt gebracht. Die Familiensaga berichtet, dass Ingrid das einzige Neugeborene war, das im ganzen Straßenzug überlebte und wir erfahren, dass *Ilse Rückert* emsig Kartoffelschalen sammelte um sie gegen Brennholz und Milch einzutauschen. Ingrids ältester Bruder hieß *Wolfram*; *Winfried*, der Mittlere, hatte nicht lange gelebt und so war sie schließlich das zweite Kind unter den Überlebenden. Nur mit Hilfe einer Logopädin habe Ingrid später das Sprechen gelernt. In ihrem späteren Leben entwickelte sie jedoch ein regelrechtes Erzähltalent, aber „wie es da drinnen aussah", war von außen schwerlich zu erkennen. Gelegentlich beklagte sich ihre Mutter über Ingrids Schweigsamkeit und ihren Unwillen sich ihr anzuvertrauen. Gut so!

Rudolf Rückert (* 1911), Ingrids Vater, wurde nach Aufzeichnungen seiner Frau erst 1943 eingezogen, weil er als Elektromeister zuvor in den Luftschutzkellern der Umgebung noch Licht zu legen hatte. Zunächst sei er als Funker im Elsaß eingesetzt gewesen. In der Folgezeit sei er in Wien und nach dem Einmarsch der Russen in Linz stationiert gewesen. Im Mai 1945 sei er, sehr dünn aussehend, nach Hause zurückgekehrt. Da er mit seiner Querflöte alle Vorgesetzten und Kameraden zu unterhalten wusste, war ihm die vorderste Frontlinie offenbar erspart geblieben und wenn wir ihm Glauben schenken dürfen, so hat er im gesamten Kriegsverlauf keinen einzigen Schuss abgegeben, sondern als Funker seinen Dienst getan. Wider Willen hatte er das Elektrogeschäft seines Vaters übernehmen müssen und es als Elektromeister weitergeführt; aber so richtig wohl fühlte er sich erst ab Ende der 60er Jahre als Sachbearbeiter im Elektroamt Kreuzberg. Seine Kinder „durften" selbstverständlich musizieren – aber nur Musik des Barocks und der Klassik, bitte schön. Sie durften gern tanzen – aber nur Volkstanz, versteht sich.

Es gibt Fotos, die dokumentieren, dass wir mit der Großfamilie auch einmal gewandert sind – sicherlich jedoch nicht mit gewohnter Regelmäßigkeit. Gemeinsame Hausmusikabende habe ich nicht oft erlebt, da Ingrids Mutter mit ihrer Schwägerin eine Privatfehde aus für mich undurchschaubaren Prestigegründen führte, die familiären Kontakte irgendwann kappte und uns in ihre Entscheidung zwingend als ihre vermeintlichen Gefolgsleute einband.

Ingrid und ich gingen in den Zoo, ins Theater und in die Oper und – wir verstanden uns.

Ingrids Verhältnis zu ihren Eltern erschien mir ambivalent. Sie war ihrem herzensguten Vater innig zugeneigt. Ihre Mutter konnte mit ihrer Dominanz und Anerkennung erheischenden Art sehr bestimmend und von rechthaberischem Wesen sein und sie verbreitete ständig eine knisternde Unruhe. Ingrid beklagte sich ihr gegenüber vermutlich nur wenig, aber sie war oft im Nachhinein noch zornig darüber, dass sie von ihr nie in Ruhe gelassen worden war um wenigstens ihre

Hausaufgaben ungestört zu erledigen. Wie oft mag sie mit ihren Fäusten in ohnmächtiger Wut gegen die Wände ihrer Mädchenkammer gehämmert haben? Wie oft erledigte sie ihre Schularbeiten im Badezimmer, dem einzigen Ort, in dem sie Ruhe fand?

Die Tatsache, dass mir meine Schwiegermutter kurz nach unserer Hochzeit ohne jeglichen Wahrheitsgehalt und spätere Entschuldigung eine Affäre anhängen wollte, beeinflusste mein Verhältnis zu ihr bis zu ihrem Tod im Jahre 2004 sehr negativ; denn nie im Leben wäre es mir in den Sinn gekommen, Ingrid, die Liebe meines Lebens, zu betrügen.

Ingrid hat ihrerseits im Laufe der Jahre mehrere unzweideutige Anträge männlicher Kandidaten entschieden zurückgewiesen und mir davon berichtet.

Hätte ich diese feste Bindung zu ihr nicht bereits von Anfang an gewollt, so hätten wir uns gar nicht erst endgültig für einander zu entscheiden brauchen und ich hätte andere mögliche Beziehungen vor unserer Hochzeit dann nicht unbeachtet gelassen.

Geschwärmt habe ich später freilich für mehrere Frauen (dies wird wohl nie aufhören), aber ich habe stets Abstand gehalten, meine roten Linien gezogen und mein Gesicht und mein gutes Gewissen gewahrt.

Meine Liebe zu Ingrid kannte keine Alternative.

Gemeinsam haben wir jedoch solide Freundschaften von unterschiedlicher Haltbarkeitsdauer gepflegt.

Zu meinem Schwiegervater hatte ich stets ein herzliches Verhältnis. In umgekehrter Weise erging es Ingrid mit meinem Vater ähnlich: sie verstand sich gut mit ihm und ertrug meine Mutter und deren ablehnendes Verhalten ihr gegenüber mit Geduld und Nachsicht.

Ingrid war eher ein „Vaterkind" und fühlte sich zu ihrem Vater hingezogen. Als er 1988 starb, waren wir Beide dermaßen traurig, dass Ingrid bei der Trauerfeier die Orgel selbst spielte und ich das Lektorenamt versah – auf diese Weise waren wir nämlich abgelenkt und konnten durch die konzentrierte Beschäftigung mit unseren Aufgaben unsere Trauer überlagern.

Mit gewisser Bestimmtheit lässt es sich sagen, dass weder Ingrid noch ich die Wunschkandidaten unserer Schwiegermütter waren. So mussten wir viel Geduld und Nachsicht gegenüber unseren Müttern aufbringen und manches Wort überhören und manche Übergriffigkeit ertragen, obwohl wir ihnen besser hätten Einhalt gebieten sollen; denn sie erlaubten sich des Öfteren Grenzlinien zu überschreiten. Vor diesem Hintergrund war es für uns wichtig, dass wir all die Jahre Hand in Hand durchs Leben gingen, in stillem Groll fest zusammenhielten und uns darüber klar waren, dass alles, was Menschen zueinander sagen und einander antun, *unumkehrba*r sei.

Ingrid ging bei der Geburt unserer beiden Kinder erhebliche Risiken ein; denn aufgrund ihrer Wehenschwäche, wurden sowohl Silke (* 1974) als auch Andi (* 1976) per Kaiserschnitt ans Licht der Welt befördert und in der ersten Hälfte der 70er Jahre waren dies noch Risikogeburten.

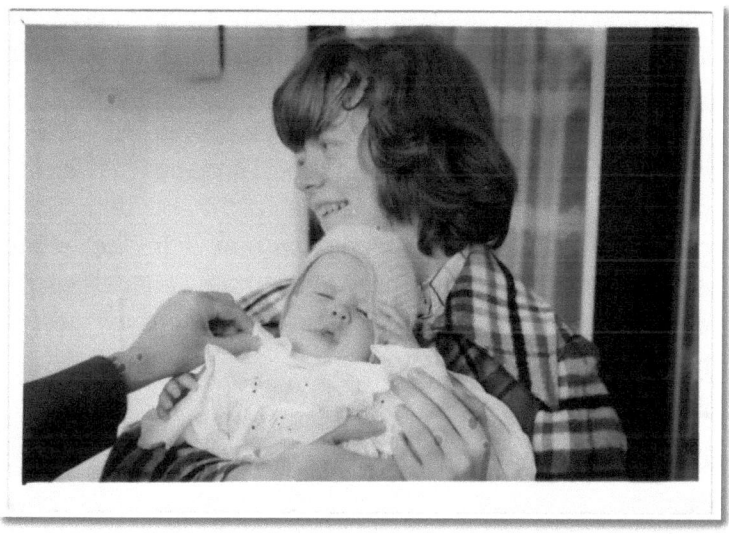

Natürlich hatten wir uns zuvor 1973/74 in einem Kurs für Schwangere in der Martin-Luther-King-Gemeinde in der Gropiusstadt auf unsere künftigen Aufgaben als Eltern vorbereitet; aber die theoretischen Vorbereitungen auf die künftigen Aufgaben, die wir zu bewältigen haben würden, waren eben nur Trockenübungen gemessen an dem, was die spätere Praxis als neue und ungeahnte Herausforderungen für uns (und wohl alle Eltern) bereit hielt.

Wir hatten uns von Anfang an Kinder gewünscht. Wir wollten eine Familie werden. Wir wussten, dass sich unser soziales Rollenspiel verändern würde und waren bereit, uns darauf vorzubereiten und Verantwortung zu übernehmen.

Vor einiger Zeit traf ich einen von Andis ehemaligen Mitschülern aus der Grundschulzeit. Er erinnerte sich voller Begeisterung an die von Ingrid stets sorgfältig vorbereiteten Kindergeburtstage im Nebelhornweg, die einfach „Legende" gewesen seien. Dies ist um so bemerkenswerter, als Ingrid der Umgang mit kleinen Kindern nach eigener Aussage nicht in den Schoß gefallen sei. Im Nachhinein würde ich ihr jedoch attestieren, dass sie ihre Mutterrolle ausgesprochen engagiert, selbstkritisch und verantwortungsvoll gespielt hat.

Sie hat sich während ihrer relativ gesunden Jahre über die Familie hinaus für die Anderen „verströmt". Da ihre eigenen Eltern gut mit kleinen Kindern umzugehen wussten, waren sie trotz unserer Vorbehalte ihnen gegenüber vor allem wegen der Kinder häufig zu Gast bei uns und nahmen sich ihrer Enkel gerne an, auch auf gemeinsamen Reisen.

Wenn es stimmt, dass sich unsere Erziehungserfolge erst so richtig an der (hoffentlich positiven) Entwicklung unserer Enkelkinder ablesen lassen, so ist Ingrid diese abschließende Genugtuung durch ihren relativ frühen Tod zwar teilweise verwehrt geblieben; aber ich habe das Gefühl, dass sie am Ende mit ihren Kindeskindern wohl zufrieden gewesen wäre.

Meine Eltern waren 60 Jahre lang verheiratet, meine Schwiegereltern 52 Jahre; Ingrid und ich konnten am 23. August 2018 glücklicherweise noch die *Goldene Hochzeit* feiern, draußen in der Beatmungsstation *Remeo* in Mahlow. Wir haben uns 56 Jahre lang gekannt und waren davon fast 51 Jahre lang verheiratet gewesen.

Wenn sich zwei Menschen kennen und lieben lernen, dann müssen sich nicht nur diese Beiden schrittweise aneinander gewöhnen, sondern sie müssen sich irgendwie auch mit den jeweils dazu gehörigen Familien arrangieren. In Ingrids Familie wurde musiziert (klassische Musik zum Klavier und zur Querflöte), getanzt (Volkstanz) und gesungen (Volkslieder). Alle hatten ständig etwas zu erzählen (einzeln, manchmal alle zugleich) und oft fragte ich mich leise, wer von ihnen wohl der Lauteste in der Runde sei. Wir spielten Karten, machten Badeausflüge zur Lieper Bucht oder zum Großen Fenster. Als unsere Kinder geboren waren, besuchten wir uns gegenseitig, wobei Ingrids Eltern viel öfter im Nebelhornweg waren als wir umgekehrt in der Warthestraße. Daneben mussten auch *meine* Eltern noch irgendwie eingebunden werden, aber wir hatten kein Gegenmittel zu deren subjektivem Empfinden, dass sie ständig zu kurz kamen, was sich, objektiv gesehen, nicht ganz leugnen ließ.

Es gibt ein Foto aus den späten 60er Jahren, auf dem mein Schwiegervater, Ingrid und ich beim Blockflötenspiel abgebildet sind, nur – ich konnte damals noch gar nicht auf diesem Musikinstrument spielen! Ein Fake-Foto, sozusagen. Liebenswert an diesem Foto ist Ingrids leises Lächeln, ein Lächeln, ein inneres Kichern, das ich zeitlebens an ihr schätzte, ein Lächeln, das aus ihrer Seele kam und ihre stillvergnügte Seite zeigte.

Oft habe ich ihr anerkennend erklärt, dass sie mir niemals Vorwürfe gemacht habe. Ich habe mich stets nach ihrer Anwesenheit gesehnt und wer mit Ingrid einen Tag lang gemeinsam erlebt hatte, der hatte am Ende das Gefühl, es seien bei ihrer Unternehmungslust derer mindestens zwei gewesen.

Es mag sein, dass sie ihre Unzufriedenheit mit mir und meinen Ecken und Kanten und mit den Herausforderungen, vor die sie sich oftmals gestellt sah, auch vor dem Hintergrund ihrer bipolaren Störungen ihren kleinen Heftchen anvertraute, die ihr als emotionale Ventile dienten. Mit dem Schreiben verschaffte sie sich anscheinend vorübergehend Luft und mir eine negative Presse.

Ingrid und ihr Musizieren

Als junges Mädchen hatte Ingrid an einem *Steinway-Wettbewerb* teilgenommen und in der darauffolgenden Zeitungskritik seien ihr ihre Begabungen bescheinigt worden mit der Bemerkung, dass aus ihr „etwas werden könne", wenn sie fleißig übe. Immer wieder erklärte sie uns später, dass sie jedoch nie Pianistin hätte werden wollen, zumal das Üben einer ihrer Schwachpunkte gewesen sei und auch ständige Konzertreisen hätten ihr nicht gefallen.

Bevor wir uns 1963 kennenlernten, war sie als Mitglied eines Blockflöten-Orchesters namens „Ganassi" mit Ingrid Tietsch auf einer Konzertreise in Schweden gewesen. Anfang der 70er Jahre war die Kantorei Alt-Schöneberg unter der Leitung von *Johannes Günter Kraner*, von *Viborg* ausgehend, auf Konzertreisen an mehreren Orten in Dänemark und anlässlich des Festivals von Flandern auch in *Brügge*. Ingrid war dabei, musste dann aber 1974 von einer weiteren Chorreise nach England Abstand nehmen; denn sie war inzwischen schwanger.

Ingrid war dem Klavier besonders zugeneigt.

René Schütz hat es auf der *Traueranzeige einiger Menschen* aus der Kirchengemeinde in der Gropiusstadt zutreffend ausgedrückt, dass ihr die Musik immer sehr am Herzen gelegen habe.

Silke und Andi erhielten auf Ingrids Initiative hin in ihren jungen Jahren Musikunterricht und ich lernte im

Hintergrund zunächst als Zuhörer passiv (und erst später als Musikschüler aktiv) mit, so dass es am Ende ausreichte, dass ich bis zum heutigen Tag in einem Blockflötenkreis in der *Kirchengemeinde Gropiusstadt* mitspiele, dem auch Ingrid einige Zeit angehörte.

Ich selbst musste leider erkennen, dass ich weder zu Tasten- noch zu Saiteninstrumenten eine Affinität besaß, insbesondere, weil es mir nicht gelingen wollte, beidhändig zu spielen und dabei mehrere Töne gleichzeitig zu greifen. Es fehlt mir im Kopf die nötige

Fähigkeit, diverse Vorgänge zu koordinieren. *Diabelli* zu vier Händen mit Ingrid am Klavier war eine Katastrophe, weil ihr bei ihrer Musikalität schnell der Geduldsfaden riss und sie nie so richtig nachvollziehen konnte, wie schwer mir meine Hände und meine Versagensängste dabei wurden.

Noch heute fange ich an zu zittern, wenn ich weiß, dass ich beim gemeinsamen Vorspiel im Ensemble mit meiner Tenorflöte solistisch einsetzen muss. Plötzlich werden einfachste Griffe und Töne zu unüberwindlichen Hindernissen.

Ich kann mit meiner Sprech- und Singstimme ganz sicher und ohne Hemmungen umgehen. Ich kann vorlesen und Texte dramatisch gestalten, aber das Medium Instrument ist mir nicht wirklich zum Freund geworden, sondern irgendwie fremd geblieben. Ingrid war eine ausgezeichnete Musikantin, die mehrere Instrumente beherrschte. Ich freute mich neidlos für sie und ihre Talente – aber manchmal wünschte ich mir, wenigstens einen Teil ihrer Begabung zu haben. Die Tatsache, dass Motivation und Wollen, Fleiß und Zielstrebigkeit eben nicht Alles sind, war mir eine traurige Erkenntnis, mit der ich manche Eltern trösten konnte, die nicht begreifen wollten, weshalb ihr Kinder keine Überflieger waren.

Viel verdanke ich *Monika Brachmann,* deren Malkurse ich sieben Jahre, also vierzehn Semester lang, in den Räumen der VHS Kreuzberg treu belegte. Unser Unterricht fand stets in demselben Raum bei Kunstlicht statt und stets ging es um Hängendes, Stehendes und Liegendes. In jedem Semester wählte ich ein neues Malmittel und eine neue Papiersorte und versuchte herauszufinden, welche Mal- und Zeichentechnik mir wohl besonders lag. Ich lernte mit den Augen intensiv zu sehen und genau zu beobachten und das Wesentliche zu erkennen. Ich lernte das Gesehene zu reduzieren und zu verdichten. Es fiel mir jedoch schwer, Bewegungen und Stimmungen einzufangen und großflächig mit Farbe umzugehen erforderte von mir mehr Mut als ich je hatte. Aber ich wagte in freier Natur durchaus ein Bergpanorama in der Abendsonne aufs Papier zu bannen oder Wasserwellen in ihren Bewegungen festzuhalten. Ich bemühte mich das Tempo meiner Skizzierfähigkeit zu beschleunigen und versuchte mich an Karikaturen, die mir heute im Nachhinein mit ihrem naiven Witz durchaus ein Lächeln entlocken.

In diese Zeit fallen meine ersten Experimente mit Poesie und Prosa und ich entdeckte meine persönliche Neigung zum Schreiben und zum Festhalten meiner Gedanken und Erkenntnisse.

Ingrid hat meine bescheidenen Versuche des Musizierens, Malens und Schreibens still beobachtet, wohlwollend begleitet und motivierend kommentiert. Vermutlich hielt sie sie für eine Bereicherung meines inneren Lebens, für Zwischenstufen zu meiner inneren Ruhe und Zufriedenheit.

Als sich im Jahre 1990 Pfarrer *Joachim Stoewer* in den Ruhestand zurückzog, hat sie dann dem Gemeindekirchenrat von Mariendorf-Süd zugesichert, sie würde auf mich einwirken, dass ich „mir Mühe geben" und den monatlichen Gemeindebrief mit meinen Beiträgen theologischer, musikalischer und allgemeiner Natur bereichern solle. Mich hat diese Aufgabe gereizt; denn ich fühlte, dass mich das laienhafte Nachdenken über unterschiedlichste Fragen und Themen zu Vorletzten und Letzten Dingen allmählich auf den mosaikartigen Pfad der Erkenntnis schickte. Nein, ich bin darüber kein Weiser geworden, aber das Nachdenken und Meditieren hat mich seit jenen Tagen einfach nicht mehr losgelassen. Ob ich je eine größere Zahl an Lesern gewonnen habe?

Einige Mitstreiter aus unserm Kirchenchor in der Gropiusstadt mögen sich daran erinnern, dass Ingrid uns auf Renés Bitte bei der Einstudierung des Weihnachtsoratoriums von *Camille Saint-Saëns* am Flügel begleitete. Ihr waren nicht nur der Komponist, sondern auch die Noten gänzlich unbekannt, aber sie begleitete unsern Chor zuverlässig und als René sie darum bat, das Ganze einen Ton tiefer zu spielen, transponierte sie die Noten zum Erstaunen jener, die es gemerkt hatten, souverän und auf Anhieb

Ich war als beteiligter Chorsänger stolz auf Ingrid, meinen *„Schatz"*, weil mich meine eigenen beschränkten Fähigkeiten auf dem Klavier selbst nach zehn Jahren fleißigen und teuren Übens und trotz enormer Motivation zur Aufgabe gezwungen hatten.

Im *Seniorenhaus Lerchenweg* war Ingrid ab 2011 als "die Klavierspielerin" bekannt und in der Beatmungsstation von *Remeo in Mahlow* spielte sie ab Herbst 2017 anfangs noch auf ihrem ihr von Silke beschafften Keyboard, bis ihre sich verkrümmenden Finger ein Spiel nicht mehr zuließen. Zuletzt sang ich ihr bei meinen täglichen Besuchen Kinderlieder vor und sie summte mit, wobei ihr musikalisches Repertoire weiterhin unerschöpflich schien.

Und sie konnte in die Tasten hau'n und wir durften mitsingen, das war schön. Sie hat uns mitgenommen und eingebunden in Eure fröhliche Gemeinschaft. (Rosmarie Scheinemann, 07.08.2019)

Auf dem Klavier haben, wie gesagt, Ingrid und ich fast nie gemeinsam musiziert; denn sie war viel zu gut und ich war viel zu schlecht. Wir haben jedoch gemeinsam in den Kirchenchören von Mariendorf-Süd und in Mariendorf gesungen. Gemeinsam haben wir auch bei René in der Martin-Luther-King-Kirche im Blockflötenkreis musiziert. Sie spielte die Alt- und ich die Tenorflöte. Ingrid kannte sehr genau meine Unsicherheiten auf dem Instrument und jene musikalischen Passagen, die mir zu Stolpersteinen wurden. René hat es schließlich gemerkt, dass mir Ingrid eines Tages helfen wollte, indem sie meine Tenorstimme mitspielte um mich zu stützen. Natürlich hat er mit einem nachsichtigen Lächeln eingegriffen, war doch durch Ingrids stillschweigende Hilfe ihre Altstimme nicht besetzt. Also: wenn es darauf ankam, war auf meine Frau Verlass!

Als die alte Deutschlandhalle noch stand, haben Ingrid und ich dort einige Konzerte mit Sängern aus der Popszene besucht.

Ingrid war hochschwanger, als wir dort im Frühjahr 1974 die *Les Humphries Singers* hörten. Sobald viele der heutigen Popstars die Bühne betreten, verlangen sie vom Publikum wiederholt und lautstark, die Hände nach oben zu strecken, so als sollten die Zuhörer imaginäre

Äpfel pflücken. Ich habe für dieses Verlangen noch keine abschließende psychologische Erklärung gefunden, aber es wirkt auf mich sehr gebieterisch und penetrant. Ein anderes Klischee vieler Schlagerstars besteht darin, sich beim Publikum anzubiedern („Berlin/Hamburg – Ihr seid einmalig/ ein super Publikum!" oder: Was für eine *geile* Stimmung, die es *nur hier* gibt!").

Die Les Humphries Singers jedenfalls verlangten von uns damals in der Stufe 1 ihres Forderungskatalogs aufzustehen und in der Stufe 2 auf die Klappsitze zu steigen. Wie gesagt, Ingrid war schwanger und mir wollte sich der Sinn dieses Verlangens überhaupt nicht erschließen. Also blieben wir sitzen inmitten einer enthusiasmierten Umgebung. Diese Reaktion verlangte uns ein gehöriges Maß an Zivilcourage ab.

Wir gingen später auch zu Konzerten von und mit *Chris de Burgh*, *Howard Carpendale*, *David Hasselhoff* und *Eros Ramazotti*. Mindestens eines dieser Konzerte fand damals im ICC statt.

Peter Kraus (eines seiner Zitate: „Liebe ist, wenn Treue Spaß macht") erlebten wir bei einem seiner Konzerte in der Philharmonie. Das war ein Mix aus nostalgischen und aktuellen Songs – alles viel zu laut dimensioniert - und ein jeder sollte die immer noch passablen Hüftschwünge dieses offenbar kaum alternden Show-Stars gebührend bewundern.

Es muss gesagt werden, dass wir niemals irgendeinem Fanclub angehörten. Nie hatten wir den Klatsch und Tratsch der Regenbogenpresse gelesen. Nie hatten wir irgendwelche musikalischen Leitbilder in der Popszene.

Wir klatschten höflich Beifall und wussten im Übrigen keinen einzigen der vorgetragenen Songs textsicher mitzusingen.

Bei einigen Ohrwürmern raunte mir Ingrid jedoch zu, dass dieser oder jener Song bei den Senioren oder bei Menschen mit Behinderung in der VfJ gut ankäme.

Eines Tages äußerten meine Eltern den Wunsch, *Al Bano und Romina Power* im ICC zu hören. Allerdings hatte es gar keine Karten mehr für sie gegeben und dennoch wollte Ingrid ihnen diesen Wunsch wenigstens teilweise erfüllen. So fuhren sie gemeinsam zum ICC. Ingrid wusste, dass es in jedem Konzert eine Große Pause gab und ging davon aus, dass auch diesmal während ebendieser Pause wenigstens vereinzelte Zuhörer den Veranstaltungsort verlassen würden. So passte sie ein Pärchen auf dem vorzeitigen Heimweg ab und fragte nach deren Karten, welche ihr bereitwillig überlassen wurden. Sie reichte diese an meine Eltern weiter, die somit in den Genuss kamen, wenigstens die zweite Konzerthälfte live zu erleben.

Rückblickend würde ich schmunzelnd sagen: Ingrid konnte wirklich gut kombinieren und *clever* sein!

Nun hatte sie also jahrelang für die Tanzgruppe *Beschwingter Kreis* deren Volkstänze auf dem Klavier begleitet. In einem Brief vom 10.01.2000 schrieb *Irmgard Lemm,* deren Leiterin an Ingrid:

„*(...) Ich kann so vieles nicht, was Du kannst. Du spielst so herrlich und selbstverständlich Klavier. Diese Musik verschönt dem Beschwingten Kreis jede Festlichkeit.*

Musik ist eine himmlische Gabe und versöhnt fast alle Gemüter, verbindet die Menschen miteinander, pustet den Staub von der Seele. Dies alles – liebe Ingrid – kannst Du lenken – kannst so viel Freude bereiten – da kommen friedliche Gedanken auf. Du bist so warmherzig (und) lieb und wir haben Dich gern. (...)"

Folgende Anekdote soll Ingrid beschreiben:

Ihr Sohn Andi schenkte ihr zum 71. Geburtstag einen Gutschein für ein Konzert aus der Reihe „Brandenburgische Sommerkonzerte". Ingrid und er einigten sich auf das Piano-Konzert des Duos Shamanov am 09. Juli 2016 in Schwedt. Andi holte sie zeitig ab und chauffierte sie zum Konzertort. Dort angekommen, war Ingrid sofort in ihren Elementen: Mit Anderen ins Gespräch kommen, genüsslich ein Stück Kuchen essen, Broschüren sammeln, einem Konzert der Spitzenklasse beiwohnen (beide sind wir auch entgegen der Planung bis zum Ende geblieben).Mehrmals erwähnte Ingrid, wie toll beide am Piano gespielt hätten und welche sagenhaften Asse sie im Klavierspielen gewesen sind. Auch das gehörte zu ihr: Ihre Begeisterungsfähigkeit zu teilen.

Von Müdigkeit gab es bei Ingrid nach dem Konzert keine Spur. Weil die Hinfahrt zu einfach und reibungslos verlief, musste sie auf der Rückfahrt den Schwierigkeitsgrad erhöhen. Sie gab ihrem Sohn folgende Aufgabenstellung: Finde eine frei zugängliche Toilette kurz vorm Berliner Stadtgebiet. Die Bedingung: Maximal 3 Minuten Zeit, Fahrtempo egal, Kosten nebensächlich, möglichst viel WC-Papier und kein Zeitlimit auf dem WC. Andi hielt eine Tankstelle für ungeeignet, da ein mögliches Zeitlimit bestehen könnte und eventuell nicht ausreichend WC-Papier vorhanden gewesen wäre. Die Rettung: Der Ausschilderung einer Fast Food-Filiale in die Schönhauser Allee folgen! Als Belohnung gab es noch zwei Milchshakes für beide. Im Haus am Lerchenweg war Ingrid dann noch immer nicht müde, aber doch froh, wieder „zuhause" zu sein. Auch ein gewisses Heimatgefühl zeichnete sie aus. Von dem gelungenen Konzert profitierte sie übrigens laut ihren Erzählungen noch wochenlang.

(Beitrag von Andreas Hembd, 12.08.2019)

(Mit) Ingrid auf Reisen

Die Rückert'sche Familiensaga geht dahin, dass meine Schwiegereltern kraft ihrer Erfahrungen aus der Bündischen Jugend bereits in den 50er Jahren - nicht zuletzt aus ökonomischen Gründen - Jugendgruppenfahrten an die Nordsee und ins Alpenland begleitet und Ingrid dabei mitgenommen hatten.

Im Jahre 1967 waren wir beide als frisch Verlobte in Brienzwiler, im Emmental, bei Schweizer Freunden, den Siegenthalers. Sehr genau erinnere ich mich noch an eine dortige Gratwanderung, bei der Ingrid den schmalen Grat mutig und flink zurücklegte, während ich selbst auf allen Vieren angsterfüllt hinterherkroch.

In den 60er Jahren war Ingrid zuvor gelegentlich als Vegetarierin, Nichtraucherin und Antialkoholikerin mit der Deutschen Reformjugend in Westdeutschland unterwegs gewesen, wo in Zeltlagern und Jugendherbergen vor allem das Singen und der Volkstanz gepflegt wurden.

Zwischen 1968 und 1974 reisten wir sechsmal:

1968 verlebten wir unsere Hochzeitsreise am Ossiacher See in Kärnten.

Dieses Urlaubsquartier war uns von meinen Eltern empfohlen worden, aber da wir kein Auto hatten, fühlten wir uns in unserer Bewegungsfreiheit stark eingeschränkt.

Ingrid erinnert sich, dass es bei dem gastgebenden älteren Ehepaar jeden Morgen das gleiche Frühstück gegeben habe und dass in der zweiten Woche die Saison zu Ende gegangen sei, wobei sämtliche Sommerausstattung, wie z.B. Sonnenschirme, eingepackt worden sei. Mit einem etwa gleichaltrigen Ehepaar unternahmen wir mit deren Auto einen Tagesausflug nach Jugoslawien. Als der junge Mann für einen Augenblick seinen Fotoapparat ablegte, war schon ein Dieb unterwegs, aber zum Glück bemerkten wir es rechtzeitig und schlugen ihn ohne Beute in die Flucht.

Ingrid erinnerte sich so lebhaft an diesen Vorfall aufgrund und im Vergleich zu folgender Begebenheit: Bei ihrer Norwegenfahrt kurz zuvor hatte sie ihre Tasche mit einem Inhalt von DM 3.500,00 versehentlich auf einem norwegischen Bahnhof stehen gelassen. Nach einer Stunde fand sie sie mit vollem Inhalt und unberührt wieder, war diese doch offenbar gar nicht beachtet worden.

1969 radelten wir in Irland von Dublin aus um den südlichen Teil der Insel nach Westport. Von dort ging es mit den geliehenen Rädern und mit unserem Gepäck im Zug zum Rückflug von Dublin Airport. Auf dieser Fahrt verstärkte sich unsere gemeinsame Liebe zu Irland. Uns gefielen die in einen Hauch von Melancholie getauchte Landschaft ebenso wie die scheinbare Leichtigkeit und mitteilsame Redseligkeit der Menschen dort, in deren Lebensweise offenbar andere Uhren tickten, Uhren, die sich mehr Zeit ließen als auf dem Kontinent.

In gälischer Sprache wurde uns eines Tages im irischen Fernsehen über die gelungene Mondlandung der Amerikaner berichtet.

In Blarney Castle gibt es in luftiger Höhe hinter einem schmalen senkrechten Schacht den berühmten *Stein von Blarney*. Wer diesen Stein küsst, gewinnt nach alter Überlieferung die Gabe der Redseligkeit. Wie aber kann man ihn küssen? Ganz einfach: man hält sich mit je einer Hand an einem beidseitigen Gestänge fest und lässt sich mit Hilfe des dort oben angestellten Assistenten sachte so weit nach hinten kopfüber hinunter, bis die Lippen den speckigen Stein erreichen. Zugegeben, eine unhygienische Angelegenheit! Ingrid wollte sich darauf partout nicht einlassen und fühlte sich von mir auf unfaire Weise dazu gedrängt, nachdem *ich* es getan hatte – allerdings ohne spürbare Wesensveränderung in mir. Ich hatte sie unter Druck gesetzt und sie hat es mir leider nie vergessen.

Irland, Land der Regenbogen von *A.E. Johann* und *Irisches Tagebuch* von *Heinrich Böll* hatte ich zuvor regelrecht verschlungen.

Irland war in jenen Tagen eine Insel sichtbarer sozialer Unterschiede und gehörte zu Europas Armutsregionen. Für uns war es daher nicht leicht, in kleinen Landgaststätten im Angesicht der auf der Straße mitschauenden Armut unsere bescheidenen Mahlzeiten guten Gewissens zu verzehren. Um als Reisender ein Land genießen zu können, genügt nicht nur dessen landschaftlicher Reiz. Auch die sozialen Verhältnisse dort müssen stimmen.

1970 verbrachten wir drei Wochen in einem Ferienhaus am Saimaa-See.

Auf der Überfahrt mit der Fähre von *Stockholm* nach *Turku* lernten wir *Lisa* und *Ulrich Sobanski* kennen, mit denen uns fortan eine innige Freundschaft verbinden sollte.

Die Überfahrt dauerte etwa neun Stunden und ich beobachtete einen Herrn ungefähr im Alter meines Vaters, der, auf dem Oberdeck stehend, seine Wahrnehmungen rundum auf einem Zeichenblock festhielt. Da „unterhielten" sich zum Beispiel zwei Kräne in den Stockholmer Schären, einander fragend, ob sie denn noch ein weiteres Container-Schiff ausladen oder Feierabend machen sollten. Gern wäre ich mit dem Zeichner ins Gespräch gekommen – aber ich traute mich nicht.

Seine Frau beobachtete Ingrid, die mit Feuereifer die Fähre Deck für Deck erkundete und mir genauestens Bericht erstattete. Gern wäre sie mit diesem rothaarigen und temperamentvollen Wesen ins Gespräch gekommen – aber auch sie traute sich nicht so recht.

Nach acht Stunden schließlich saßen Lisa Sobanski und ich wie zufällig nebeneinander in unseren Liegestühlen und stellten uns gegenseitig vor, bis sich wohl irgendwann unsere beiden fehlenden Lebenshälften zu uns gesellten. In Turku nahmen sie spontan dasselbe Hotel wie wir und schlugen vor, dass wir abends gemeinsam essen gehen sollten. Eigentlich passte dies gar nicht in unser Budget, aber es war ein Erlebnis! Wir tauschten unsere Adressen aus, schrieben einander, besuchten uns gegenseitig und hielten über den Tod von Ulrich Sobanski Ende der 80er Jahre hinaus all die Jahrzehnte Kontakt zu seiner liebenswerten Frau, die uns mit ihrem sozialen Engagement für andere Menschen in *Bad Oldesloe* und Umgebung zu einem unübertroffenen Leitbild wurde

Beide wurden uns zu guten Freunden und waren uns Stütze in krisenhaften Situationen. Lisa Sobanski muss Anfang 2019 verstorben sein und ich bin froh, dass *Silke* und *Patrick* sie auf einer Rundreise durch Schleswig-Holstein kurz zuvor noch in ihrem Pflegeheim besuchen konnten.

Mit geliehenen Fahrrädern fuhren wir an einem Vormittag zur finnisch-sowjetischen Grenze. Wir wollten wissen, ob es dort einen Zaun gäbe, ähnlich wie zwischen der DDR und der Bundesrepublik Deutschland. Kurz vor der Grenze verließ uns wohl der Mut und wir machten eine Pause am Wegesrand, als uns ein uns verfolgender finnischer Grenzbeamter auf dem Fahrrad stellte und so lange wortlos vor uns stehen blieb, bis wir freiwillig zurückfuhren. Der Verlauf der Grenze blieb uns an dieser Stelle ein ewiges Geheimnis.

Wie traurig war ich am Abend vor unserer Abreise, als wir wirklich zum allerletzten Male von unserm geliebten Inselchen zurückruderten, weil es am nächsten Morgen Abschied nehmen hieß.

Ich glaube, an jenem Abend habe ich unbewusst entdeckt, dass unser Glück nie eine Endlosschleife ist, sondern immer nur ein Mosaikstein. Es ist unwiederholbar und wir begegnen ihm stets nur in einzelnen Momenten, aber diese Augenblicke können für uns unvergesslich werden und uns wärmen an kalten Tagen.

Von *Helsinki* aus fuhren wir mit dem Nachtzug nach *Rovaniemi* und von dort mit dem Bus nach *Ivalo*. Die letzte Etappe nach *Kirkenes* legten wir mit dem Flugzeug zurück.

Auf der vorletzten Etappe dorthin lernte Ingrid in Lappland die eindrucksvollste Toilette ihres Lebens kennen. Es galt, in einem Holzgerüst die Stufen bis zum Sitzbalken emporzusteigen. Oben sah man wie zur Belohnung für die Mühe durch ein Fenster auf die Bäume rundum.

Bevor wir an Bord des Schiffes der *Hurtig-Route* gingen, wollte Ingrid die norwegisch-sibirische Grenze Richtung SU fotografieren. Ein Schild untersagte jedoch streng jegliches Fotografieren, das mit einem halben Jahr Gefängnis geahndet würde. Ob sich Ingrid an dieses abschreckende Verbot hielt oder ob ich am Ende zu Hause nicht doch Dias mit dem Grenzverlauf zu sehen bekam?

Wir hatten gehofft, auf unserer Fahrt von Kirkenes nach *Bodø* das auf einer Insel gelegene *Nordkap* zu Gesicht zu bekommen, erfuhren jedoch zu unserer Enttäuschung, dass die Schiffe auf der Rückfahrt jeweils die Innenroute über den Sund via *Honningsvåg* nehmen würden. Bis zum Kap wären es 36 Kilometer mit dem Bus gewesen und womöglich hätten wir bei unserer Rückkehr das

Boot verpasst. Unsere gebuchte Kabine war recht teuer und sicherlich nicht auf das nächste Schiff übertragbar gewesen, das möglicherweise auch hätte ausgebucht sein können. Da hieß es für uns, tapfer auf dieses Naturerlebnis zu verzichten. Die folgende dreitägige Fahrt auf der Hurtig-Route wurde uns Beiden zur Feuerprobe; denn keiner von uns war wirklich seefest und so litten wir bei dem Schlingern und Stampfen des Schiffes Tag und Nacht ständig unendliche Qualen. Aus Gründen der Kostenersparnis hatten wir keine Bordverpflegung gebucht und versorgten uns mit Trockenkost aus dem Rucksack. Als wir frühmorgendlich in Bodø angekommen waren, stieg uns der Duft frisch gebackener Brötchen in die Nase, aber der Bäcker hatte leider noch nicht geöffnet. Hungrig bestiegen wir den Zug nach *Oslo*. Die Fahrt jedoch entschädigte uns mit atemberaubenden Ausblicken auf die grandiose norwegische Landschaft. In Oslo gaben wir unser letztes Geld später jedoch keineswegs für Lebensmittel aus, sondern für Postkarten aus dem örtlichen Kriegsmuseum. Von Oslo fuhren wir anschließend weiter mit der Eisenbahn zurück nach Berlin, wo uns mein Schwiegervater vom Bahnhof Zoo abholte.

1971 wagten wir nach endlich bestandenen Führerscheinprüfungen eine große Autofahrt mit unserm neuen VW-Käfer, eine Fahrt, die uns durch England, Schottland und Irland führte.

Am Anfang dieser Reise ließen wir unterwegs zunächst keine Besichtigung von Kirchen, Klöstern oder Burgruinen aus, bis wir dann nach einigen Tagen dieser

Sehenswürdigkeiten überdrüssig wurden und nur noch Urlaub machen wollten.

In Wales, so erinnert sich Ingrid, unternahmen wir mit der 10jährigen Enkelin unser B&B-Quartiergeber einen Ausflug zum örtlichen Markt und parkten unser Auto auf irgendeinem Hof. Wir hätten lange suchen können, wäre dem Mädchen am Ende nicht eingefallen, wo wir unser Auto gelassen hatten.

Aufregend war die Fahrt auf den engen Straßen der schottischen Highlands mit ihren regelmäßigen Ausbuchtungen links und rechts des Straßenrandes als Ausweichhäfen.

Wie schon zuvor in Irland, reisten wir auch diesmal von einem B&B- Quartier zum nächsten und lernten jede Menge fremder Betten kennen. Das englische Frühstück war in jedem Quartier in etwa gleich.

Von der Nordspitze Schottlands hatten wir einen Fernblick auf die *Shetland Islands*.

John O'Groats konnte uns mit seiner Schmiede keine Hochzeitsdienste mehr erweisen; denn wir waren bereits verheiratet.

Irgendwo im Norden Schottlands geschah es dann: beim Zurücksetzen im Schritttempo berührte ich beim Ausschwenken mit meiner rechten vorderen Kotflügelseite innen am Trittbrett eine hinten im Wege stehende Milchkanne und fuhr mir meine erste Beule ins nagelneue Auto. "Don't cry over spilt milk!" tröstete mich die Wirtin und diese Volksweisheit begleitet mich seit jeher in unvergesslicher Weise. Ich fand es ungemein sympathisch an Ingrid, dass sie mir überhaupt keine Vorwürfe machte, sondern meinem Missgeschick mit Nachsicht begegnete.

Bei der Fahrt auf einer regennassen und kurvenreichen Straße beförderte ich einen mitten auf der Fahrbahn dösenden und vermutlich altersschwachen Spatzen in den Vogelhimmel – eine Barbarei, die mir Ingrid wiederum nie vergessen sollte.

Natürlich haben wir auch den *Ben Nevis* bestiegen, den höchsten Berg Schottlands. Leider bekamen wir den Gipfel und die Landschaft zu seinen Füßen nicht wirklich zu Gesicht, weil uns der Nebel dort oben einhüllte.

1972 flogen wir nach Island.

Dies war ein verbilligter Flug des DJH-Werkes, der von *Düsseldorf* nach *Keflavik* ging.

Meine Schwiegereltern brachten uns zu Freunden nach Düsseldorf, wo wir zu viert in deren enger Wohnung übernachteten, mein Schwiegervater zum Gaudi Aller gar draußen auf einer Liege auf dem Balkon.

Von Keflavik aus fuhren wir mit einer Reisegesellschaft von *Dr.Tigges* im Bus nach *Reykjavik, Flughafen*. Dort wurden unsere Koffer auf dem Rollfeld ausgeladen und abgestellt und ich nahm den meinigen. Mit der Taxe ging es ins Hotel.

In Island wird es im Sommer bekanntlich nie ganz dunkel, aber wir verspürten, dass es für uns die gewohnte Schlafenszeit war. Als ich meinen Koffer öffnen wollte, ging dies nicht; er gehörte mir nämlich gar nicht! Groß war die Aufregung seines Eigentümers gewesen, als er auf dem Rollfeld das Fehlen *seines* Koffers bemerkt hatte, der *meinem* in der Tat sehr ähnelte. Also eilten wir zurück zum Flughafen und siehe da – mein Koffer stand mutterseelenallein und immer noch unangetastet auf dem Rollfeld. Mit einigen Entschuldigungen versuchte ich die Dr.-Tigges-Gesellschaft zu beruhigen und tauschte beide Koffer kurzerhand aus, bevor ich mich kleinlaut davonmachte.

In der Hauptstadt nahmen wir ein Bad in heißem Quellwasser. Wenn wir unsere Köpfe dort aus dem Wasser hielten, erschien uns die Außentemperatur geradezu als lausig kalt.

Wir bestaunten Geysire, besuchten *Thingvellir* als die Geburtsstätte der europäischen Demokratie und umrundeten die Insel fast ganz, bis wir den *Vatnajökull* erreichten; aber dann mussten wir umkehren, weil dort die Straße seinerzeit noch endete.

In Gewächshäusern unterwegs wurden tropische Früchte gezüchtet und hier und da gab es schmale Landstreifen, die in einer Experimentierphase aufgeforstet worden waren.

Auf Island begegneten uns damals zahlreiche Buchhandlugen, die auf eine große Lesefreudigkeit der einheimischen Bevölkerung hindeuteten. Leider wurden wir auch Zeugen großen Alkoholkonsums und ich war froh, dass wir unser Zimmer in einer Sommerschule eines Nachts fest verschlossen hatten, als ein rabiater Trunkenbold bei uns die Tür aufzubrechen versuchte.

Die isländische Reichsstraße jener Tage war massenweise mit Schlaglöchern durchsäht, so dass man am besten mit mindestens Tempo 60 hinüberratterte. Der VW-Käfer hatte in jenen Tagen noch Zündkerzen und Kontakte, die bei der isländischen Straßenbeschaffenheit jedoch bald völlig versandet und verklumpt waren und ihren Geist aufgaben. In einer Werkstatt des Städtchens *Husavik* erklärte ich dem errötenden jungen Mechaniker, dass unsere „tengils out of order" seien. Zwar reparierte er unseren Wagen auftragsgemäß und zu unserer Zufriedenheit, aber ich stutzte über seine Reaktion. Als ich das isländisch-englische Wörterbuch nochmals etwas genauer konsultierte, stellte ich fest, dass ich das Wort für *Kontakte* in der Eile falsch nachgeschlagen hatte. Demzufolge hatte ich ihm erklärt, dass unsere *sexuellen* Kontakte nicht mehr funktionierten. Ob er auch *dafür* zuständig gewesen wäre? Nun, ich habe daraus gelernt – und ob!

In Island herrscht im Freien eine konstante Wassertemperatur von 4° Celsius. Mindestens einmal kampierten wir in unserm kleinen Zelt im Freien und ich brachte es nicht übers Herz, mich am nächsten Morgen mit dem kalten Wasser zu rasieren. An den folgenden Tagen auch nicht. Als wir nach Berlin zurückkehrten, trug ich einen Bart und meine Schüler entschieden nach den Großen Ferien einstimmig, dass dieser dranbleiben solle. Unsere beiden Kinder kennen ihren Vater daher nur mit Bart. Anders gesagt: Alle Fotos, die mich mit Bart zeigen, stammen erst aus der Zeit nach 1972.

Ingrid hatte für die Islandreise heimlich gespart und überraschte mich eines Tages unterwegs mit zwei Flugtickets von Reykjavik nach *Cap Dan* auf Grönland. Es war ein spannender Flug mit einer Propellermaschine über die eindrucksvolle Packeiszone, aber ein wenig gruselig war es auch. Ein 10jähriges Mädchen hatte Vertrauen zu Ingrid gefasst und lief mit ihr Hand in Hand. Auf Grönland gab es nicht viel zu sehen. Ein Grönländer zeigte uns eine Eskimorolle; wir staksten über nackte Felsen und sahen uns im einzigen Kaufmannsladen um, in dem es nichts als Konservendosen gab. Das Gefühl jedoch, fernab vom heimatlichen Süden dem Nordpol immerhin näher zu sein, war schon beeindruckend.

Im September fuhr Ingrid mit meinem Vater zu den *Olympischen Spielen* nach München, wo die Beiden aus Kostengründen in demselben Doppelzimmer untergebracht waren. Nach vier Tagen kehrten sie (noch vor dem schrecklichen Attentat auf die israelische Olympiamannschaft) nach West-Berlin zurück. Mein Vater kam mit Ingrid recht gut aus. Ob es mir mit meiner Schwiegermutter ähnlich ergangen wäre?

Im November 1972 war Ingrid mit Kollegen der Jugendpflege Neukölln bei stürmischem Wetter nach *Wittfeitzen* im Wendland zu einer Tagung unterwegs. Der Orkan war auf der Autobahn so stark, dass die Frontscheibe des Busses eingedrückt wurde und einige Kolleginnen die entgegenkommenden feinen Glassplitter aus ihren Dekolletees fischen mussten.

Auf dieser Fahrt lernte Ingrid die Ferienhäuser des Oberförsters *Rabisch* in Sareitz kennen, wo wir im Jahre

1975 zum ersten Male hinfuhren und uns einquartierten. Von dort war es nicht weit nach *Lüchow* und nach *Dannenberg* und – nach *Gorleben*. Über *Lauenburg* führte der Weg nach Bad Oldesloe, was uns stets einen Abstecher zu den Sobanskis wert war.

1973 durchquerten wir Kanada in Ost-West-Richtung von *Toronto* nach *Vancouver*.

Auf unserer Fahrt lernten wir unterwegs das deutsche Auswanderer-Ehepaar *van Lienen* kennen, die uns einen Bungalow auf ihrem Grundstück vermieteten. Beiläufig erzählten sie uns, dass sie gelegentlich ihre deutsche „Nachbarin" besuchten, aber zu diesem Zwecke hatten sie mindestens 30 Kilometer pro Strecke zurückzulegen! Deutsche Auswanderer kamen mir oft vor wie Wanderer zwischen zwei Welten – zwischen Nicht-Vergessen-Können und immer Noch-nicht- so- recht- Angekommen-Sein. Ob es da vielen Einwanderern mit Migrationshintergrund bei uns in Deutschland wohl ähnlich ergeht?

In einem Außenbezirk von *Vancouver* trafen wir die Schwester einer unserer Alt-Schöneberger Sängerinnen im Sopran (Frau *Schütz)* mit ihrer Familie. Ob wir dort auch deren Gäste waren? Genau kann ich mich daran nicht mehr erinnern, aber diese Familie wurde vom Schicksal arg heimgesucht: ihr jüngerer Sohn erschoss sich eines Tages aus heiterem Himmel und der Ältere war bei unserm Besuch mit Rauschgift zugedröhnt.

Mich erinnert dieses Erlebnis an eine ehemalige Schülerin auf Austauschreise in die USA. Sie war die aparte Tochter einer deutschen Krankenschwester aus

Berlin und eines kubanischen Vaters. Nach wenigen Wochen war sie wieder zurückgekommen, weil die erste gastgebende Familie rassistisch eingestellt und die zweite rauschgiftsüchtig gewesen sei. Also gab es damals neben den USA auch in Kanada bereits „Blumenkinder".

Von deutschen Auswanderern erfuhren wir, dass Farmer, wenn sie zum Beispiel draußen an ihren Zäunen arbeiten, stets auf der Hut vor ungebetenen gefährlichen Tieren sein müssen und deshalb stets ein Gewehr bei sich führen sollten.

Aufregend war für uns die Fahrt durch die US-amerikanische Stadt *Seattle* mit ihren achtspurigen Autobahnen. Eher beklemmend war unser Besuch des nahegelegenen *Olympic National Parks* der mit seinen gigantischen Mammutbäumen wie eine Kathedrale auf uns wirkte. Ärgerlich und provozierend verliefen die martialischen Kontrollen der US-amerikanischen Grenzbeamten, die uns, die Tagesgäste, behandelten als seien wir nur verdächtiges Gesindel und ein ausgemachtes Gefährdungspotential.

Noch lebten wir ja in der Vorwendezeit und wir hatten als West-Berliner so unsere Erfahrungen mit dem willkürlichen Gebaren von DDR-Grenzwächtern – und nun geschah uns hier Vergleichbares, nur noch schlimmer! Es hat mich übrigens nach unserer zweiten Kanada-Reise in den 90ern nie wieder in die USA gezogen.

Anekdotische Anmerkungen zu unserer ersten Kanada-Reise

Oft habe ich Ingrid gefragt, welche unserer Reisen sie am meisten beeindruckt habe und sie nannte stets unsere Fahrten durch Kanada.

(01)

Anfang der 70er Jahre und noch kinderlos, sind Ingrid und ich zum ersten Male auf dem *Trans Canada Highway* mit einem Automatik-Mietwagen samt Klimaanlage von *Toronto* bis nach *Vancouver* gefahren. Tag für Tag ungefähr 300 Kilometer, die drüben als Meilen ausgewiesen sind. Links dichter Wald, rechts dichter Wald. In manchen Ansiedlungen stehen rechts drei Motels und links zwei Tankstellen, in der nächsten dasselbe Bild – höchstens umgekehrt. Keine Bürgersteige in den Ortschaften und somit keine Möglichkeiten spazieren zu gehen. Und so fuhren wir auf dem schnurgeraden Highway immer voran, warfen niemals etwas aus dem Fenster (Don't litter highway!") und hielten brav die Geschwindigkeitsbegrenzungen ein, da wir ja nichts riskieren und die womöglich drakonischen Strafen vermeiden wollten. Da gab es nur ein Problem: wir hatten nämlich ständig das Gefühl, trotz der von uns erreichten Höchstgeschwindigkeiten von den Trucks hinter uns „geschoben" zu werden. So litten wir tagtäglich unter einem traumatischen Verfolgungswahn. Vermutlich sind wir als Beifahrer des Öfteren eingenickt, aber Ingrid liebte es, zu plaudern – über dies und das. Eines Tages zählten wir wechselseitig auf, was wir nach vierjähriger Ehe aneinander immer noch so sympathisch und liebenswert fanden. Ich kann mich an die einzelnen Kriterien nicht wirklich erinnern, aber ich weiß, dass unsere gegenseitigen „Listen" sehr lang waren. Ich glaube, wir haben damals nur mit positiven Kriterien gearbeitet, aber selbst, wenn wir auch Negativposten ins Spiel gebracht hätten, so wäre unter dem Strich immer noch ein sattes positives Ergebnis geblieben. Am Ende jedoch machten wir eine merkwürdige Erfahrung: Die Summe aller von uns gelisteten Einzeleigenschaften war längst nicht das Ganze; denn die Liebe allgemein - und die unsrige speziell - war und blieb stets ein Mysterium, also ein unerklärliches Geheimnis.

(02)

Am Rande des Trans Canada Highways gibt es hin und wieder Parkplätze mit sauberen sanitären Einrichtungen. Bei einem dieser Zwischenstopps wagten wir es, so etwas wie einen Saumpfad in den dichten Wald hinein zu betreten und uns Schritt für Schritt vorwärts zu tasten. Der Pfad verlief auf halber Höhe eines Abhanges und rechter Hand sahen wir einen See durch die Bäume schimmern. Oft hatten uns unsere Wirtsleute vor Grizzlies und vor Raubkatzen gewarnt und uns war bei unserer Mutprobe diesmal ein wenig mulmig. Der Weg machte eine Linkskurve und plötzlich schnaubte und fegte etwas Gelbbraunes um die Kurve, ein Etwas, das sich glücklicherweise als ein Schäferhund entpuppte mit einem Mädchen hintendran, das ihn an langer Leine führte und sagte: „Oh, you chicken!‟, was so viel bedeutete wie: "Ach, Du Angsthase!‟ Unsere gegenseitigen Ängste machten sich in einem befreienden freundlichen Gruß und herzlichen Lachen Luft; aber was hilft mir der dichteste Urwald ohne jegliche Wegmarkierung, ohne Garantie auf sichere Wiederkehr und ohne das Gefühl der Sicherheit vor unangenehmen tierischen Überraschungen? Bis zum heutigen Tage bevorzuge ich markierte Wanderwege in und rund um Berlin oder auch weiter weg, obwohl ich auch hier einen Heidenrespekt vor Wildschweinen habe.

(03)

Zweimal sind wir mit dem Leihwagen durch Kanada gefahren. Zweimal haben wir unsere Touren in *Toronto* begonnen und in *Vancouver* beendet — unterwegs auf Stationen des *westward movement*. Wir waren jedes Mal vier Wochen unterwegs und hatten pro Fahrtag durchschnittlich 300 Kilometer zurückzulegen. Ungefähr zwanzig Stationen bedeuteten auch dieselbe Anzahl an unterschiedlichen Quartieren und fremden Betten. Es waren lange Fahrten durch endlose Wälder, Präriegebiete und über die Rocky Mountains hinweg. Da wir rast- und ruhelos unterwegs waren, konnten wir auch kaum erholsame Waldwanderungen unternehmen, obwohl wir die Wälder doch meistens vor Bäumen kaum sehen konnten. Da gibt es keine ausgeschilderten Rundwanderwege und im Übrigen fürchteten wir uns auch viel zu sehr vor wilden Tieren. Abendspaziergänge in den Ortschaften, die uns als Nachtquartiere dienten, waren kaum möglich und außerdem kann, gemessen an europäischen Maßstäben, die Neue Welt ohnehin auf eine nur relativ kurze historische Tradition zurückblicken. Die uns wärmstens empfohlenen und angepriesenen „uralten" Kirchen konnten also bestenfalls aus dem 19. Jahrhundert stammen.

Die Fahrten über den Trans Canada Highway legten wir oft bei sengender Hitze zurück und das Fahren an sich verlangte schon einiges an Konzentration, da es einerseits das vorgeschriebene Tempolimit *ein*zuhalten und andererseits die uns verfolgenden großen Trucks im Rückspiegel *aus*zuhalten galt. Wer mit einem Leihwagen fährt, bekommt nur *einen* Autoschlüssel und hat keinerlei Werkzeug an Bord. Wir hatten damals Glück, dass wir unterwegs in der Einöde keinen Unfall oder Autoschaden hatten; denn es gab noch keine Handys und ich möchte nicht darüber spekulieren, wie lange wir im Notfall auf Hilfe hätten warten müssen. Nein, dies waren keine Erholungsreisen, auch wenn wir z.B. in *Lake Louise,* am *Shushwap Lake* und in *Vancouver* jeweils mehrere Tage blieben. Heute bewundere ich unsern naiven Mut und unsere wackere Unternehmungslust von damals und die Bereitschaft, für derlei Individualreisen, gemessen an unseren finanziellen Verhältnissen, sündhaft viel Geld hinzublättern. Vielleicht haben mich einige Erfahrungen unserer damaligen Fernreisen allerdings dazu bereit gemacht, später auf derlei Unternehmungen bereitwillig zu verzichten.

In der Geisterstadt *Barkerville* haben wir für einige Stunden Station gemacht. Barkerville, so erfahren wir, sei ab 1863 der Hauptort des Cariboo-Goldrausches im kanadischen British Columbia gewesen, nachdem der englische Goldsucher *Billy Barker* dort Gold gefunden hatte. Ich erinnere mich an hölzerne Bruchbuden beiderseits des unbefestigten Hauptweges und konnte mir die Menschen vorstellen, die damals mit großer Habgier und im Schweiße ihres Angesichtes ihrer Armut entkommen und ihr Glück mit Goldnuggets machen wollten. Mein inneres Ohr hörte die Schreie und mein Auge sah die schmerzverzerrten Gesichter der Männer, denen der Hufschmied damals die vereiterten Zähne zog. Ich stellte mir vor, wie die Goldsucher den Gegenwert ihrer Goldsäckchen auf der Bank einzahlten und mit welch exzessivem Alkoholgenuss und Faustkämpfen und käuflicher Liebe sie ihre Einsamkeit und ihre dumpfen Gefühle dort zu zügeln versuchten. Manch einer wird sich verzockt und am Ende nur noch gequält vom Reichtum geträumt haben. Und immer wieder dürften Goldtransporter überfallen und ausgeraubt worden sein.

Hier in Barkerville kauften wir beide je ein Säckchen Sand und betätigten uns als Hobby-Goldwäscher. Man schüttet ihn, den Sand, in ein Sieb, das man immer wieder schüttelt, und aus dem man ihn, den Sand, mit Hilfe fließenden Wassers langsam hinauswäscht. Da Metall schwerer ist als Sand, so hofft man, dass sich am Ende der Prozedur kleine Nuggets am Boden absetzen.

Diese werden dann in ein wassergefülltes Röhrchen getan, so dass die Mini-Nuggets schließlich optisch viel größer wirken als sie in Wirklichkeit sind. Zu materiellem Reichtum haben sie *uns* bei 50 Cent Einsatz damals leider nicht verholfen

In seiner Autobiografie schrieb der frühere amerikanische Diplomat *George F. Kennan* sinngemäß, dass ihn lebenslange Erfahrung gelehrt habe, die Menschen an sich in drei Gruppen aufzuteilen. Da sei die erste Gruppe, für die man ohnehin kaum etwas tun könne und der man am besten aus dem Wege ginge. Die zweite Gruppe sei zahlenmäßig am stärksten und zeichne sich aus durch eine graue Mittelmäßigkeit in allem. Auch von ihr fühle er sich nicht sonderlich angezogen. Die dritte Gruppe – vergleichbar den Nuggets - sei zwar nur klein, aber aus ihr rekrutiere er seine Freunde, für die es sich einzusetzen lohne. Wie oft musste ich beim Durchsieben bildhaft an G.F. Kennan denken, als wir die im Sand enthaltenen kleinen Nuggets herauszuwaschen versuchten.

Die Nuggets haben uns nicht wirklich reich gemacht, aber sie haben uns angespornt sportlich nach ihnen zu fahnden. Reich gemacht haben uns jene den Nuggets vergleichbaren Menschen, die sich für uns eingesetzt haben und für die wir gerne da sind. Auch sie waren letztlich handverlesen.

(05)

In meiner Erinnerung ist mir ein *Chicken Noodle Dance* in der Nähe von *Banff* haften geblieben, mit dem dortige Indianer touristenwirksam ihr indigenes Brauchtum vorführten. Da tanzten sie mit Federn als Kopfschmuck und weiterhin bekleidet mit herkömmlichen Shirts und Jeans und gestylten Lackschuhen. Das war schon damals, im Jahre 1972, eine seltsam anmutende und wenig identitätsstiftende Kulturvermischung. Nichts wollte da in Sachen Kleidung so recht zu einander passen und eine genuine kulturelle Tradition war für uns nicht mehr erkennbar. Dazu kam die sichtbar materielle Not, in der sich die Truppe befand, waren doch die freiwilligen Spenden der Zuschauer offenbar eine wichtige Einnahme- und vielleicht sogar Überlebensquelle. Diese Begebenheit stimmte uns eher nachdenklich und ließ uns ein wenig bedrückt weiterfahren.

(06)

Ich glaube, es war in *Sorrento*, am Shuswap *Lake,* in Britisch Columbia. Wir übernachteten zum ersten Male in einem Motel und waren *Larry*, dem Vermieter und Familienvater auf Anhieb sympathisch. Wir nahmen jede Gelegenheit zum gemeinsamen Gespräch wahr und schließlich meinte er entdeckt zu haben, dass *wir* in Deutschland und *sie* in Kanada offenbar auf ähnliche Art und Weise tickten. Ich durfte abends auf seinem motorisierten Rasenmäher einen Teil seiner Wiese in

Hanglage mähen und als Gegenleistung lud er uns zu einem kostenlosen Abendessen ein.

Mit seinem Motorboot fuhren wir am nächsten Tag gemeinsam zu einer Insel im See, wo Ingrid einen Kletterbaum entdeckte, den sie unbedingt spontan besteigen musste. Zu ihrem Leidwesen klemmte sie sich zwischen den Astgabeln ein und kam nicht ohne helfende Hand wieder herunter. Ich nahm ihre kläglichen Rufe wohl nicht so recht ernst, aber unser Gastgeber erkannte ihre prekäre Lage und half ihr mit sicherer Hand galant zurück auf festen Boden. Ingrid war böse auf mich und trug mir meine unterlassene Hilfeleistung noch lange Zeit nach.

Wir erfuhren, dass irgendwann zuvor auf dem gegenüberliegenden Ufer ein großer Waldbrand gewütet hatte und dass verängstigte Bären durch den See geschwommen seien und die Wohnanlagen auf hiesiger Seite verunsichert hätten.

Als wir viele Jahre später in den 90ern bei unserer zweiten Kanada-Durchquerung in Sorrento abermals Halt machten, erfuhren wir zu unserer Bestürzung, dass unser Motel inzwischen einen neuen Besitzer hatte, da Larry, unser liebenswürdiger Vermieter von damals, unerwartet gestorben sei. Wenn ich mich doch nur noch an seinen Familiennamen erinnern könnte...

Wenn ich die zuvor beschriebenen Reisen aus der Erinnerung betrachte, so bin ich erstaunt darüber, was wir uns trotz unseres schmalen Einkommens doch alles leisten konnten und wie viel Geld wir für weite Individual- Reisen ausgegeben haben.

Ich möchte diese individuellen Erfahrungen auf der nördlichen Halbkugel jedoch nicht missen, weil wir uns beide durch diese gemeinsamen Eindrücke miteinander verbunden wussten. Es war eine beglückende Erfahrung, einen Partner an seiner Seite zu haben, mit dem man seine Begeisterung teilen, sich ergänzen und mit dem man vieles gemeinsam wagen konnte. Ingrid war stets eine zuverlässige Partnerin und ein treuer Kamerad. Wir waren beide von Natur aus nie sonderlich mutig oder waghalsig, aber dafür doch unternehmungslustig. Manchmal war Ingrid in ihrer Spontaneität etwas unberechenbar. Wir wurden überdies auch gnädig behütet; denn nie hatten wir einen Unfall, nie waren wir ernsthaft krank, nie verletzt. Wir waren besorgt um einander und der Eine hielt stets Ausschau nach dem Anderen, damit seine zweite Hälfte nie verloren ginge und ihr kein Unheil geschehe. Wir gingen mit unseren Möglichkeiten und mit unserm Schicksal behutsam um und überließen wenig dem Zufall.

Unser gemeinsames Glück haben wir nie aufs Spiel gesetzt. Wenn diese Einstellung auch ein wenig altbacken klingt, so zähle ich mich bereitwillig zur Familie *Biedermeier*!

Unserer Freundin *Rahel* habe ich einmal erklärt: „Wenn Ingrid in meiner Nähe ist, so gehen wir uns gehörig auf die Nerven. Sobald sie fort ist, habe ich unaussprechliche Sehnsucht nach ihr."

Wir unternahmen, wie gesagt, stets Individualreisen und diese waren teuer! Wen wundert es da, dass wir nie viel Geld auf die hohe Kante legen konnten? Wozu auch? Wir hatten mit unserm Einkommen immerhin ein sicheres Auskommen.

Wir haben gelernt, Wünschbares nach Möglichkeit jeweils zeitnah zu realisieren und nicht auf die lange Bank zu schieben. Alles ist verlierbar und unsere Zeit am Ende bemessen. Unser Gesundheitszustand kann einbrechen und uns unverhofft viele Möglichkeiten nehmen.

Worin liegt denn der Sinn des Reisens und weshalb richten wir erwartungsvoll unsere Blicke auf die Urlaubszeit? Es ist reizvoll, den Alltagstrott zu durchbrechen und Abstand von dem zu nehmen, was uns tagtäglich beschäftigt. Reisen bedeuten immer kleine Zäsuren, die uns für Neuanfänge fit machen. Bei meiner scheinbaren äußeren Ruhe bin ich innerlich immer ein wenig rastlos und könnte niemals stundenlang an ein und derselben Stelle hocken. Ingrid erging es da stets ganz ähnlich. Es treibt mich ständig fort, aber nie zu weit. Mit Ingrid zu verreisen, war immer ein Gewinn, weil sie in ihrer Kreativität nur so vor Einfällen sprühte und mich ständig mitriss. Sie war so herrlich bescheiden und anspruchslos und konnte sich über kleinste Dinge freuen. Vor allem konnte sie herzlich lachen – auch über sich selbst!

Auf dem Wege zur Familiengründung

Der Höhepunkt des Jahres **1974** war zweifellos der 18. Juni – Silkes Geburt.

Ingrids Leib nahm an Umfang gewaltig zu und das Gehen fiel ihr schwer, wobei sie beruflich voll aktiv blieb und zu meinem Leidwesen bis zuletzt Auto fuhr.

Die Wehen wollten und wollten nach dem Stichtag der vorausberechneten Geburt nicht einsetzen und ich erinnere mich noch sehr genau daran, wie wir beide täglich durch die Waldstreifen in Lichtenrade wanderten um damit die Wehen hervorzurufen. Aber nichts geschah.

In Lichtenrade konnten wir damals nicht verloren gehen, weil wir überall an die Mauer des Grenzstreifens stießen. Als der Stichtag dann um zwei Wochen überschritten war, erschien uns die Situation allmählich brenzlig und wir eilten ins Wenckebach-Krankenhaus zu Herrn *Prof. Dr. Gansau*, der die Geburt auch schnell durch einen Kaiserschnitt einleitete. In der Tat, es war höchste Zeit gewesen.

Die ersten Verwandten an Ingrids Wochenbett waren meine Schwiegereltern und ich trudelte erst am späten Nachmittag ein, nachdem ich im Krankenhaus nachgefragt hatte. Ingrid hat mir mein damaliges verspätetes Erscheinen sehr verübelt und meine Entschuldigung, dass ich neben meinem Schuldienst schließlich noch unsere neue Wohnung einrichten und bewohnbar machen musste, nie so recht verstanden und akzeptiert. Als sie etwa zehn Tage später mit *Silke Sabine* aus dem Krankenhaus entlassen wurde, war unsere Wohnung immer noch eine Teilbaustelle, aber inzwischen durchaus bewohnbar.

Silke war ein gesundes Kind und wir waren stolz und glücklich. Erst jetzt wurde mir klar, was ein kleiner Erdenbürger für seine Eltern bedeutet. Gewiss, wir hatten in der Martin-Luther-King-Gemeinde einen Kurs für werdende Eltern besucht, aber unser theoretisches Vorwissen reichte kaum aus, um die praktische Wirklichkeit zu meistern. Wir waren alles andere als heiter und gelassen. Silke erschien uns so zerbrechlich (was sie, objektiv gesehen, niemals war) und wir wollten, um Himmels Willen, nichts falsch machen.

Sie atmete nachts ganz leise und wir standen beide immer wieder heimlich auf um nachzuprüfen, ob sie denn noch am Leben sei.

Das Windeln und das Reichen der Flasche musste erst noch gelernt werden und nur allmählich gewöhnten wir uns an die zarten Schmatzlaute eines Neugeborenen.

Vor einiger Zeit fragte mich Silke, ob ich ihr früher körperliche Nähe vermittelt hätte. Und ob! Ich habe sie behutsam und liebevoll umhegt. Lange Zeit ist sie abends nur auf *meinem* Bauch eingeschlafen und das war oft eine Prozedur, die länger als eine Stunde dauerte. Die wohlige Liebe, die junge Eltern durchströmt, kann ich überhaupt nicht beschreiben – sie kann nur selbst erlebt werden.

Womit ich weniger gerechnet hatte, war die Tatsache, dass wir nun nicht mehr frei über unsere Zeit verfügen konnten. Es bestand ständige Anwesenheitspflicht zumindest eines der Elternteile oder der Großeltern. Glücklicherweise erfuhren wir durch unsere Eltern zuverlässige Unterstützung und Hilfe und insbesondere Ingrids Eltern konnten mit unseren beiden Kindern gut umgehen. Wir wussten uns damals also gut aufgestellt.

Wir waren übrigens keine jungen Eltern mehr: Ingrid war bei Silkes Geburt 29, ich war bereits 33 Jahre alt.

Ich glaube, das gemeinsame Leben mit unseren beiden Kindern hat mir im Berufsleben den Umgang mit Eltern von Schülern stark erleichtert, weil sie spürten, dass ich aus eigener Erfahrung in unterschiedlichen Phasen der Entwicklung *ihrer* Kinder deren Probleme nachempfinden konnte.

Natürlich reisten wir im Jahre 1974 *nicht*, sehen wir einmal von einer kurzen spätsommerlichen Fahrt in unserm brütend heißen VW zu Sobanskis in Bad Oldesloe ab. Ingrid schien ihre postnatal - depressive Episode glücklicherweise nach einigem Durchatmen bald überwunden zu haben.

Leider bleibt es eine traurige Tatsache, dass auch wir zwar den Führerschein für PKWs hatten, nicht aber den für Kinder und deren Erziehung. Wir hatten also die große Chance, Vieles richtig und noch mehr falsch zu machen!

Entschuldigung, Kinder!

Die Jahre 1975 bis 1979

1975 reisten wir während der Sommerzeit in unserm VW-Käfer zu dritt für mehrere Wochen in ein dänisches Ferienhaus an der Ostseeküste.

Was werden wir wohl tagein und tagaus gemacht haben? Wir sind zum Einkaufen gegangen, haben Essen gekocht, Windeln gewechselt und kleinere Ausflüge unternommen.

Eines Tages tuckerte der linkte Hinterreifen unseres VW-Käfers lautstark und glücklicherweise legte sich ein junger deutscher Nachbar aus einem der umliegenden Ferienhäuser auf die Landstraße und ich musste mehrmals an ihm wie auf einem Laufsteg vorbeifahren. Am Ende entdeckte er eine Luftblase an der Innenseite des Reifens, der sofort ausgetauscht werden musste. Ein Materialfehler?

Unser Besuch eines nahegelegenen Museums zeitgenössischer Kunst endete mit einem baldigen Rauswurf unserer kleinen Familie, da sich Silke immer wieder brabbelnd an den Wänden aufgerichtet und angeblich die Ruhe der übrigen Museumsbesucher gestört hatte.

Seit jeher haben wir uns für kleinere Hafenstädte begeistert und einer unserer Besuche galt *Hirtshals*, von wo wir in späteren Jahren nach Norwegen übersetzen sollten. Auch jene Stelle, an der Nord- und Ostsee auf einander prallen, hat uns fasziniert.

In ihrem Kinderwagen-Oberteil hat Silke auf der Rückbank so manchen Ausflug über sich ergehen lassen müssen.

Ingrid lernte 1975 auf einer Tagung die Ortschaft *Wittfeitzen* im *Wendland* in der Nähe von *Lüchow-Dannenberg* kennen und so fuhren wir in den beiden darauffolgenden Jahren in eines der drei Ferienhäuser des *Oberförsters Rabisch* in *Sareitz* Gern erinnere ich mich an einen Tagesbesuch, den uns Ulrich und Lisa Sobanski aus Bad Oldesloe dort abstatteten.

Andi (Holger Andreas) wurde am **08.08.1976** geboren und Ingrid hatte in ihrer letzten Phase der Schwangerschaft während des heißen Sommers manche Strapazen auszustehen.

Es war wiederum eine Kaiserschnitt-Geburt nötig, die diesmal im Klinikum Steglitz durch *Prof. Dr. Hörmann* vorgenommen wurde und auch diese zweite Entbindung war nicht ohne Risiko gewesen. Hatten wir ursprünglich noch weitere Kinder haben wollen, so stand nun unser Entschluss fest, dass es angesichts von Ingrids Wehenschwäche und zwei Kaiserschnitten bei zwei Kindern bleiben würde.

Ingrid war am 01.07.1975 verbeamtet worden und ging am 01.11.1976 für sechs Jahre in unbezahlten Urlaub, was natürlich unser Haushaltsbudget erheblich einschränkte. Aus diesem Grunde war das monatliche

Honorar, das ich durch meine Unterrichtstätigkeit an der VHS-Schöneberg erhielt, ein wichtiger Zuverdienst.

Für Ingrid war diese Beurlaubung allerdings ein Opfer, da ihr der Erfolg ihrer Berufstätigkeit viel bedeutete. Andererseits hielt sie mir dadurch den Rücken frei, so dass ich mich voll und ganz auf *meine* Unterrichtstätigkeit konzentrieren konnte.

Ingrid hat sich rührend, umsichtig und liebevoll um Silke und Andi gekümmert und dabei insbesondere *von ihren* Eltern viel Unterstützung erfahren.

Wir besaßen damals zwei PKWs und wenn immer Ingrid mit dem Einkaufen beschäftigt war oder einiger Stunden der ungestörten Vorbereitung im Haushalt bedurfte, war ich mit unseren Kindern unterwegs. Oft steuerten wir Waldspielplätze an und Silke erinnert sich noch heute an meine „Wundertüten" mit trockenen Nudeln, Würfelzucker und kleingeschnittenem Brot.

Unser Bewegungs-Radius im alten West-Berlin war freilich beschränkt!

Leider ist es so, dass wir immer nur *dasjenige* an unsere Kinder weitergeben können, was *wir* selbst beherrschen und was *uns* lieb und teuer ist. Unsere Kinder haben nie mit mir Fußball gespielt, weil ich zu Mannschaftssportarten im Allgemeinen und zu Fußball im Besonderen keinen rechten Zugang habe. Ich war kein kongenialer und ein bei weitem zu wenig kreativer Partner beim Spielen überhaupt und konnte beispielsweise mit Kindergeburtstagen nur schwer umgehen. Ich war wohl ein etwas hölzerner Vater, ein „Schreibtischtäter", aber ich war immerhin präsent und habe unsere Kinder nachts stundenlang wiegend umhergetragen, wenn sie zum Beispiel an Ohrenschmerzen litten und es uns doch noch nicht sagen konnten..

Zwischen meinen Eltern und meinen Schwiegereltern bestand stets ein ausgeprägtes Konkurrenzverhalten und leider waren sie sich gegenseitig nicht grün. Sie konnten sich nur schwer unaufgeregt und gelassen im Hintergrund halten und abwarten, bis die Kinder aus eigenem Antrieb zu ihnen kommen würden.

Wer würde Heiligabend und wer am Ersten Feiertag zu uns kommen? Aus dieser Reihenfolge leiteten sie unsere Wertschätzung ihnen gegenüber ab.

Silkes Taufe fand völlig ohne die Großeltern nur in kleinstem Kreise statt, weil die kirchliche Anti-Haltung meiner Eltern nichts Gutes versprach und sich Ingrids Eltern extra auf eine Reise begeben hatten um keineswegs Angriffsfläche für ungewollte familiäre Zwistigkeiten zu bieten. Bei Andis Taufe wiederum hatten wir über dreißig Gäste bei uns zu Hause. Wir hatten gehofft, dass die große Zahl der Gäste die allbekannten Abneigungen neutralisieren würde, aber meiner Mutter fand, dass wir viel zu viele Personen eingeladen hatten.

Nach Andis Geburt ließ sie sich dazu hinreißen, Ingrid in offener Attacke zu beleidigen, indem sie ihr vorwarf, doch nichts anderes zu können als Kinder in die Welt zu setzen. Abgesehen davon, dass diese Behauptung in der Sache völlig ungerechtfertigt und in der Form unverzeihlich war, bedeutete sie doch für meine Mutter ein Eigentor, weil seelische Verletzungen beim Opfer nie verheilen, sondern allenfalls vernarben.

Alles, was wir tun und sagen, ist unumkehrbar und kann von uns nicht mehr eingeholt um zurückgenommen zu werden.

Ich schäme mich noch heute dafür, dass ich Ingrid nicht auf der Stelle entschieden verteidigt, sondern meine Eltern lediglich stillschweigend und postwendend nach Hause befördert habe.

Ingrid nahm diese Anwürfe mit erstaunlicher Gelassenheit hin und ist immer wieder auf meine Eltern zugegangen, indem sie sie zu uns nach Hause und gelegentlich zu ihren öffentlichen Veranstaltungen eingeladen hat. Sie war bereit, mit ihnen auf Ausflüge und Kurzreisen zu gehen. Ingrid hatte zwei Seelen in ihrer Brust: sie konnte einerseits sehr unnachsichtig und andererseits auch sehr geduldig sein und ungerechtfertigte Vorwürfe scheinbar schlucken bzw. „überhören" – scheinbar!

Gisela Tuchtenhagen, die damalige Leiterin der Familienbildungsstätte Tempelhof, war während Ingrids Schwangerschaftsgymnastik auf sie aufmerksam geworden und so erhielt Ingrid für die Jahre 1975 bis 1983 einen Lehrauftrag dort und referierte im Rahmen einer Honorartätigkeit vor jungen Eltern über Kindererziehung im Säuglings- und Kleinkindalter. Sie hatte sich, auf Fachliteratur und eigene Erfahrung gestützt, fleißig in die Materie eingearbeitet und viel Anerkennung gefunden. Sie konnte stolz auf sich sein!

Manchmal lachten wir beide darüber, dass wir uns in Bezug auf unsere nebenberuflichen Tätigkeiten vor allem in den 70er Jahren geradezu ansteckten: *Ingrid* arbeitete von 1972 bis 2009 im Freizeitclub der VfJ in der Grenzallee, *ich* von 1972-79 als ehrenamtlicher Strafvollzugshelfer in der Strafanstalt Tegel. *Sie* hatte, wie bereits gesagt, einen Lehrauftrag an der Familienbildungsstätte in Tempelhof, *ich* an der VHS Schöneberg. Ich war stolz auf sie und mir war es völlig egal, welchen Bildungsweg ein jeder von uns hinter sich hatte. Bis zum heutigen Tag bin ich nämlich davon überzeugt, dass wir einerseits in einer arbeitsteiligen Welt leben und dass uns andererseits das Leben selbst eine geeignete Schule ist.

1977 sind wir zum ersten Male im Sommer zu *Konrad und Gertrud Hofer* auf deren Bauernhof in Hopferau (bei Füssen) gereist und für mehrere Wochen in einer ihrer Ferienwohnungen geblieben. Ich hatte diesen Hof wegen seiner Endlage ausgesucht um den Gefahren des Durchgangsverkehrs im Dorf aus dem Wege zu gehen. Noch war Andi unsicher im aufrechten Gang, aber es sollte nicht mehr lange dauern, bis er würde laufen können. Da wir im Obergeschoss wohnten, sperrten wir die enge Stiege nach oben notdürftig ab, damit keines unserer Kinder durchs Geländer oder die Treppen hinunter purzelte.

Es gibt ein Foto, das Andi schlafend in einem Tragegestell zeigt, welches ich auf dem Rücken hatte. Wir beide haben längere und kürzere Wanderungen unternommen – auf zwei Ebenen, sozusagen.

Es war stets eine logistische Herausforderung für uns, das Gepäck für vier Personen und für vier bis fünf Wochen in und auf einem VW-Käfer unterzubringen. Ich hatte eine Kofferbrücke gekauft und mein Vater hatte einen großen Kunststoffsack genäht, der das Gepäck auf dem Dach gegen Wind und Wetter schützen würde. Dramatisch wurde in einem späteren Jahr die Rückfahrt über die Transitstrecke, als mitten auf der mit Schlaglöchern übersäten DDR-Autobahn im Thüringischen der Steg der Kofferbrücke hinten links brach. Mit gedrosseltem Tempo und Warnblinkleuchten haben wir es dennoch ohne Unfall zurück nach Berlin geschafft.

Im gleichen Jahr waren wir auch wieder einmal in Sareitz gewesen. Hier lernte Silke das Radfahren. Auf der kaum befahrenen Landstraße unterhalb der Ferienhäuser lief ich mehrmals hinter ihr her und hielt ihr Fahrrad am Sattel fest – bis ich, außer Atem, nicht mehr konnte. Silke fuhr selbständig weiter. Als sie sich umdrehte, stellte sie mit Schrecken fest, dass ihr Papa weit hinter ihr stehen geblieben und sie die ganze Strecke allein und ohne Hilfe gefahren war.

1978 reisten wir mit zwei neu erworbenen Fahrrädern auf dem Wagendach nach Ostfriesland. Unser Ziel hieß *Großes Meer,* in dessen Nähe wir ein Ferienhaus gemietet hatten. Wir radelten mit unseren Kindern rückwärtig hinter uns auf ihren Fahrradsitzen und ich frage mich nochmals, wie wir all unser Gepäck rund ums Auto hatten unterbringen können. (Inzwischen habe ich es gelernt, meinen Kofferinhalt so weit wie möglich platzsparend zu rollen.) Gern erinnere ich mich an Ausflüge nach *Aurich, Greetsiel* und nach *Emden,* von wo wir vorne am Hafenkai einen weiten Blick über den *Dollart* hatten.

1979 kauften wir im Allgäu einen Bollerwagen, der für unsere Kinder ein beliebtes Beförderungsmittel in die nähere Umgebung des Bauernhofes wurde. Hofers hatten ihn noch lange Zeit irgendwo unterm Dach aufbewahrt.

So fuhren wir also für mehrere Jahre jeden Sommer in den Großen Ferien nach Hopferau. Mehrmals kamen meine Schwiegereltern für einen Teil unseres dortigen Aufenthaltes zu uns und passten auf Silke und Andi auf, wenn Ingrid und ich unsere eigenen Ausflugsziele ansteuerten. Gern erinnere ich mich an die Kindergeburtstage, die wir unter Ingrids Regie auf dem Hof feierten und mein Schwiegervater war bei den alljährlichen Heimatabenden im Dorf auf der Bühne der Festwiese ein stets gern gesehener Gast, wenn er mutig auf seiner Mini-Mundharmonika musikalische Kostproben zum Besten gab und im Mittelpunkt des Geschehens stehen konnte.

Vielleicht hängt im Flur des Hoferschen Hauses auch heute noch ein großformatiges Bild von mir. Ich habe dort mit einer Kreidezeichnung ihr Bauernhaus verewigt, zumindest so, wie es damals aussah. Ich experimentierte auch mit der Darstellung von Kühen auf der Weide. Es gelang mir nie, eine einzige Kuh ganzheitlich bildlich „einzufangen", weil sie nämlich allesamt ständig in Bewegung waren. So setzte sich am Ende meine „Idealkuh" stets aus Teilen ganz verschiedener Artgenossinnen zusammen.

Gern erinnere ich mich an die mehrstündigen Höhenwanderungen, die wir in späteren Jahren mit unseren Kindern unternahmen. Mit Oma Ambroß machten wir stets einen gemeinsamen Ausflug. Frau Hofer stieg einmal mit uns in die Berge und gemeinsam entdeckten wir Muskeln in unserem Körper, Muskeln, von denen wir vorher nichts gewusst hatten. Ingrid fuhr mit ihr alljährlich einmal nach Füssen ins Kino

Unsere Kinder wuchsen langsam heran und diese Tatsache spiegelt sich in Ingrids Notizen wider:

Ein anderes Problem ist aufgetreten: das der Entlastung! Mutti und Papa sind sehr empfindsam und leicht eingeschnappt geworden. Die Kinder lassen sich nicht mehr so knuddeln und umarmen wie bisher und zeigen ihren eigenen Kopf. Silke ist in dem Alter, wo sie gern provoziert und ausprobiert, wie sie ankommt und Andi fängt an, selbständig und unabhängig zu werden. Auch sind sie lebhafter als früher (und recht anstrengend, wenn auch auf andere Art und Weise).

Am 23.06.1979 waren Silke fünf und Andi knapp drei Jahre alt. Ich hatte damals immer angenommen, dass Ingrid nach der Halbzeit ihrer Beurlaubung ihre Mutterrolle immer noch genoss. Wichtige Aufgaben wie der Umgang mit den Kindern, das Einkaufen, die Fahrdienste oder die Vorbereitung von Kinderfesten betrachtete sie als ihre ureigene Domäne. *Sie* war es, die die Außenkontakte unserer Familie herstellte und pflegte. *Mir* wies sie eher eine Nebenrolle zu. Offenbar saß ich einem großen Missverständnis auf: denn alles das, wovon ich glaubte, sie ginge darin auf, ging ihr offenbar allmählich auf die Nerven! Natürlich war ich froh und dankbar, dass sie mir den Rücken freihielt und mich zu schonen bereit war; aber welchen Preis zahlte sie für den Verzicht auf ihre „Selbstverwirklichung"?

Oder reagierten Ingrids Herzhälften völlig unterschiedlich, indem sie zufrieden schien und zugleich unzufrieden war?

*

Das Jahr **1979** versetzte mir einen von meiner Familie weithin unbemerkten Warnschuss: meine frühere Berufstätigkeit *und* das gleichzeitige Abendabitur sowie meine späteren Haupt- *und* Nebentätigkeiten hatten meinen Körper offenbar ausgelaugt und mich in einen permanenten negativen Stresszustand versetzt.

Ich kam mir damals noch jung und jugendlich (und ungemein wichtig) vor und bildete mir ein, durch die diversen Lehraufträge an FU und VHS innerlich gewachsen zu sein.

Eines Tages erklärte ich meiner siebenten Klasse gerade die Regeln der Groß- und Kleinschreibung im Englischen, als mich heftige Übelkeit, Gleichgewichts- und Sehstörungen überfielen. Ich konnte weder denken noch vernünftig sprechen und ließ die Siebtklässler ratlos zurück. Ich wurde im Nachbarzimmer des Schulsekretariats auf eine Trage gelegt, muss wohl sehr gestöhnt haben und hatte mich zu fügen, als ein Krankenwagen mich einige Straßenzüge weiter ins Hubertus-Krankenhaus transportierte. Zu meiner Betreuung hatte *Herr Dr. Helmert* eine meiner Kolleginnen, *Frau Dr. Kabisch*, dankenswerterweise mitgeschickt, die mich dort den Ärzten übergab. Ich hielt es im Krankenhaus nach den notwendigen Routineuntersuchungen allerdings nicht lange aus und schwankte zurück zur Schule, wo ich noch immer leise stöhnend in der Hausmeisterloge Platz nahm, bis mich Ingrid gemeinsam mit meinem Schwiegervater abholte. Sie hatte sich nach Dr. Helmerts Anruf und nach einigem Überlegen überhaupt nicht aus der Ruhe bringen lassen und wusste intuitiv, wo sie mich finden würde – jedenfalls nicht im Krankenhaus!

Für den folgenden Tag ließ ich mich krankschreiben, nahm aber am übernächsten Tag meinen Dienst wieder auf. Es folgten im Wochenabstand mehrere Termine mit ärztlichen Untersuchungen im Westend-Krankenhaus, bis am Ende die dubiose Diagnose feststand: *vegetative*

Dystonie. Ich hatte wider besseres Wissen Raubbau an meiner Gesundheit betrieben!

Während Ingrids sechsjähriger unbezahlter Beurlaubung hatte uns natürlich ihr Gehalt gefehlt und so war meine relativ gut bezahlte nebenberufliche Tätigkeit an der VHS Schöneberg eine willkommene Einkommensquelle. Wir hatten eine teure Wohnung zu bezahlen, vier Personen zu ernähren und unterhielten zwei Autos.

Es war im Falle meiner Erschöpfung wohl reine Überarbeitung gewesen und ich zog die Notbremse: alle stressigen Nebentätigkeiten wurden so schnell wie möglich abgebaut und ich begann für die nächsten zehn Jahre Klavierunterricht bei *Ingrid Tietsch* zu nehmen und für sieben Jahre parallel dazu Malkurse in der VHS Kreuzberg bei *Monika Brachmann* zu belegen. In der Konzentration auf das Musizieren und das Malen fand ich zur inneren Ruhe und ließ mir meinen Hauptberuf und meine Vaterrolle genug sein. *Dr. Sinning*, mein damaliger Kardiologe, verordnete mir für jeden Tag mindestens 60 Minuten Fußweg, so dass ich fortan die Strecke von Mariendorf nach Nikolassee und zurück teils zu Fuß und größtenteils mit den öffentlichen Verkehrsmitteln bewältigte und das Auto zu Hause stehen ließ.

Da es uns in Hopferau stets so gut gefiel, sind wir zwischen 1979 und 1983 in ununterbrochener Folge dorthin gefahren. Gern erinnere ich mich daran, dass Ingrid und ich Bergwanderungen in Richtung

Buchenberg, Tegelberg und *Aggenstein* unternehmen konnten.

Auf den *Säuling*, den Hausberg von Füssen, bin ich am Ende mehr oder weniger allein gestiegen, wobei ich oben erst eine Stunde hinter Herrn Hofer und einem seiner Freunde ankam, weil ich als untrainierter Stadtmensch selbst mit dem gedrosselten Tempo einheimischer „Bergbauerbuam" einfach nicht hatte mithalten können.

Oft waren wir im Freibad Hopfensee schwimmen und über den Forggensee sind wir mit dem Schiff gefahren. Die Frei- und Wellenbäder von Pfronten und in Garmisch-Partenkirchen lockten uns mehrmals an.

Auch in der Bergwelt des *Tannheimer Tals* waren wir unterwegs.

Gern hätte ich das Drachenfliegen erlernt, aber Herr Hofer entschied, dass ein junger Familienvater nicht an den Drachen gehöre. Punkt!

Außerdem war ich viel zu feige dazu!

1980 nahm ich mit der *Berliner Lehrerkonferenz* an einer Austauschfahrt nach Israel teil und war Gast bei der Familie *Axel* und *Maja Seltenreich* in *Netanya*. Einige Impressionen von dieser Reise habe ich meinem Buch *Mit dem Rücken zur Fahrtrichtung* beschrieben.

1982 und **1983** fuhren wir nach Bad Oldesloe und wohnten im Familienzimmer der dortigen DJH. Durch eine Fahrt gemeinsam mit meiner Kollegin *Erltrud Schünemann* und zwei Leistungskursen für Geschichte bzw. Kunst hatte ich Herrn *Sülsen*, den damaligen gestrengen Herbergsvater der Oldesloer Jugendherberge, kennengelernt und mich für sein Haus begeistert. Natürlich trafen wir bei unseren Aufenthalten in Bad Oldesloe regelmäßig Herrn und Frau Sobanski, die uns viele schöne Ecken in Schleswig-Holstein zeigten und denen wir bis 1985 mehrere Besuche in Folge abstatteten.

Im Anschluss an eine Rundwanderung mit einer Schulklasse um den *Edersee* hatte ich den Ort *Hofbieber* in der Rhön kennengelernt. Dort gab es damals ein Apartment-Haus mit vermietbaren Wohnungen für Feriengäste und mit einem Schwimmbad im Untergeschoss, so dass wir Anfang der 80er Jahre mehrmals dorthin fuhren – einmal sogar mit meinen Eltern, die wir vom Hauptbahnhof in Fulda abgeholt hatten. Zu einem der Osterfeste hatte Ingrid dort im nahen Waldgebiet Süßigkeiten versteckt, die unsere Kinder in den offenbar gut gewählten Verstecken leider nur zum Teil wiederfanden.

Ich erinnere mich an Ausflüge nach Fulda und zur Wasserkuppe.

1984 lernten wir die Insel *Amrum* kennen. Wir bewohnten in *Norddorf* eine Ferienwohnung der *Familie Reysen* und ließen unser Auto für drei Wochen nahezu unangetastet stehen. Ich genoss diese Zeit und fertigte zahlreiche Skizzen und Bilder an, wie zum Beispiel vom Leuchtturm in Norddorf und von der Kirche in *Nebel*. Ich spürte die Bedeutung von auflandigen und ablandigen Winden und lernte das Wattenmeer kennen. Oft gingen wir im Freibad von Norddorf schwimmen und unternahmen Wanderungen durch den Dünensand. Silke demonstrierte, wie gut sie bereits freihändig Fahrrad fahren konnte.

1985 reisten wir nochmals in die Ferien nach Hopferau und im Jahr

1986 verlebten wir einen verregneten Sommer in einem zur Ferienwohnung ausgebauten Fischerhaus in Ødegard an einem Fjord im Hinterland nahe der norwegischen Küste unweit von *Molde* gelegen. Unter der sachkundigen Anleitung von *Arved*, einem norwegischen SAS-Piloten, lernte ich im Fjord mit einem einfachen Blinker Fische, meist Kabeljau, zu fangen und diese mit einem Holzscheit zu töten und anschließend mit einem Messer auszunehmen. Andi fing die Fische eimerweise und mir blieb tagelang nichts Anderes übrig, als frischen gebratenen Fisch zu essen; denn nur einen Teil unserer Beute konnten wir unserer Vermieterin abtreten. Nach einigen Tagen trat ich dann aber in Streik und wir fuhren nur noch ohne Blinker mit dem Boot in den Fjord hinaus, ohne Rettungsringe und ohne dass wir uns der lauernden Gefahren bewusst gewesen wären.

Andi verlebte hier seinen 12. Geburtstag und Ingrid trommelte tatsächlich eine kleine Geburtstagsgesellschaft, darunter *Arved* und seine Frau, für ihn zusammen.

1987 zog es uns vorläufig zum letzten Male nach Hopferau zurück.

1988 unternahmen wir zu viert eine Fahrt nach Irland, wo wir im Co.Cork die Familie *Donaldson* kennenlernten.

Vier Tage lang waren wir mit unserm Auto von Berlin nach Cork unterwegs gewesen.

Zunächst ging es in die Eifel. Da Silke in der Schule etwas über die dortigen Maare gehört hatte, galt es, in einem nächtlichen Bad bei Mondlicht eines davon schwimmend kennenzulernen. Als nächstes legten wir den Weg bis nach *Le Havre* quer durch Frankreich zurück und fuhren mit der Fähre *St.Patrick* in Richtung Cork. Die Abfahrt bei Sonnenuntergang war geradezu romantisch und wir genossen die stille See und das reichhaltige Buffet zum Pauschalpreis und tranken viel Orangensaft. Als wir dann nach Mitternacht *Cape Land's End* passierten, ging es in und über die *Irische See* und das Unheil begann. *Ich* wachte zuerst in unserer Koje auf und torkelte seekrank zur Kabinentoilette. Dann erfasste es den Rest meiner Familie und ich werde nie vergessen, wie ich bis zu den Mittagsstunden überhaupt nicht aus meiner Ecke hochkam und den Schlafanzug einfach nicht gegen normale Bekleidung austauschen konnte. Ingrid war noch fahrtüchtig und bugsierte unser Auto von Bord. Als ich mit Andi die Zollschranke passieren wollte, stellte ich fest, dass Ingrid seinen Ausweis in ihrer Handtasche hatte. Glücklicherweise hatte der Zollbeamte ein Einsehen und ließ Andi sozusagen als blinden Passagier an Land.

Wir fuhren in Richtung *Westport* und ich wollte nicht glauben, dass sich das überschaubare Irland in Ost-West-Richtung dermaßen weit hinzog. Nach stundenlanger Fahrt erreichten wir unsere kleine Feriensiedlung. Noch bevor wir unser Ferienhaus beziehen konnten, fand sich eine irische Mutter mit ihren beiden Töchtern bei uns ein und fragte, ob ihre beiden Mädchen mit unseren Kindern spielen könnten. Wir sagten grundsätzlich zu, aber erst für den nächsten Morgen, da wir gerade nach tagelanger Fahrt müde und hungrig angekommen seien und im feucht-kalten Abendwind erst noch unsere Sachen ausladen müssten.

Am nächsten Morgen fanden sich *Ruth* und *Karen* pünktlich bei uns ein und Silke und Andi gaben sich redliche Mühe, mit Hilfe eines Wörterbuches Kontakt zu ihnen aufzunehmen. Nach einiger Zeit jedoch holte Mutter *Anne* der Schrecken ein: sie hatte unser Nummernschild am Auto zunächst für ein schwedisches gehalten – nicht aber für ein deutsches! Die Deutschen waren nach ihrer Ansicht doch so ernst und diszipliniert und humorlos. Nun war es zu spät, die ersten zarten Kontakte waren geknüpft und es bahnte sich so etwas wie eine Freundschaft an. *Frank Donaldson*, der Vater, betonte immer wieder, dass er nie gedacht hätte, ausgerechnet mit uns den *Croagh St. Patrick*, den heiligen Berg Irlands, zu besteigen. Er war noch nie oben gewesen und wie bereits im Falle des *Ben Nevis* in Schottland erreichten wir den Gipfel des Mt. St. Patrick im regnerischen Nebel und sahen so gut wie nichts.

Wir hatten den Aufstieg zur Zeit der irischen Morgenmesse begonnen und an einer Tankstelle am Fuße des Berges ließ ich unser Auto betanken. Ich ließ es betanken und den Reifendruck prüfen. Ich ließ es betanken, den Reifendruck prüfen und den Ölstand messen. Ich ließ es betanken, den Reifendruck prüfen, den Ölstand messen und das Kühlwasser kontrollieren. Hinter mir hatte sich eine ansehnliche Reihe irischer

Autofahrer gebildet, die geduldig miteinander plauderten und alle Zeit der Welt zu haben schienen. Ich glaube, bei uns in Berlin wäre ich über den Haufen geschossen worden, hätte ich den ganzen Laden dermaßen aufgehalten. Donaldsons und wir trafen uns wieder und wieder *in aller Freundschaft* und wir wussten, dass wir uns beim nächsten Irland-Besuch auf Franks Vorbereitungen verlassen konnten; denn er arbeitete im Irischen Reisebüro in Cork City.

*

In unserm Hobbykeller hängt ein Bild, das uns zu viert auf einem Kabinenkreuzer zeigt, mit dem wir eine Woche lang den *River Shannon* befuhren. Ich hatte keine blasse Ahnung, wie ich dieses große Ungetüm durch die Schleusen bugsieren sollte und hatte aufgrund meiner Unfähigkeit manche blamable Situation zu überstehen. Ein Autofahrer mag denken, ein Schiff lasse sich durch einen Tritt aufs Bremspedal zum Stehen bringen. Auch muss erst durch praktische Erfahrung gelernt werden, dass man nur *gegen* die Strömung anlegen kann. Bei einem solchen Anlegemanöver lernten wir *Angelika, Bernd* und *Marcus Scholz* kennen. Angelika hatte ich unser Seil in Richtung Steg zugeworfen und sie befestigte es wortlos am Poller. Als ich später am Pier entlangschlenderte, vernahm ich Marcus, wie er typisch berlinisch „...wa?" sagte und ich fragte ihn daraufhin sinngemäß: „Du kommst wohl aus Berlin, *wa*?" Damit war das Eis gebrochen und wir schlossen nach gegenseitigen Bootsbesichtigungen Freundschaft bei Kartenspiel und Limonade. Am nächsten Tag fuhren wir in dieselbe Richtung weiter und nahmen am Ende

Abschied voneinander, wobei ich Angelika spontan umarmte. Es dauerte Jahre, bis wir uns aus den Augen verloren.

******

Der 15.12. 1988 brachte mit dem Tod meines Schwiegervaters eine tiefgehende Zäsur in unserm Familienleben. Wir hatten alle sehr an ihm gehangen. Um die Trauerfeier einigermaßen zu überstehen, spielte Ingrid die Orgel und ich hielt die Lesung.

Ich glaube, Ingrid ist über den Tod ihres Vaters nie so recht hinweggekommen und ihre Seele hat unter diesem Verlust unendlich gelitten.

******

1989 steuerten wir im Sommer *Selseng* in Norwegen an und anschließend Schweden, wo wir eine weitere Bootsfahrt unternahmen, diesmal auf dem *Dalslands-Kanal*. Andi hatte Wochen zuvor meine Nervosität angesichts der bevorstehenden Navigationsprobleme und wegen der vielen Schleusen gespürt und mir mit seinen knapp dreizehn Jahren seelenruhig versichert, dass *er* das schon *machen* werde.

Er führte das Boot dann tatsächlich mit ruhiger Hand durch alle Schleusenkammern.

Mehrmals waren wir als Familie in Irland und Norwegen.

Ingrid und die politische Wendezeit

Es war am 10. November 1989, also einen Tag *nach* der Maueröffnung. Ingrid hatte es sich in den Kopf gesetzt, gemeinsam mit Silke über die **Glienicker Brücke**, an den in Richtung West-Berlin strömenden Menschenmengen vorbei, nach Potsdam zu gelangen um von dort eine Tasse voller Potsdamer Erde mit nach Hause zu bringen. Sie hatte mich zuvor in ihre Pläne eingeweiht – und ich war entschieden dagegen gewesen; aber wenn sich meine Frau erst einmal etwas in den Kopf gesetzt hatte, war dagegen kaum anzukommen. Auf dem Rückweg wurden Ingrid und Silke von den an der Brücke versammelten West-Berlinern als vermeintliche „Ossis" mit Schulterklopfen herzlich begrüßt. Ingrid hatte ihren VW in der Königstraße gegenüber vom Volkspark Klein-Glienicke in Richtung Wannsee geparkt und als die Beiden in den Derby einsteigen wollten, rief Ingrid spontan in die Dunkelheit hinein: "Wer will mit uns in Richtung Ku'damm fahren?" Es meldeten sich ein junges Paar und ein Vater mit seiner ältesten Tochter – also vier Personen. Es ist mir unklar geblieben, wie am Ende insgesamt sechs Personen in dem kleinen Wagen Platz gefunden haben mögen, aber Ingrid fuhr mit dem überladenen Auto los. Am S- Bahnhof Wannsee stieg das junge Paar aus und übrig blieben *Eberhard* und seine Tochter *Brigitte*, mit denen sie weiter in Richtung Kurfürstendamm fuhr, wo sie Ihnen einen Zettel mit unserer Telefonnummer, ein Fünfmarkstück für je eine

Curry-Wurst und einen Berlin-Stadtplan in die Hand drückte.

Nach einigen Jahren eröffnete mir Eberhard, dass sie uns brieflich eigentlich nur deshalb kontaktiert hätten um auszuloten, ob „Wessis" ohne jegliche Herablassung ihre Versprechungen halten und zu ihrem Wort stehen würden.

Aus dieser Begegnung des vorsichtigen Herantastens entwickelte sich eine jahrzehntelange Freundschaft zwischen unseren Familien, eine Freundschaft, die selbst nach dreißig Jahren und selbst nach Ingrids Tod immer noch berechtigte Überlebenschancen hat.

30 Jahre ist es her (fast), als wir uns kennenlernten. Was hatte Ingrid für ein frohes Temperament, unglaublich, stark, liebenswert, fast verbraucht hat sie sich für die Menschen. (Rosmarie Scheinemann, 07.08.2019)

Am 16.11.2019 erhielt Ingrid posthum einen rührenden Brief von Rosmarie, den ich im Folgenden wiedergeben möchte:

Liebe Ingrid,

ja, es ist unglaublich, aber wahr – nun ist es schon 30 Jahre her. Die Mauer fiel und wir lernten uns kennen. 38 Jahre hatte ich schon auf dieser Erde gelebt und hatte nichts von Dir gewusst. Es war an der Zeit, Dich kennenzulernen. Du lebtest mit Deiner Familie in Alt-Mariendorf, also in Westberlin und wir in Potsdam. Deine Wanderungen mit Deiner Familie endeten immer wieder an der Mauer und eigentlich warst Du neugierig,

207

wissbegierig, unternehmens- und abenteuerlustig. Stelltest Dir die Frage: "Was ist dahinter? Wie geht der Weg weiter?"

Am Abend des 9. November hatte der Politiker Schabowski vom Handzettel eine wunderbare Nachricht zu verkünden: „Ab jetzt, meines Erachtens, sind die Grenzen offen. Reisefreiheit für alle."

Deine Tochter Silke (15) kam am 10. November aus der Schule und erzählte: „Wir fuhren heute mit unserer Schulklasse zur Glienicker Brücke „Trabi klopfen". (Diese Brücke verband Potsdam und Berlin.) Wunderbare Idee Deiner Schule, liebe Silke.

Und Du, liebe Ingrid, sagtest: „Toll, ick will ooch mal kieken! Komm Silke, wir fahren heute mal hin." Gesagt, getan, Mutter und Tochter stiegen in den VW-Derby und fuhren Richtung Potsdam. Du parktest unweit der Glienicker Brücke und gingst mit Silke durch diese große Menschenmenge Richtung Potsdam über die Glienicker Brücke, eine der wenigen in diese Richtung. Sanftes Gedränge, die Stimmung war unbeschreiblich.

Wir in Potsdam waren wie in Trance, euphorisch, glücklich, es war unfassbar – wahr?! Mein Mann Eberhard und unsere älteste Tochter Brigitte (17) gingen und hopsten über diese geschichtsträchtige Brücke, die 28 Jahre gesperrt und bewacht war. Und Du und Silke, Ihr gingt in den Osten, wie Euch wohl zu Mute war? Dann kehrtet Ihr wieder um, wieder über die Brücke Richtung Berlin. Die Menschen aus Eurem Westen umarmten Euch, klopften Euch auf die Schultern und begrüßten Euch herzlich. Was für ein Spaß. Als Ihr an der Bushaltestelle voller Menschen vorbeikamt, riefst Du: „Wer will mit zum Kudamm?" Mein Mann Eberhard rief: „Ich." Ein junges Paar rief „Wir auch!" Du fandest Platz für alle 6 im VW-Derby. Auch für Brigitte, ein Abenteuer ohne Grenzen. Sie war noch nie im Westen gewesen. Glückliche Menschen fuhren Richtung Kudamm. Was Ihr wohl erzählt habt?? Adressen wurden ausgetauscht, Eberhard bekam von Dir einen Stadtplan von Berlin mit Deiner Adresse. Er hat ihn heute noch. Auf unserem Stadtplan von Berlin war nur unser Ostberlin mit Straßen eingezeichnet. Westberlin war eine weiße Fläche.

Dann haben wir uns geschrieben. Der Beginn einer langen wunderbaren Freundschaft. Ost und West wuchsen wieder zusammen.

Im Januar 1990 besuchten wir Euch das 1. Mal. Das 1. Mal im Leben in Alt-Mariendorf. Es war winterkalt, einige Male stiegen wir um. Es gab viele Autos, Ampeln! Die Häuser hatten helle Fassaden, wenige Fußgänger, oft mit Hunden, Tretminen. Ich war gespannt auf Familie Hembd aus dem Westen, hatte aber auch gemischte Gefühle. Wird alles sein wie in der Werbung des Westfernsehens? Spiegelblanke Wohnung mit Designermöbeln auf Hochglanz? Eure Kleidung nur vom feinsten Zwirn?

Und wir kamen in den Nebelhornweg und klingelten bei Familie Hembd. Der Türsummer summte, wir kamen in den Treppenflur. Die Wohnungstür wurde geöffnet und da standet Ihr alle 4: Du, Jürgen, Silke und Andi um uns zu empfangen. Eberhard, Brigitte, Anika, Hendrik und ich, wir wurden so herzlich begrüßt, als kennten wir uns schon viele Jahre. Und Ihr wart so normal wie wir. Mir ging es besser. Ihr bewirtetet uns liebevoll, Jürgen erzählte Geschichten, Ingrid, Du hattest 1000 Fragen. Eure und unsere Kinder lernten sich kennen. Und wir fühlten uns wohl bei Euch. Du spieltest Klavier und wir sangen zusammen. Das war wie früher bei mir zu Hause zu Weihnachten. Insgeheim fließen meine Tränen.

Wir beschlossen uns regelmäßig zu besuchen. Ihr zeigtet uns Berlin und wir brachten Euch Potsdam näher. Ingrid, Du warst unermüdlich im Freude-Schenken. Manchmal trafen wir uns in unserem Garten. Wir beide haben so rumgealbert wie Teenager. Ich weiß noch, wie wir Beiden Tränen gelacht haben; unsere Männer haben uns nicht verstanden. Erinnerst Du Dich?

Einmal erforschten unsere beiden Familien den alten Kaiserbahnhof nahe Sanssouci, er war eine Ruine. Und Du klettertest auf dem Gemäuer entlang; das Gebäude war baupolizeilich gesperrt. Ich glaube, Du fandest es cool. Jürgen ermahnte Dich und seine Stimme blieb dabei so freundlich ruhig. Hab' ich bewundert.

Einmal wanderten wir durch den Wildpark West. Ihr hattet Andi, seinen Freund Chrille und einen Ball mit. Vorneweg unsere 3 Jungs Andi, Chrille und Hendrik und spielten Ball. Und wir konnten getrost zusammen wandern. Der Ball war sicherlich Deine coole Idee gewesen, könnte ich wetten.

Einmal erforschten wir zusammen den schönen Park Babelsberg, da führten noch die Grenzanlagen über die Havel. Und Du klettertest da über das Wasser, auf alten Holzteilen, Pfählen - ob Du ans andere Ufer wolltest? Wir *riefen Dich zurück und wir wussten nicht, ob noch scharfe Munition im Wasser schlummerte.*

Ihr nahmt uns mit in einen traumhaft schönen Park mit tausenden blühender Tulpen. Wir fuhren gemeinsam mit einem Schiff durch Berlin.

Wir feierten zusammen unzählige Feste und erlebten so schöne Zeit gemeinsam. Und immer wieder sangen wir zusammen und Du begleitetest uns so leicht mit den wunderbaren Klängen Deines Klavierspielens.

Jetzt bist Du uns vorausgegangen, liebe Ingrid, Du fehlst....

Herzliche Grüße

Deine Rosi

Ich erinnere mich an mehrere Jubiläumsfeste angesichts des Mauerfalls, jeweils gefeiert rund um den 09. November eines jeden Jahres. In den Medien können wir dann immer wieder Berichte lesen oder Filme sehen, die uns die Ereignisse vom 09.11.1989 in Erinnerung rufen, Berichte, die einerseits die Einheit beschwören und andererseits die vielzitierten „Mauern in unseren Köpfen" beklagen. Innerlich sage ich mir dann: „Das ließe sich doch ändern!"

Nach der Maueröffnung lautete ein häufig gebrauchtes Wort „Wahnsinn". Die Maueröffnung war in der Tat ein *Wahnsinn* und die neugewonnene Freiheit erschien vielen von drüben als ein unverhoffter *Wahnsinn*. Dieser Ausdruck war zunächst positiv besetzt, aber es war ebenso ein negativer Wahnsinn, dass sich viele Menschen in den neuen Ländern entwurzelt fühlten, weil sie plötzlich ohne Arbeit und Einkommensquelle dastanden oder weil ihre alten Überzeugungen nichts mehr galten und sie sich abgewickelt wussten.

*

Die Zeit der Wende gab uns die Möglichkeit, die Neuen Länder Stück für Stück zu entdecken – nunmehr ohne Passierschein und entwürdigende Passkontrollen. Anfang der 70er Jahre hatten wir meine Tanten in *Görlitz* besucht und wurden von ihnen flüsternd darum gebeten, unsern Wagen auf keinen Fall vor ihrem Haus in der Bautzener Straße 13 zu parken, sondern zwei Querstraßen weiter. Nur keine Westkontakte sichtbar machen!

Als wir 1972 von den britischen Inseln zurückkamen, wurden wir am Grenzübergang, wie üblich, kontrolliert. „Vorne auf, hinten auf!" lautete das altbekannte Kommando des jungen Grenzers, der im Handschuhfach einen Stapel schottischer Ansichtskarten entdeckte; diese ließ er sich reichen und blätterte sie interessiert und seelenruhig Stück für Stück durch, bis er uns dann fragte, weshalb wir nicht noch länger dageblieben waren. Als ich ihm sagte, dass ich Gymnasiallehrer sei und für mich in Kürze wieder die Schule beginne, winkte er uns unerwartet großmütig durch. Als ich ihm bedeutete, dass er doch noch „vorne und hinten" kontrollieren müsse, tat er mein Anliegen mit einer lässigen Handbewegung ab. Hinter uns hatte sich eine lange Schlange Autos gebildet, deren Fahrer jedoch keineswegs durch Hupen oder giftige Kommentare aufzumucken gewagt hätten. Wir waren vom Grenzer zwar freundlich, aber letztlich doch wieder einmal vollkommen willkürlich. behandelt worden,

Auf dem Weg nach Bad Oldesloe wurden wir einmal an der Abfahrt vom Berliner Ring von östlichen Verkehrspolizisten angehalten und gefragt, wie viele Führerscheininhaber an Bord seien. Zwei! Ich wurde gebeten auszusteigen und gefragt, ob ich einen jungen Mann mit seinem am Rande geparkten PKW bis zur Grenze nach Horst-Lauenburg fahren würde. Er habe keine gültigen Fahrzeugpapiere bei sich. Ingrid ist dann ängstlich die ganze Strecke mit unseren Kindern dicht hinter mir hergefahren und hat aufgepasst, dass mir nichts passiere.

Mit Hilfe von Passierscheinen waren wir eines Tages im Advent zu viert am Alexanderplatz gewesen. Bei unserer Rückfahrt nahm ein Grenzsoldat meinen Ausweis an sich, wobei er gegenüber seinem Kollegen bemerkte: „Schon wieda so'n Fall!" Er verschwand spurlos irgendwohin nach links, schien verloren gegangen zu sein, bis er dann nach längerer Zeit wieder von rechts auftauchte und uns eine gute Heimfahrt wünschte. Was für eine Art von Fall mochte Ich wohl gewesen seln? Und wie viele kleine Pünktchen dürften sich zur Kennung auf meinem Ausweis damals befunden haben?

Passierscheine wurden von Ostangestellten auf stadtbekannten Passierscheinstellen ausgestellt. In meinem Falle war dies die Passierscheinstelle am Walther-Schreiber-Platz in Steglitz. Draußen stand ein Postbediensteter aus West-Berlin, der den Besucherstrom koordinierte. Hinter einer langen

Tischreihe saßen mehrere Sachbearbeiter mit undurchschaubarem Gesichtsausdruck, vor denen man brav Platz zu nehmen hatte und von denen gegen Zahlung der festgelegten Umtauschgebühren in Westmark 1:1 gegen Ostmark der gewünschte Passierschein regungslos ausgestellt wurde. Stets herrschte offensichtlich das Prinzip: *Angst verbreiten*.

In Sachen Familienforschung war ich ein andermal auf dem Wege zum ehemaligen Pfarrer von Müggelheim, der nach seiner Pensionierung in Köpenick wohnte. Ich hatte ihm und seiner Frau Kaffee und Südfrüchte mitgenommen und in einer Tasche mit Reißverschluss verstaut. Am Grenzübergang Friedrichstraße öffnete ich den Reißverschluss und wurde von der Grenzerin angeherrscht, dass sie mir doch noch gar keinen Auftrag zum Öffnen erteilt habe. Also machte ich die Tasche wieder zu. Kaum war dies geschehen, sagte sie: „So, nun können sie sie aufmachen!"

Als wir eines Tages in Erkner unterm Apfelbaum standen, erzählte ich Ingrids Verwandten von *Gorbatschows* Büchern über *Glasnost* und *Perestroika*, als mich ihr Onkel am Ärmel zupfte und in die Küche lotste. Sein Grundstücksnachbar sei nämlich bei der Stasi und brauche unser Gespräch nicht mitzuhören. Kurioserweise war ebendieser Onkel, wie sich später herausstellte, ein IM. Ich hoffte damals, dass er nicht auch mich ausspioniert habe.

*

Ingrid war vor und nach der Wendezeit im Rathaus Neukölln in der *Abteilung Soziales* für kulturelle

Großveranstaltungen im Bezirk zuständig und berichtete mir oft stolz, dass sie kraft ihres kleinen Etats arbeitslosen Ost-Künstlern zu kurzfristigen Engagements verhelfen konnte, Engagements, die freilich nur punktuell Hilfe bieten und keine großflächige und dauerhafte Lösung sein konnten. So trat z.B. auch *Dagmar Frederick* im Rahmen einer Großveranstaltung im Gemeinschaftshaus am Bat-Yam-Platz auf. Immerhin hatte Ingrid überhaupt keine Berührungsängste gegenüber den Menschen „von drüben" und manchmal lud sie sogar Gäste aus den Reihen ehemaliger Geheimnisträger mit strengem Verbot in Sachen „Westkontakte" zu uns nach Hause ein und stiftete damit viele Möglichkeiten für uns ihnen zuzuhören, Fragen nach ihren Biografien zu stellen und ihre Situation besser kennen zu lernen, wobei es uns eher wenig interessierte, welche Anschauungen sie früher vertraten oder welchen Dienstgrad sie hatten. Freilich hüteten wir uns davor, ungefragt Werturteile abzugeben und niemals bat uns jemand darum. Keineswegs wollten wir etwas unbedingt besser wissen. Diese Unvoreingenommenheit hat Ingrid viele Türen geöffnet und gezeigt, dass sie ein Mensch war mit ausgestreckter und auch behütender Hand. Ein Mensch, der ohne Vorwürfe auskam.

Nach der Wende erkundeten Ingrid und ich den Osten Deutschlands: die Insel Rügen, das Elbsandsteingebirge, den Thüringer Wald und den Ostharz. Auch das Zittauer Gebirge haben wir bereist. Ich selbst wanderte rund um Berlin, nach Möglichkeit sogar außerhalb des Berliner Ringes.

Bis zum heutigen Tag bin ich mit „meinen" Senioren oft im Land Brandenburg unterwegs und voller Dankbarkeit lernen wir Gegenden kennen, die für uns lange Zeit unerreichbar waren. Wenn uns da seit 2020 nicht nur die Corona-Pandemie zu schaffen machen würde...

Unterwegs mit Ingrid

Mit ein bisschen Wehmut erinnere ich mich an unsere gemeinsamen Radfahrten durch Flusstäler: das Donautal von Passau bis Wien und weiter von Wien nach Budapest; das Mosel- und das Altmühltal, das Inntal und das Wesertal und rund um die Müritz.

Auch zwei private Kuraufenthalte gehörten zu unserm Programm: in der Slowakei und in Bad Kohlgrub.

Ingrid war ein Familienmensch und deshalb wurden auch ihre Eltern und Schwiegereltern oftmals mitgenommen – und ich habe es geduldig ertragen.

Ein Bericht des Tagesspiegels (08.09.2019) über die dem irischen Festland vorgelagerten und inzwischen unbewohnten Blasket Islands erinnerte mich an unsere Radtour Anfang der 70er von Dublin nach Westport und von dort mit der Bahn zurück nach Dublin. Wir radelten auf den südlichen Küstenstraßen der Republik Irland und lernten dabei die reizvolle Landschaft der *Dingle Peninsula* und den *Ring of Kerry* kennen. Nachmittags hielten wir Ausschau nach dem Schild *B&B*, Bed and Breakfast; und wir hatten immer Glück und fanden überall herzliche Aufnahme.

Ingrid zeigte bei den einzelnen Tagesetappen viel Stehvermögen und stellte sich geduldig den physischen Herausforderungen.

Sie fuhr immer dicht hinter mir und manchmal hatte ich das Gefühl als würde ihr Vorderreifen mein hinteres

Schutzblech berühren, so dass ich kaum zu bremsen wagte, weil es dann vermutlich einen Auffahrunfall mit unabsehbaren Folgen gegeben hätte. Eines Tages flossen Tränen bei ihr, weil sie hinter mir munter plauderte, jedoch keine Antwort erhielt. Ich musste sie daraufhin trösten und ihr erklären, dass es bei dem oft starken Gegenwind kaum möglich war, sie akustisch zu hören, geschweige denn zu verstehen.

Eines Abends besuchten wir eine irische Volkstanz-Veranstaltung und als ein angetrunkener Ire erfuhr, dass wir aus Berlin stammten, erklärte er mir, dass er nun auf der Bühne uns zu Ehren ein irisches Lied singen werde und dass ich es anschließend ihm gleich tun und ein deutsches Volkslied zum Besten geben solle. Ich kann gar nicht sagen, welche innere Panik mich ergriff und wie mir partout kein einziges Volkslied einfallen wollte. Mein ganzer Denkapparat war blockiert und zum Glück vergaß dieser einstmals als Soldat in West-Berlin stationierte Trunkenbold sein Vorhaben wieder und tauchte irgendwohin ab. Eher wohl hätte Ingrid an meiner Stelle auf der Bühne Klavier spielen können.

Ich erinnere mich noch an eine Episode während der Bahnfahrt von Westport nach Dublin: unterwegs hielt der Zug mitten auf freier Strecke. Weshalb? Nun, auf den Gleisen standen Schafe, die sich lange Zeit nicht rühren wollten. Ingrid liebte Situationskomik und lachte laut und herzlich.

Noch lange amüsierte sie sich über die „Ratte von Rooskey". Wir waren mit unseren Kindern auf dem *River Shannon* unterwegs und hatten unseren Kabinenkreuzer eines Abends gerade am Kai festgemacht, als eine

Menge Leute aus einem Pub herausstürzten. Der Rest der Pub-Gesellschaft stand drinnen voller Aufregung auf den Tischen, weil, ja, weil eine Ratte durch die Kneipe geflitzt war.

Vor vielen Jahren besuchten wir die Stadt *Görlitz*. Auf dem Rückweg mit dem Zug mussten wir in Cottbus umsteigen. Wir brauchten auch gar nicht lange zu laufen, als wir ein Hinweisschild zum Zug nach Berlin entdeckten. Als sich unser Zug in Bewegung setzte, wurde uns leider klar, dass wir den vorderen Zug (nach Berlin) auf demselben Gleis vor uns übersehen hatten. Stattdessen waren wir in genau *den* Zug eingestiegen, der postwendend von Cottbus nach Görlitz zurückfuhr und dem wir wenige Minuten zuvor entstiegen waren. Also fuhren wir retour bis Weißwasser, warteten dort eine geschlagene Stunde im kalten Herbstwind und nahmen den nächsten Gegenzug. Am Ende hatten wir zwei Stunden Verspätung und wussten nun bestens Bescheid, welcher Zug da vorne uns nach Berlin bringen würde.

Weshalb ich diese Begebenheit erzähle? Nun, *ich* ärgerte mich fürchterlich, derweil Ingrid wieder einmal ganz herzlich lachte und sich kaum halten konnte.

Aus dem Fotoalbum

Die Jahre 1990 bis 2000

1990 reisten wir abermals nach Irland, von wo uns anlässlich des Mauerfalls telefonische Glückwünsche von der Familie *Donaldson* erreicht hatten und

1991 machte Silke den Vorschlag, nach *Südtirol* in Urlaub zu fahren. Wir hatten hier auf einem Bauernhof in *Lana* zur Straßenseite hin eine Ferienwohnung gemietet, in der es heiß und stickig war. Die Hitze wirkte auf mich derart lähmend, dass ich keine Neigung verspürte, unsere gewohnten Bergtouren zu unternehmen, sehen wir einmal von einer Höhenwanderung im *Rosengarten* ab.

Trotz Windstille nahm Silke an einem Surfkursus teil und ihre Haut verbrannte dabei regelrecht.

Die kilometerlangen Obstplantagen und das ausgeklügelte Bewässerungssystem mit kleinen Kanälen an den Südtiroler Berghängen entlang machten Eindruck auf mich.

Natürlich unternahmen wir auch einen Ausflug nach *Venedig* und schwammen im *Lido* – aber weder die dortige Wasserqualität noch das südländische Flair waren meine Sache.

Es war vorläufig die letzte gemeinsame Reise mit Silke, da sie im Herbst ihre Schwestern-Vorschulausbildung im Reinickendorfer *Humboldt-Krankenhaus* beginnen und in Heiligensee wohnen würde und sich vom Nebelhornweg langsam abseilte.

1992 reisten wir abermals nach Irland und unternahmen gemeinsam mit Andi eine einwöchige Radtour.

Ich habe die zahlreichen von mir begleiteten **Austauschfahrten** der Werner-von-Siemens-Oberschule zwischen 1979 und 1992 nach London nicht erwähnt, aber als Englischlehrer habe ich stets großen Wert darauf gelegt, regelmäßig in englischsprachige Länder zu reisen; daher erklären sich zum Teil die Reisen nach Kanada, nach Großbritannien und Irland. Neben dem Nutzeffekt war es aber auch meine damalige Affinität zu diesen Ländern.

Als Lehrer war ich natürlich immer auf die Großen Ferien angewiesen und ich hatte das Glück, dass Ingrid bei der Festlegung ihrer eigenen Urlaubszeit als Sozialpädagogin relativ frei war. Im Übrigen hatten wir ja lange Zeit zwei schulpflichtige Kinder, die ebenso an die Ferien gebunden waren.

1993 griff ich auf meine ersparten Rücklagen zurück um eine zweite teure Fahrt mit dem Leihwagen durch Kanada von *Toronto* nach *Vancouver* zu finanzieren.

Nach drei Wochen ständigen Unterwegsseins weinte rid und fragte verzweifelt, wann denn endlich *der Urlaub* beginne – aber da war er schon wieder vorbei.

Zugegeben, die täglichen Autofahrten und die stets aufs Neue fremden Motelbetten wirkten auf die Dauer stressig. Kanadische Siedlungen hatten immer noch linker Hand drei Tankstellen und vier Motels und später rechter Hand vier Tankstellen und drei Motels. Das klingt gewiss ein wenig herablassend und bösartig, aber es gibt dort eben keine Dörfer mit bequemen Gehwegen, auf denen man spazieren und Kultur, Land und Leute kennenlernen konnte. Waren wir einmal irgendwo angekommen, so konnten wir nach dem Einchecken und der Vorausbezahlung wählen zwischen Duschen, Restaurantbesuch, Fernsehen und Schlafengehen. Keine Schösser, keine Burgen – stattdessen das ewig graue Band der Asphaltstraßen mit undurchdringlichen Wäldern beiderseits des Highways. Die Höchstgeschwindigkeit betrug 60 Meilen und obschon wir dieses Tempo brav hielten, wurden wir doch (wie schon damals) stets von Riesentrucks hinter uns „geschoben" und unter Druck gesetzt. Das war Stress pur.

Wie oft hatten wir vor 1989i davon geträumt, dass, wenn eines Tages die Mauer fiele...

Dann sahen wir uns traurig an und gestanden uns ein, dass sie sowieso niemals fallen würde, aber sollte sie doch einmal fallen, dann...

Kurzum: ich wollte einmal rund um Berlin wandern und gemeinsam wollten wir den uns noch verschlossenen Rest der deutschen Heimat erkunden; doch die Mauer wollte nicht fallen und wir drehten uns gedanklich im Kreise.

Die Wanderungen in und rund um Berlin haben mich später nach der Wende viele Jahre gekostet und sie helfen mir als wertvolle Erfahrungen bis zum heutigen Tage bei der Gestaltung meines monatlichen Wanderprogramms mit meinen Senioren.

Wie oft war ich in den neunziger Jahren im Rahmen von Volkswanderungen – aber später auch auf eigene Faust – mit Anika *Scheinemann* unterwegs und entdeckte dabei, wie wir in unseren schier endlosen Gesprächen und angesichts unseres jeweiligen Lebensalters und unserer verschiedenen Biografien einander zu „Schlüsseln" wurden für das Verständnis der Lebenssituationen einst in der DDR und in West-Berlin. Viel später kamen mir diese Erfahrungen z.B. im Schulunterricht zugute oder wenn ich, zunächst hilfsweise, die Seniorenchorfeste im Britzer Garten moderierte, an denen viele Chöre und Tanzgruppen aus dem Ostteil unserer Stadt teilnahmen.

1994 und **1995** schließlich sind wir, Ingrid und ich, „durch Deutschland gefahren".

Nach der Wende erkundeten Ingrid und ich den Osten Deutschlands: die Insel Rügen, das Elbsandsteingebirge, den Thüringer Wald, das Osterzgebirge und den Ostharz.

Zweimal machten wir Urlaub in *Ganschwitz* auf *Rügen.* Wir waren in Ralswiek begeistert von der beeindruckenden Kulisse mit dem Meer im Hintergrund, dort, wo bis heute jedes Jahr eine neue spannende

Episode aus dem Leben des *Klaus Störtebeker* aufgeführt wird. Als wir *Kap Arkona* besuchten, träumte ich davon, mir eines Tages den Europawanderweg von Kap Arkona nach Zittau etappenweise zu erschließen. Natürlich sind wir mit dem *Rasenden Roland* gefahren, haben einen Tagesausflug nach *Hiddensee* unternommen und mangels Badehose musste ich am Strand der *Schabe* nackt in die Ostsee-Fluten steigen. Aber dies alles ist lang, lang her und nur noch bruchstückhaft in meinem Gedächtnis haften geblieben.

Wir gehörten mit unserem Entdeckungsdrang somit auf westlicher Seite zu den „Wendegewinnern", wenn ich an die vielen neuen Möglichkeiten des Reisens und der menschlichen Begegnungen denke, die sich uns nunmehr boten.

Bis zum heutigen Tag bin ich mit „meinen" Senioren oft im Land Brandenburg auf meinen alten Spuren unterwegs und voller Dankbarkeit lernen wir Gegenden kennen, die für uns lange Zeit unerreichbar waren.

Mehrmals sind wir nach dem Mauerfall jeweils für einige Tage ins *Seehotel Sternberg* in Mecklenburg-Vorpommern gefahren. Natürlich haben wir Werke von *Ernst Barlach* in *Güstrow* betrachtet. Wir haben das rekonstruierte *Slawendorf in Groß-Raden* inspiziert und sind auch nach *Wismar* gefahren. Dort packte mich plötzlich der unbändige Wunsch, eine Hafenrundfahrt zu unternehmen. Um 11 Uhr sollte die Fahrt beginnen, aber außer uns war niemand da. Es war schon wieder Schulzeit und mit einem hohen Passagieraufkommen konnte daher sowieso niemand rechnen. Der Schiffsführer machte uns den Vorschlag, in Ruhe essen zu gehen und um 13 Uhr wieder zu kommen. Wir taten folgsam, wie uns geheißen! Um 13 Uhr waren wir wiederum die einzigen potenziellen Passagiere. Ich fragte daraufhin, wie viele Personen denn mindestens an der Fahrt teilnehmen müssten. Es wären zehn gewesen. Ich machte dem Schiffsführer das Angebot, er solle Ingrid und mich für DM 100,00 allein befördern. Ich fragte Ingrid, was Silke, unsere Tochter, wohl dazu sagen würde. Meine Frau mutmaßte, Silke würde sagen, dass, wenn es unser sehnlicher Wunsch sei, wir doch die hundert Mark ans Bein binden sollten. Der Bootseigner war mit dem Deal einverstanden. Ich zahlte den Preis und wir nahmen auf dem Oberdeck Platz. Innerhalb der nächsten Viertelstunde fanden sich jedoch wie durch ein Wunder weitere zehn zahlende Personen ein und leisteten uns Gesellschaft. Der Schiffsführer gab mir achtzig DM zurück und los ging die Fahrt. Sie war übrigens längst nicht so atemberaubend, wie ich sie mir vorgestellt hatte.

1996 radelten wir zum ersten Male den *Donauradweg* von Passau nach Wien entlang. Ich hatte nach einer alternativen Möglichkeit der Urlaubsgestaltung Ausschau gehalten und war fortan von Radfahrten durch Flusstäler begeistert. Es waren stets organisierte Individualtouren, d.h. die Unterkünfte wurden von einem Touristikunternehmen für uns vorgebucht und das Gepäck Tag für Tag zuverlässig vorgeschickt.

Der Donauradweg war seit vielen Jahrzehnten ein Hit und ich werde vor allem die Fahrt durch die *Wachau* wegen ihrer landschaftlichen Schönheit in liebevoller Erinnerung behalten.

Alle Sinne sind bei einer solchen Unternehmung beteiligt: allen voran natürlich die Augen, die sämtliche Eindrücke aufnehmen; aber auch die Nase, die den feuchten Waldboden riecht und den überwältigenden Duft eines Kornfeldes sowie die Ohren, die die Stimmen der Vögel ganz neu hören..

Wie freut sich die Haut nach Ankunft im Quartier auf eine erfrischende Dusche und wie sehr schmecken dem Gaumen die aufgetragenen Speisen und das kühle Bier!

Die tägliche Radfahrt mit ihren vielen Sehenswürdigkeiten und wetterbedingten Unwägbarkeiten auf der Strecke ist Risiko und Erschöpfung genug und man kann abends mit gutem Gewissen in den Tiefschlaf sinken, weil der Tag erfüllt gewesen ist und unvergessliche Erinnerungen gebracht hat.

Von Wien aus fuhren wir anschließend mit dem Zug nach *Bratislava* und von dort aus weiter nach *Trenčianske Teplice*, wo wir eine private Kur und Unterkunft im Hotel *Pax* gebucht hatten. Da wir an manchen Wochentagen mehrere Anwendungen hatten, war diese Kur neben ihrem Erholungswert ein gehöriges Stück Arbeit. Wir bezahlten hier in der Slowakei in harter DM-Währung und mussten unsere täglichen Mahlzeiten in einem Luxusspeiseraum der Sonderklasse und getrennt von den einheimischen Kurgästen mit nicht konvertibler Währung einnehmen. Uns wollte diese Zwei-Klassen-Gesellschaft nicht behagen. Wir spazierten durch den Kurgarten, besuchten kulturelle Veranstaltungen für die Kurgäste und buchten auch einen Ausflug in die vernebelte Hohe Tatra.

Eines Tages lernten wir das Ehepaar *Petzenberger* kennen, einen Kieferorthopäden mit seiner Frau aus der Nähe von Seelow. Diese Bekanntschaft überdauerte Jahre!

Die Rückreise nach Berlin verlief ein wenig abenteuerlich: Als wir in einem Nachbarort an verabredeter Stelle eintrafen, mussten wir feststellen, dass der Bus gerade ohne uns abgefahren war, weil wir (unverschuldet) nicht auf der Passagierliste gestanden hatten. So wurden wir nach unserm verzweifelten Protest gegenüber der Reiseleiterin vor Ort per Taxi zum Hauptbahnhof nach Bratislava befördert, wo wir auf dem angegebenen Bahnsteig warteten. In letzter Sekunde erfuhren wir von einer des Slowakischen mächtigen und gebrochen Deutsch sprechenden Dame, dass der Zug nach Berlin im nächsten Augenblick auf dem Nachbarbahnsteig einfahren würde.

Also griff ich drei unserer fünf Gepäckstücke und wir hasteten Treppen hinunter und anschließend wieder hinauf. Wir stiegen gerade noch rechtzeitig in den ICE ein und fuhren über *Brünn, Prag* und *Dresden* in einer etwa 13stündigen landschaftlich eindrucksvollen und nie langweiligen Fahrt nach Berlin.

Als ich mehrere Tage nach unserer Rückkehr einmal niesen musste, verspürte ich an meiner rechten Bauchhälfte einen sich dehnenden Ballon und ließ mir ärztlicherseits einen Leistenbruch attestieren.

So wurde ich am 11.11.1996 im *St. Joseph-Krankenhaus* mit einer rechtsseitigen Leistenhernie in stationäre Behandlung aufgenommen, wo ich nach dem operativen Eingriff bis zum 18.11. verblieb. Dies war nach meiner Geburt mein zweiter und vorläufig letzter Krankenhausaufenthalt. Ich erhielt in meinem Zweibettzimmer täglich Besuch entweder von *Silke, Andi* und auch *Aurel* und natürlich von *Ingrid*, die sich abends lange nach Ende der Sprechzeiten für jeweils kurze Zeit über geheime Nebeneingänge und Hintertreppen ins Krankenhaus hineingeschlichen hatte. Ich genoss meinen Krankenhausaufenthalt, weil ich ungestört lesen und dösen und wiederum lesen und einschlafen konnte und in Ruhe gelassen wurde.

Eigentlich hätte ich zwei weitere Wochen zu Hause bleiben sollen, aber nach bereits sieben Tagen hielt ich es dort nicht mehr aus und machte mich auf den für mich zunächst beschwerlichen Weg zur Schule. In den großen Pausen hoffte ich stets inständig, dass mich keiner der durch die Flure flitzenden Schüler anrempeln würde, da meine Operationswunde noch nicht vollständig verheilt war.

1997 mieteten wir ein Ferienhaus in *Cornwall* und genossen die Küstenlandschaft dieser Region. Noch waren die Pilcher-Romane nicht verfilmt, aber in jedem der Filme mit Cornwall als landschaftlichem Hintergrund entdecken wir später Plätze und Stationen wieder, an denen wir gewesen waren und wo wir uns wohl gefühlt hatten.

Ingrid war während unserer Urlaubsreise spürbar rast- und ruhelos, zuweilen gereizt und neigte zu seltsam anmutenden Aktionen: sie war z.B. nicht davon abzuhalten, an einem kühlen und trüben Tag ein Bad im kalten Meer zu nehmen – ein Happening, sozusagen, das mich irgendwie stutzig machte; aber noch dachte ich mir nichts weiter dabei....

Ingrid und ihr Berliner Seniorenchorfest

Kurz nach der Wende muss es gewesen sein, wohl 1992, als Ingrid und ich im Sommer die Eröffnungsveranstaltung der Seniorenwoche auf dem Alexanderplatz besuchten. Mehrere Bühnen waren aufgebaut worden und auf der Hauptbühne spielte das damalige Berliner Polizeiorchester bei vorübergehend strahlendem Sonnenschein. Der Himmel jedoch zog sich rasch zu und dann folgte ein nicht enden wollender Platzregen. Die Besucher suchten Schutz (ja, wo eigentlich?) und sämtliche Bühnen wurden sicherheitshalber für alle Tanzgruppen und Chöre geschlossen. Wir selbst „retteten" uns zu unserm irgendwo hinter dem Roten Rathaus geparkten Auto.

Ingrid taten die frustrierten Tanzgruppen und Chöre immens leid, wusste sie doch, wie lange sich die Senioren vorbereitet haben mussten. So sprach sie mit Herrn *May*, dem damaligen Bezirksbürgermeister von Neukölln, und bekam grünes Licht, im Herbst eine Ersatzveranstaltung im Britzer Garten zu organisieren und durchzuführen. Natürlich war diese Vorbereitung mit großem Einsatz und Aufwand verbunden, da ihr immer noch die heutigen digitalen Hilfsmittel wie PC, Handy und Smartphone gänzlich fehlten; aber sie ließ nicht locker und von Jahr zu Jahr wurde die Zahl der Teilnehmer größer und die Veranstaltungsreihe allmählich zur Tradition. Ingrid hatte keinen Etat zur Verfügung und so mussten sich die einzelnen Gruppen mit freiem Eintritt und einer selbstgemachten „Urkunde" als Zeichen der Anerkennung begnügen.

Aus Ingrids Unterlagen geht hervor, dass es im Jahre **1996** um die Vorbereitung des vierten Seniorenchorsingens auf der Festbühne des Britzer Gartens ging. In einem offiziellen Schreiben des Bezirksamtes Neukölln von Berlin, Abteilung Sozialwesen, Kulturelle Veranstaltungen und Angebote, lud sie für zwei Junitage, jeweils nachmittags ab 15 Uhr, Seniorenchöre ein und sagte Freikarten für die Mitwirkenden zu.

Auch **1997** machten an zwei Tagen im Juni insgesamt zwölf Chöre und ein Tanzkreis mit. Auch hier war – letztmalig vor Ingrids Zwangspensionierung – das Bezirksamt Neukölln der Veranstalter, was auch erklärt, weshalb die damalige Bezirksstadträtin der Abteilung Sozialwesen die Dankesurkunden unterschrieb.

Ab **1999** organisierte Ingrid die Senioren-Chorfeste als Privatperson ehrenamtlich, wobei nunmehr der Britzer Garten als Veranstalter fungierte. In Herrn *Gerhard Franke* fand Ingrid einen väterlichen Freund, der die künstlerische Gestaltung von Plakaten, Urkunden und Handzetteln übernahm.

Bis 2019, also bis zum Ausbruch der Corona-Pandemie, genossen alle Chöre und Tanzgruppen völlige Freiheit in ihrer Programmgestaltung, d.h., eine zensierende Vorauswahl des Dargebotenen durch die Veranstalter fand zu keiner Zeit statt. Nicht alle Chöre besangen in romantischer Verklärung die Natur in ihren wechselnden Jahreszeiten, sondern einige von ihnen standen in der

Tradition eher sozialistischen Liedgutes, also Stücke, in denen es um den Kampf für Frieden und Freiheit ging. In diesem Zusammenhang ist Ingrids Schreiben vom 19.06.**2001** an die Redaktion der Sendung *Spiegel – TV, RTL*, in Bezug auf eine Sendung zwei Tage zuvor zu verstehen. Hierin weist Ingrid darauf hin, dass es sich bei dem alljährlichen Chortreffen *nicht* um eine politische Darstellung oder Werbeveranstaltung für die *PDS* handle, sondern um eine Gesamtberliner Veranstaltung für Chöre und Freunde des Chorgesanges. Senioren sängen und tanzten für Senioren! Dass Veteranen des ehemaligen SED-Parteichores und Mitglieder des vormaligen Gewerkschaftschores der DDR bei den Veranstaltungen mitwirkten, habe sie als Versöhnung und großes beiderseitiges Entgegenkommen angesehen. Obwohl ihr die Sendung gefallen habe, sähe sie diese nicht als einen Beitrag zur gesamtdeutschen Verständigung, sondern eher als Diskussionsgrundlage an. Unsere Geschichte verdiene es, dass mit ihr kritisch, verantwortungsvoll und offen umgegangen werde.

Noch nie hatten wir als ehrenamtliche Veranstalter irgendwelche finanziellen Hilfsmittel zur Verfügung, mit denen sich notwendige Ausgaben hätten bestreiten lassen. Leise Kritik lässt sich aus Ingrids Schreiben vom 14.01.**2002** an die *Grün Berlin Park und Garten GmbH* herauslesen, hebt sie darin doch hervor, dass die teilnehmenden Chöre das Honorar für den Tontechniker selbst aufgebracht hätten. Im Juni 2002 nahmen sechzehn Chöre und ein Tanzkreis am Chorfest teil – wiederum an zwei Tagen für lediglich zwei genehmigte Stunden ab jeweils 15 Uhr. Ingrid konnte es nicht verstehen, weshalb ihr der Britzer Garten nur jeweils zwei Stunden Aufführungsdauer bewilligte; denn daraus ergaben sich nämlich nur 10-12 Minuten pro Auftritt.

Am 08.10.2002 schrieb Ingrid im Namen eines Vorbereitungskomitees an den damaligen Leiter des Britzer Gartens, dass ca. 14-16 Chöre wiederum an zwei Tagen des folgenden Monats Juni für jeweils etwa zwei Stunden das zehnte Chorfest, ein Jubiläum, durchführen wollten. Die Unterzeichneten wiesen mit wahrnehmbarer Kritik darauf hin, dass dem Britzer Garten in all den Jahren zuvor keine Kosten entstanden seien, dass die Veranstaltungen das Stammpublikum des Britzer Gartens erweitert hätten und die Chöre und Tanzgruppen selbst für die Kosten des Tontechnikers aufgekommen seien. Im Dezember 2002 erhielt Ingrid dann grünes Licht für dieses Jubiläumsfest. Nun wurden die Chöre darum gebeten eine Beschreibung ihrer Chöre und ein Foto einzureichen um damit die geplante Festschrift zu gestalten. In dieser Jubiläums-Festschrift (3.500 Exemplare) fanden sich schließlich Grußworte von *Heinz Buschkowsky,* dem damaligen Bezirksbürgermeister von Berlin-Neukölln, *Dr. Christine Roßberg,* der damaligen Sonderbeauftragten des Berliner Sängerbundes sowie *Hendrik Gottfriedsen* von der Grün Berlin Park und Garten GmbH. Ingrids Name als Herausgeberin findet sich unter dem Impressum erst auf der letzten Seite der Schrift. Um die Druckkosten begleichen zu können, war Ingrid auf eine beschwerliche Sponsorensuche gegangen und konnte wenigstens eine Handvoll Werbeträger an Land ziehen.

Vor jeder Chorveranstaltung musste Ingrid einen Vertrag mit der Grün Berlin Park und Garten GmbH schließen, wobei ihr (und später auch mein) Einsatz ehrenamtlich war und nicht vergütet wurde.

Unter der Überschrift *10 Jahre Berliner Seniorenchortreffen im Britzer Garten* schrieb Ingrid für das *Herbst-Blatt Treptow & Köpenick Mai/Juni 2003* unter der Rubrik *Lokaltermine* folgenden Beitrag:

Seit 1993 ist es Tradition, daß sich Berliner Seniorenchöre im Britzer Garten treffen, um in musikalischen Wettstreit zu treten.

Am 10. und am 11. Juni ist es wieder so weit. Um jeweils 15 Uhr beginnt das Chorsingen.

Von den neun Chören, die im ersten Jahr teilgenommen haben, sind fünf wieder dabei: der Ernst-Busch-Chor, die Chorgemeinschaft „pro musica", der Hermann-Duncker-Chor, der Weddinger und der Neuköllner Seniorenchor. Sie waren und sind die großen Stützen während des zehnjährigen Chortreffens.

Ihnen gesellten sich die „Fröhlichen Sänger aus Johannisthal" hinzu, der Chor der fröhlichen Rentner, der Hellersdorfer Seniorenchor, der Otto-Dunkel-Chor, der Wilmersdorfer Seniorenchor und die Lichtenberger Sangesfreunde. Zum ersten Mal sind die Hessenwinkler Spätlese sowie der Neuköllner Arbeiter- und Veteranenchor dabei.

Insgesamt werden im Juni 18 Seniorenchöre und drei Tanzkreise auftreten. Mit den Chortreffen begannen die Begegnungen zwischen ehemaligen Ostberliner Chören und Tanzkreisen und ihren Westberliner Pendants. Heute bilden sie eine schöne Gemeinschaft. Das umfangreiche

Programm, inhaltlich und organisatorisch, bereitete ein 6-köpfiges Team vor.

Dr. Christine Roßberg, Chor der fröhlichen Rentner und Vorsitzende für die Berliner Seniorenchöre im Sängerbund, Ingrid Hembd für den Britzer Garten, Edith Eger, Fröhliche Sänger aus Johannisthal, Elisabeth Schlieper, Chor Wendenschloß, und Heinz Hensel, Weddinger Seniorenchor.(...)

In einem Glückwunsch-Gedicht der Chorgemeinschaft „pro musica" Treptow heißt es auszugsweise:

(...)

Frau Hembd kennt alle Chöre schon, daher übernahm sie die Moderation.

Für jeden hat sie ein liebes Wort, sie bleibt nie fern, ist immer vor Ort.

Der Amtsschimmel hat's ihr oft schwer gemacht, sich viele Tücken ausgedacht.

Doch Frau Hembd ist auch eine Kämpferin, es käme ihr niemals in den Sinn

Diese schöne Arbeit aufzugeben, denn sie ist ein Teil von ihrem Leben.

Zehn schöne Jahre sind es heut, die sie uns mit Liebe betreut.

Wir wünschen, dass es noch viele werden auf dieser wunderschönen Erden.

Egal was kommt, ob Sonne, Regen, Wind, wir kommen immer, weil wir starke

Senioren sind.

(Irene Lüß)

Im Jahre 2004 feierte der Chor "*pro musica*" sein 30jähriges Bestehen. In der aus diesem Anlass herausgegebenen Festschrift schrieb Ingrid folgenden Beitrag:

Liebe Sängerinnen und Sänger, liebe Freunde von pro musica,

als mich die 1. Vorsitzende von „pro musica" bat, ein paar Grußworte für Ihre Broschüre zu schreiben, die anlässlich des 30jährigen Chorjubiläums im Herbst 2004 erscheinen wird, habe ich mich über ihren Wunsch sehr gefreut.

Vielleicht habe ich – im Gegensatz zu den meisten „Fans" – pro musica relativ spät kennengelernt, aber ich schätze von Beginn an das Repertoire von pro musica, die Art des Gesangs und die Auswahl ihrer Chorsätze.

Auch das Miteinander innerhalb des Chores und auch das Engagement von Herrn Matthies sind mir angenehm aufgefallen.

Seit 1991 findet unter der Schirmherrschaft des Berliner Arbeitskreises für Senioren die Eröffnungsfeier der Berliner Seniorenwoche am Alexanderplatz statt.

Als alle teilnehmenden Chöre 1992 auf der Freitreppe des Berliner Rathauses gemeinsam sangen, kam mir als ehemalige Sachbearbeiterin für kulturelle Angebote von Senioren in Neukölln die Idee Chöre zu einem Chorfest in den Britzer Garten einzuladen.

Seit 1993 ist pro musica dabei, und ich freue mich, dadurch auch Frau Matthies kennengelernt zu haben.

Ich wünsche pro musica weiterhin viel Freude am gemeinsamen Singen und viel Erfolg bei allen kommenden Konzerten und Auftritten.

Ingrid Hembd, Initiatorin der Chortreffen im Britzer Garten

Ingrid hat es in all den Jahren bei der Vorbereitung und Durchführung der Chorfeste schmerzlich empfunden, dass ihr trotz ihres engagierten ehrenamtlichen Einsatzes immer wieder Steine in den Weg gelegt wurden. Wenn ich ihren ehrenamtlichen Arbeitsaufwand mit meinem eigenen Einsatz in Sachen Chorfest im letzten Jahrzehnt vergleiche, so steht mir heute mit dem PC ein wichtiges Hilfsmittel zur Verfügung, ein Hilfsmittel, über das sie damals nicht verfügte. Im Übrigen habe ich lediglich weitergeführt, was *sie* ins Leben gerufen und zur Tradition hatte werden lassen. In meinen Augen hatte ihre „Erfindung" des Chorfestes sehr viel Charme, wobei ich unsere Chorfeste allerdings nie als Wettstreit, sondern eher als Begegnungen aufgefasst habe.

So lange Ingrid noch einigermaßen beweglich war, habe ich sie stets zu den Chorfesten (unter meiner Leitung an lediglich *einem* Tag bei einem 25-minütigen Auftritt zwischen 10.00 und 16.00 Uhr) mitgenommen. Sie verteilte nach den Einzelauftritten die Urkunden, sagte aus dem Stegreif herzliche Worte des Dankes und begleitete uns mehrmals beim Abschlusslied am Flügel. Es hat mich immer wieder tief berührt, dass ihr starke Anerkennung und Zuwendung geschenkt wurden.

Im Juni 2019 feierten wir unser 26stes und vorerst letztes Seniorenchorfest – leider ohne sie.

Ingrid war in ihrer Bescheidenheit stets darauf bedacht, dass ihr Name nirgends auf den Programmzetteln erschien. Es machte ihr nichts aus, im Rampenlicht zu stehen – aber diese Tatsache bedurfte ihrer Meinung nach keiner besonderen Erwähnung.

Natürlich ist Seniorenarbeit stets mit einer Prise Wehmut verbunden, weil sich die Reihen der Chöre, Tanz- und Wandergruppen stetig lichten und singende, tanzende und wandernde Senioren nicht zu ersetzen sind.

Wenn es stimmt, dass die Spuren, die ein Mensch hinterlässt, bestehen bleiben, auch wenn wir von ihm Abschied nehmen müssen, so gilt dies in besonderem Maße für Ingrid und ihre Seniorenchorfeste.

Für uns singende Senioren aus Ost- und Westberlin hat sie (sich) mit der „Erfindung" und Durchsetzung des alljährlichen Singens der Seniorenchöre im Britzer Garten in unseren Herzen ein Denkmal gesetzt. Ich habe sie sehr geachtet... (Dr. Christine Roßberg, 2019)

Wir sind tief erschüttert. Haben wir sie doch über viele Jahre zu den Senioren-Chorfesten im Britzer Garten erleben dürfen. Sie, die mit viel Liebe, Energie und Engagement diese Aufgabe bewältigte und mithalf, daß die Berliner Senioren-Chöre und Tanzgruppen nicht nur miteinander singen, sondern auch zu einander finden und Verständnis für einander zeigen. An Ihrer Seite hat sie jedes Senioren-Chorfest zu einem großen Erlebnis werden lassen.... (Ernst Busch Chor Berlin e.V., 2019)

Ingrid hat bewusst wahrgenommen, dass mir ihr Seniorenchorfest zum Vermächtnis geworden war und hätte sicherlich nichts dagegen gehabt, dass es weitergeführt wird, so lange es nur irgendwie geht. Es war stets aufs Neue einen Versuch wert, in ihrem Sinne weiterzuarbeiten!

Die Corona-Pandemie hat uns nun leider gezwungen, das geplante 27. Chorfest 2020 abzusagen bzw. zu verschieben – mit offenem Ausgang.

Aus dem Fotoalbum II

Ingrids Frühpensionierung

Ingrid hatte, wie bereits gesagt, ihre Abschlussprüfung im Haus am Rupenhorn mit *gut* bestanden.

Es war ein Glücksfall für sie, dass sie im Bezirk Neukölln von der Abteilung Sozialwesen eingestellt und kurz vor Andis Geburt verbeamtet worden war. Dies ermöglichte es ihr nämlich, sich nach seiner Geburt für sechs Jahre beurlauben zu lassen und danach mit neuen Aufgaben auf ihre alte Planstelle zurückkehren zu können.

Besonders stolz war sie nach der Geburt unserer Kinder auf ihre Tätigkeit als Dozentin an der damaligen Mütterschule des Kirchenkreises Tempelhof, wo sie ihre Erfahrungen als Mutter einbringen konnte.

In den 80er Jahren wandte sie sich beruflich der Seniorenarbeit zu und lud u.a. ständig zu Großveranstaltungen ins Gemeinschaftshaus am *Bat-Yam-Platz* ein und nach der Wende bot sie zahllose Seniorenfahrten ins Umland an.

Als ihre Krankheit wahrnehmbar und unerbittlich voranschritt, wurde sie 1997 vorzeitig als berufsunfähig frühpensioniert.

Das Jahr **1997** brachte einen ersten unheilvollen Einschnitt in unserem Familienleben, von dem nun zu erzählen sein wird.

Im Jahre 1988 war, wie ebenfalls bereits erwähnt, Ingrids Vater verstorben und sie hatte seinen Tod innerlich wohl nie so recht überwinden und verarbeiten können und wirkte zeitweilig niedergeschlagen.

Ingrid arbeitete in jenen Jahren als diplomierte Sozialpädagogin beim Bezirksamt Neukölln und war mit kulturellen Veranstaltungen für Senioren betraut. Dazu gehörte es, dass sie diese Veranstaltungen konzeptionell in Eigenregie entwarf, vorbereitete und durchführte. Sie unternahm beispielsweise Tagesfahrten mit Senioren, organisierte ihre Seniorenchorfeste im Britzer Garten oder feierte in der Woche vor Weihnachten mit Hunderten von älteren Bürgern Advent im Gemeinschaftshaus am Bat-Yam-Platz. Ihr oblag der Kartenverkauf für diese Veranstaltungen und da ihr auch hier praktisch keine öffentlichen Geldmittel zur Verfügung standen, musste sie Einnahmen und Ausgaben über sogenannte Durchlaufkonten abrechnen.

Sie fand mit ihrer Arbeit bei den Senioren zwar große Anerkennung, fühlte sich jedoch von ihrer Amtsleitung und ihren Kollegen allein gelassen und wenig gewürdigt. Von Natur aus waren Ingrid und Ich zwar Einzelkämpfer und wir ließen uns beide nur ungern Vorschriften machen und dreinreden. Ingrid jedoch fühlte sich gemobbt und schien innerlich auszubrennen. Ihr soziales Rollenspiel als Berufstätige, als Mutter und Tochter, als Gastgeberin, als Haus- und Ehefrau begann ihr über den Kopf zu wachsen und ich vermochte sie nie davon zu überzeugen, dass es nicht auf die *Quantität* ihrer Veranstaltungen und Unternehmungen ankomme, sondern einzig und allein auf deren *Qualität.* Weniger sei mehr!

Ingrid hatte keine Nischen, in denen sie hätte träumen und meditieren können; vielmehr arbeitete sie rast- und ruhelos und nahm an sich selbst überhaupt nicht wahr, dass sie sich verausgabte. Sie machte sich außerdem viel zu wenig mit heiterer Gelassenheit klar, wie ihre kollegiale Umgebung „tickte", so dass sich vermeidbare Misshelligkeiten meist zu mittleren Katastrophen auswuchsen.

Ingrid war vom Typ her eine „Macherin" und es fiel ihr schwer, sich geduldig zurückzulehnen und einfach nur zu genießen. Überall und für Jeden fühlte sie sich verantwortlich.

Ich habe ihr oft geduldig zugehört und meist erfolglos versucht, ihrer inneren Anspannung ein Ventil zu geben. Sie wurde von vielen hausgemachten Ängsten geplagt, wozu auch die Tatsache gehörte, dass sie mit Geld nicht sparsam umzugehen wusste und ständig befürchten musste mit ihrem Einkommen nicht auszukommen. In späteren Gesprächen gab sie diese ihr angstmachende Schwäche ganz offen zu.

Im September 1997 wuchsen ihre inneren Spannungen sowie ihre nach innen und nach außen gerichteten Aggressionen und sie stopfte eines Tages ihren Koffer wahllos mit Kleidungsstücken voll um *an einem Tag* alle Menschen in der Republik, Menschen, die sie angeblich liebten, mit dem Regionalzug aufzusuchen. Niemand und nichts konnte sie davon abhalten.

Am Abend des 27.09.1997 erhielt ich gegen 20.14 Uhr einen Anruf der Polizei in *Königslutter*. Ingrid war weder zu Petzenbergers in Richtung Osten noch zu Frau Sobanski nach Norden Richtung Bad Oldesloe gefahren. Beide hatte ich telefonisch vorgewarnt.

Beim Überqueren der auch von ICEs befahrenen Mittelgleise am *Bahnhof Königslutter* war sie offenbar von der herbeigerufenen Polizei in Gewahrsam genommen und um 21.00 Uhr ins *Niedersächsische Landeskrankenhaus Königslutter*, einem Fachkrankenhaus für Psychiatrie und Jugendpsychiatrie, eingeliefert worden, wo sie bis zum 25.10. ,13 Uhr, verblieb.

Ingrid erhielt dort von uns Besuch und war ihrer Familie gegenüber ablehnend und aggressiv. Sie wollte nicht wieder zurück nach Berlin, weil sie dort in Königslutter „Freunde" gefunden habe. Ich erinnere mich, wie ich bei einer Fahrt mit dem Regionalzug im Stehen Gedichte schrieb. Wenn immer ich vor großen Herausforderungen stand, habe ich Bücher geschrieben um mein inneres Gleichgewicht wiederzufinden. Gleichfalls erinnere ich mich daran, wie auf der Rückfahrt beim Umsteigen in *Magdeburg* Silke voller Verzweiflung über das Schicksal ihrer Mum ihren Kopf an meine linke Schulter legte und bitterlich weinte.

Am Entlassungstag holte ich sie mit dem Auto nach Berlin zurück, nicht ohne vom behandelnden Arzt zuvor gewarnt worden zu sein, dass Ingrid mir möglicherweise ins Lenkrad greifen würde.

Im Dezember 1997 diagnostizierte der von ihr aufgesuchte Arzt für Neurologie und Psychiatrie eine *paranoide Schizophrenie*.

Eine weitere Fachärztin stellte ein *manisches Syndrom paranoider Symptomatik und eine bipolare Psychose* fest.

Ein Allgemeinmediziner sprach im Januar 1998 von einer *manischen Depression* und legte uns eine Rechnung für eine *„psy. Behandlung a. in akut. Konfliktsituation* (bei einer) *Mindestdauer 20 Minuten.“*

Ich erwähne diese Tatbestände deswegen, weil sie erahnen lassen, wie schwer es ist, eine derartige Krankheit eindeutig zu diagnostizieren, aufzuarbeiten und erfolgreich zu therapieren. Es braucht einen langen Atem und Jahre der hoffnungsvollen Geduld um einen Menschen mit einer psychischen Erkrankung zu begleiten, sich in seine Welt hinein zu versetzen und seine Lebenssituation zu ertragen.

Soweit ich mich erinnern kann, litt Ingrid fortan unter starker Ruhelosigkeit, aggressiven Schüben sowie Schlafstörungen und einem gestörten Ordnungssinn.

Ihr Allgemeinzustand machte es mir schwer, in Ruhe meiner Unterrichtstätigkeit in der Schule nachzugehen und eine der sensibleren Schülerinnen bemerkte ihrer Mutter gegenüber, dass sie an mir eine tiefe Traurigkeit festgestellt habe.

Ja, ich musste morgens auf dem Schulweg tatsächlich oft um Fassung ringen, aber der tägliche Pflichtenkatalog war ein wichtiges Korsett für mich und hielt mich aufrecht.

Mitten im Abitur erreichte mich eines Tages die erste Nachricht eines von meiner Frau geplanten Selbstmordes. Ingrid hatte angekündigt, sich in der Havel das Leben nehmen zu wollen.

Das Große Fenster hatte sich bei ihr stets besonderer Beliebtheit erfreut und hier war sie im alten West-Berlin oft mit ihren Eltern zum Baden gefahren.

Ich fuhr die Havelchaussee auf und ab, fand aber keine Spuren von ihr. Als ich nach Hause kam, war Ingrid in der Wohnung – lebendig, vergnügt und sich keiner Schuld bewusst.

Zeitweilig fühlte sie sich in unserer Wohnung von der Stasi überwacht und wollte sich mit mir nur noch flüsternd draußen auf der Straße unterhalten. Im Auto fühlte sie sich als Fahrerin vom Mitverkehr verfolgt und bretterte die Straßen mit Vollgas entlang.

Wir entschieden eines Tages unter Hinzuziehung des sozialpsychiatrischen Dienstes Ingrid zur psychiatrischen Behandlung ins Wenckebach-Krankenhaus einliefern zu lassen. Dort blieb sie etwa 100 Tage und davon einen Teil in der geschlossenen Abteilung der Psychiatrie. Hier verbrachte sie ihren Geburtstag am 28.02.1998 und dankbar erinnere ich mich an Herrn *Pfr. Eberhard*, der ihr an jenem Tag vorsang.

Ingrid hatte nämlich die offene Abteilung an einem Vormittag unbefugt verlassen und war bei *Karstadt Tempelhof* bei einem Ladendiebstahl ertappt worden. Dies ging ihr so sehr an die Nieren, dass sie sich anschließend vom Hochhaus in der Mellener Straße 1 stürzen wollte. Aber sie war inzwischen körperlich viel zu unbeweglich geworden um die Brüstung zu übersteigen. Immerhin war es der zweite Selbstmordversuch gewesen. Die Wirkung der Psychopharmaka war verheerend und führte fast zum Kollaps. Am Ende konnte Ingrid nur noch im Rollstuhl durch die Außenanlagen des Wenckebach-Krankenhauses geschoben werden.

Bis auf mittwochs besuchte ich sie täglich und oft legte sie ihre Stirn auf meinen rechten Oberschenkel, verharrte stumm in dieser Haltung und nickte, wenn ich sie fragte, ob *sie mich* eines Tages auch im Rollstuhl schieben würde.

Ingrid machte es uns nicht leicht, mit ihrem Krankheitszustand umzugehen, weil es unbegreiflich erschien, wie aus einem derart aktiven und kreativen Menschen am Ende ein hilfloses Bündel geworden war.

Christel Schubert hatte lange Zeit mit Ingrid Klavier und Querflöte gespielt und erwies sich in diesen schweren Tagen als wahre Freundin, der Besuche in der Psychiatrie nichts ausmachten. Andere hingegen machten sich rar – Ingrids Mutter und ihr Bruder waren immerhin *einmal* zu Besuch.

Auf dem Krankenhausgelände übte ich mit Ingrid das Zählen, das Benennen von Gegenständen und trainierte ihren Orientierungssinn. Alle diese Fähigkeiten waren ihr verloren gegangen.

Seltsam, unsere innere Bindung aneinander war weiterhin unbeirrbar vorhanden und nie kam es mir in den Sinn, Ingrid je im Stich zu lassen - nie!

Vom 18.05. bis zum 02.11.1998 war Ingrid Patientin der Tagesklinik in der Königstraße in Mariendorf. Gern ging sie dort zwar nicht hin, aber die therapeutischen Maßnahmen schlugen auf die Dauer doch leise an. Noch heute benutzen wir Teller, die sie dort hergestellt hat und die zu unserem Geschirr gehören.

An zwei aufeinander folgenden Wochenenden im **Sommer 1998** gelang es uns, jeweils von Freitag bis Sonntag qua Sonderurlaub mit dem Auto ins *Zittauer Gebirge* zu fahren, wo ich in *Johnsdorf* eine Ferienwohnung gemietet hatte. Wir wanderten von *Oybin* nach Johnsdorf, überquerten die tschechische Grenze, fuhren mit der Schmalspurbahn nach Zittau und besuchten Andi im *Querxenland* bei *Seifhennersdorf*, wo er als Betreuer von Ferienmaßnahmen arbeitete. Ingrid wusste, wie gern ich Sommerrodelbahn fahre und bestand darauf, dass ich es in Seifhennersdorf wieder und wieder tat.

1999 reisten wir nach Wales. Ingrid war bis dahin jedoch alles andere als psychisch stabil. Wir hatten eine Ferienwohnung bei einem Ehepaar *Jones* gemietet und besuchten regelmäßig Tante *Mary*, eine Bekannte von *Markus Jones, Silkes* damaligem Ehemann und Patricks

Vater. Diese Tante lebte, einige hundert Meter von unserer Ferienwohnung entfernt, an derselben Hauptstraße. *Aunt Mary* war eine angesehene Kommunalpolitikerin und ausgezeichnete Köchin. Es ist nicht übertrieben, wenn ich sage, dass Ingrid dort täglich und unaufhörlich Klavier spielte. Mir kam es so vor, als wolle sie die Tasten prügeln und sich mit Hilfe der Musik all ihrer inneren Qualen entledigen.

Im Jahre **2000** hatten wir auf Empfehlung von *Rosmarie und Eberhard Scheinemann* eine Kur im Kurhotel Bad Kohlgrub gebucht. Ingrids Rückenschmerzen würden vielleicht in den Schlammbädern und durch die täglichen Massagen Linderung erfahren. Am dritten Tag unseres dortigen Aufenthaltes verstarb mein Vater in Berlin und wir entschlossen uns, die Kur abzubrechen und nach Hause zurückzukehren.

Die Demenz meines Vaters hatte ungefähr fünf bis sechs Jahre zuvor eingesetzt. Ich schaute regelmäßig in Schöneberg bei meinen Eltern vorbei, saugte Staub und kaufte die schwereren Sachen ein, die meine Mutter nicht mehr schleppen konnte. Mit einigem Widerwillen rasierte ich meinen Vater und nahm wahr, wie er an Gewicht immer stärker zulegte, da er sich nicht mehr bewegen wollte. Es war ein Teufelskreis: er war zu schwer und bewegte sich nicht. Er aß und wurde dabei schwerer. Zunehmend litt er an Inkontinenz und war machtlos gegen seinen Harndrang. Er war in seiner Wesensart gemütlich und geduldig geworden und lächelte oft zufrieden vor sich hin. Meiner Mutter fiel ihr täglicher Pflichtenkatalog immer schwerer und ich hatte ständig Angst, sie würde zuhause der Länge nach hinfallen und als Betreuerin meines Vaters ausfallen. Unsere beiden Mütter waren unübersehbar alt und hinfällig geworden. Ingrid war alles andere als kerngesund. Mir schwante Unheilvolles.

Nun hatte uns in Bad Kohlgrub die Nachricht erreicht, mein Vater sei in der Praxis seines Hausarztes tot vom Stuhl gefallen. Eine erfolgreiche Wiederbelebung war nur von kurzer Dauer gewesen und hätte wohl einen Schwerstpflegefall aus ihm gemacht. *Silke* war im *St. Gertrauden-Krankenhaus* dabei, als er schließlich starb.

Meine Anwesenheit in Berlin war wirklich vonnöten, weil ich die Beisetzung zu organisieren hatte. Ich konnte meine Mutter in ihrem Schmerz und in ihrer Hilflosigkeit gar nicht allein lassen.

Meine Mutter war nach dem Tod meines Vaters und nach sechzig Ehejahren nicht mehr wiederzuerkennen. Mein Vater und die Küche waren ihr Lebensinhalt gewesen und als mein Vater gestorben war, verlor die Küche sehr schnell an Bedeutung. Offenbar erschien ihr nun alles sinnlos. Als wir sie im Rollstuhl durch den Britzer Garten schoben, zeigte sie keinerlei emotionale Regungen, sondern wirkte leidend in sich gekehrt. Sie war sehr schmallippig – dies war ein Ausdruck, den ich an ihr nur zu gut kannte. Damit begann eine zehnjährige Leidenszeit für sie. Da ich ihre Lebensgeschichte gut kenne, weiß ich, dass diese von Entbehrungen geprägt war. Immer fühlte sie sich zu kurz gekommen. Neuem gegenüber war sie wenig aufgeschlossen. Von einmal gefassten Antipathien rückte sie nicht mehr ab und hatte sich das Leben damit zusätzlich schwer gemacht. Ich war ihr einziger Sohn und neben meiner Sorge um Ingrid kamen nun ganze Breitseiten mehrfacher und unabsehbarer Verpflichtungen auf mich zu.

Hatte sich Ingrids Zustand nur vorübergehend oder dauerhaft gebessert?

Würde ihre Krankheit lediglich schlummern und jederzeit wieder ausbrechen können?

Oft fragen wir uns im Nachhinein, wie wir Herausforderungen und Nackenschläge, Hiobsbotschaften und Enttäuschungen und immense Arbeitsbelastung einst ausgehalten und woher wir unsere Kraftreserven genommen haben.

Zu meinem 69. Geburtstag wünschte mir *Rosmarie Scheinemann* beim Abschied viel Kraft um den Anderen helfen zu können und alles auszuhalten.

„Woher soll ich diese Kraft bloß nehmen?" fragte ich sie bekümmert.

Sie sah mich groß an und sagte leise: "Du hast sie einfach."

*

Ingrid hatte sich, nunmehr als Pensionärin, nach und nach neue soziale Schwerpunkte gesetzt:

Sie spielte Klavier im *Dibeliusstift,* im *Rosenhof* und in einem gerontopsychiatrischen Heim in Tempelhof und sie setzte ihre seit 1970 andauernde Tätigkeit für den Freizeitclub der VfJ (Vereinigung für Jugendhilfe) in der Grenzallee fort, nunmehr jedoch in deren Außenstelle in Adlershof.

Ingrid gab nicht auf, sondern wandte sich ehrenamtlich den damals ins Land flutenden *Russlanddeutschen* zu, denen ihre ganze Empathie galt und denen sie viele nützliche Einstiegshilfen in ihrem neuen Zuhause gab.

Ingrids Engagement für russlanddeutsche Spätaussiedler

Nach der Wende fluteten im Angesicht von Glasnost und Perestroika zwischen 1990 und 1999 mehr als 1,5 Millionen russlanddeutsche Spätaussiedler in die Heimat ihrer Ahnen zurück. Sie kamen aus Russland und einzelnen Nachfolgestaaten der Sowjetunion in eine angestammte Heimat, von der sie wenig wussten. In ihren russischen Pässen hatte „Nationalität Deutsch" gestanden und sie hatten sich stets davor gehütet in der Öffentlichkeit Deutsch zu sprechen. In Russland wurden sie für Deutsche gehalten, in Deutschland hingegen für Russen. Sie waren sozusagen Wanderer zwischen zwei Welten und litten damit unter einer doppelten Fremdheit. Es liegen Schätzungen vor, nach denen heute drei bis sechs Millionen russischsprachiger Mitbürger in der Bundesrepublik Deutschland leben; aber so genau weiß das keiner.

Wenn Deutschstämmige und ihre Nachkommen mehr als zweihundert Jahre erstens in geschlossenen Siedlungsräumen und zweitens in der Fremde gelebt haben, wurde ihre deutsche Sprache von Anfang an gleichsam „konserviert" und hört sich für deutsche Ohren heutzutage seltsam an. Gespräche mit Russlanddeutschen der ersten Generation erforderten meinerseits stets höchste Konzentration, weil es oft gar nicht so einfach war, aufgrund des eingeschränkten Wortschatzes und fehlerhaften Satzbaus und der eigentümlichen Aussprache des Sprechers dessen Gedanken halbwegs zu erschließen.

Nachdem Ingrid in die Frühpensionierung geschickt worden war, wurde sie sich des Schicksals der Russlanddeutschen bewusst und leitete zunächst unter dem Dach des DRK eine Gruppe mit Spätaussiedlern in Räumen, die ihr vom Deutschen Roten Kreuz zugewiesen worden waren. Sie förderte die Sprachkenntnisse ihrer Spätaussiedler, las mit ihnen deutsche Zeitungsartikel mit dem Schwerpunkt „aktuelle Ereignisse" und übte ganz praktisch, wie man sich hier in Berlin einlebte. Sie lud auch ständig einheimische Berliner in ihre Gruppe ein, damit ihre praktische Integrationsarbeit sinnvoll und mit Empathie flankiert wurde.

In einem Brief vom 26.09.2001 an einzelne Interessenten schrieb Ingrid:

Frühpensionierung hieß zwar Ausscheidenmüssen aus dem Berufsleben, aber nicht, daß ich mich damit zur Ruhe setze. Nachdem ich mich von einer sehr schweren Krankheit erholen durfte, richtete ich im September 2000 für das Deutsche Rote Kreuz im Bezirk Tiergarten eine überregionale Gesprächsgruppe für ehemals Russlanddeutsche ein. Unser Ziel ist es, daß sie sich integrieren und möglichst auch wohlfühlen sollen. Seit November 2000 bin ich dabei, wieder Führungen und Tagesausflüge zu organisieren und durchzuführen. Damit die Teilnehmerinnen und Teilnehmer auch Gelegenheit haben, zu Deutschen Kontakt aufzunehmen, bin ich bemüht, unseren Interessentenkreis zu erweitern. Da wir in der Vergangenheit viele schöne Ausflüge gemeinsam unternommen haben, würde ich mich freuen, wenn Sie die Zeit finden, in Zukunft an der einen oder anderen Unternehmung teilzunehmen. Ich würde mich sehr freuen, wenn ich dadurch den Kontakt zu Ihnen wieder aufnehmen könnte und freue mich auf ein Wiedersehen. (...)

Ingrid entwarf einen Fragebogen um herauszufinden, welche Einrichtungen sie gemeinsam besuchen sollten und stellte folgende Institutionen zur Auswahl:

Deutscher Bundestag, die Bundesministerien des Innern, ferner für Familie, Senioren, Frauen und Jugend sowie für Bildung und Forschung; das Abgeordnetenhaus von Berlin, die Willy-Brandt-Stiftung, das Deutsch-Russische Museum in Berlin-Karlshorst, das Rote Rathaus, das Haus am Checkpoint Charlie oder die Mauerausstellung.

Aus eigener Erfahrung weiß ich, dass es keineswegs reicht, die einzelnen Ziele lediglich anzusteuern; nein, wir müssen die einzelnen Referate für Öffentlichkeitsarbeit anschreiben oder anrufen, Besuchstermine vereinbaren und die günstigsten Verbindungen mit dem ÖPNV auskundschaften. Es müssen Programme entworfen, geschrieben, gedruckt und verteilt werden. Ingrid standen damals kaum digitale Hilfsmittel zur Verfügung, die ihr die Arbeit hätten erleichtern können. Daher war ihr soziales Engagement sehr aufwändig, zeitintensiv und – anerkennenswert.

Als Ingrid das Gefühl hatte, dass die ihr Anvertrauten an Sicherheit gewonnen und erste Lebenserfahrungen in ihrem neuen Zuhause gemacht hatten, besorgte sie Wochenendtickets der Deutschen Bundesbahn und fuhr mit ihrer Gruppe (oft vom Ostbahnhof aus) im Regionalzug in alle Himmelsrichtungen und zu verschiedensten Orten in den Neuen Ländern. Ingrid war stets bestens vorbereitet und hatte Informationsmaterial über die angesteuerten Ziele zur Hand. Damit erfuhr sie viel Wertschätzung und Bewunderung, zumal es jedem klar war, wie viel Ideenreichtum und Vorbereitungszeit sie in die einzelnen Unternehmungen gesteckt hatte.

Gelegentlich wurde ich von ihr zu einzelnen Entdeckungsfahrten eingeladen und später vorzugsweise als Wanderleiter angeheuert. Diese Ausflüge fanden aus Sparsamkeitsgründen anfangs oft als Picknick-wanderungen statt, bei denen ich hin und wieder auch die Kinder ihrer teilnehmenden Eltern kennenlernte. Dieser zweiten Generation fiel das Erlernen der deutschen Sprache naturgemäß relativ leicht, zumal sie durchweg fleißig waren und konkrete Berufsziele vor Augen hatten.

Oft mussten die Spätaussiedler zunächst in Behelfsquartieren leben und Erwerbstätigkeiten nachgehen, für die sie überqualifiziert oder die ihnen fremd waren. Ihr Unmut hielt sich nach meinen Erinnerungen jedoch in Grenzen, da jedermann wusste, dass die Integration einer so hohen Zahl an Rückkehrern Zeit und Geduld brauchte. So litten sie im Stillen.

Ingrid war im Übrigen mit ihrer einfühlsamen und engagierten Hinwendung zu den Spätaussiedlern eine Ausnahmeerscheinung am sozialen Himmel. Ihre Arbeit war durch und durch ehrenamtlich und erheischte keinerlei Beifallsstürme von außen.

Das Jahr 2008 läutete dann im Zuge ihrer schweren Darmkrebsoperation das Ende dieser Arbeit ein. Ich versprach ihr damals, die letzten drei geplanten Veranstaltungen in ihrem Sinne durchzuführen und machte den Gruppenmitgliedern die Hoffnung, dass sie nach ihrer Genesung wohl wieder zu ihnen zurückkehren würde. Diese Hoffnung sollte sich leider nicht erfüllen.

Mit Sicherheit wäre es eine späte Genugtuung für Ingrid gewesen, hätte sie erfahren, dass sie *eine Seele für die Russlanddeutschen* gewesen sei und *so viel für die russischen Aussiedler getan* habe. Diese vergäßen *nicht, was sie für sie alle gemacht* habe (Lily W.).

Nach ihrer Darmkrebs-Operation im Jahre 2008 ließen Ingrids Lebenskräfte und ihr Optimismus schrittweise nach, so dass sie ihre ehrenamtlichen Tätigkeiten eine nach der anderen aufgab. Ihre Krankheit wurde nunmehr als *schizoaffektive Psychose* diagnostiziert und als wir als Familie damit nicht mehr umgehen konnten, organisierten wir ab 2011 ein Zimmer für sie im *Seniorenhaus Lerchenweg*, hier in Mariendorf.

Es könnte im Jahre 2008 gewesen sein; da war *Gisela Neumeuer* 94 Jahre alt; sie war also Jahrgang 1914, wie meine Mutter. Wir waren gemeinsam mit Ingrids Russlanddeutschen per Wochenend-Ticket der Deutschen Bundesbahn mit dem Regional-Express in

Richtung Ostsee gefahren. Es könnte Strelasund gewesen sein, also Stralsund. Das Wetter war frisch und sonnig. Dort in Stralsund bestiegen wir eine in den Himmel ragende Kirchturmspitze. Mit Bedacht ließ ich Frau Neumeuer die engen Stiegen unmittelbar vor mir erklimmen, so dass ich für den Fall, dass ihre Kräfte versagen sollten oder ihr die Puste ausging, in ihrer Nähe war. Aber ihr wurde überhaupt nicht schwach und schwindelig und ich brauchte sie auch nicht zu stützen.

Jeder mag sich ausmalen, was wir bei einem Rundumblick von oben alles sehen konnten.

Der Abstieg erfolgte dann in umgekehrter Reihenfolge.

Wir waren öfter gemeinsam unterwegs und ich erinnere mich an zahlreiche anregende Gespräche mit ihr; denn sie war in Sachen Kunst und Politik nicht nur interessiert, sondern stets auf dem Laufenden. Auch mit meiner Mariendorfer Senioren-Kultur-und-Wandergruppe war sie unterwegs, wobei sie sich am Ende zweier *walking sticks* bediente.

Sie wohnte draußen in Wannsee, in einem Haus mit Grundstück in der Kyllmannstraße. Oft erzählte sie mir von ihrem verstorbenen Mann, einem emeritierten Professor an der TU Berlin, der wiederum einen Kollegen hatte, mit dem ich bis zum heutigen Tage gemeinsam in der Kantorei der Kirchengemeinde in der Gropiusstadt singe. So sind gegenseitige Grüße oft hin und her gewandert.

Beim Durchsehen von Ingrids Fotos stellte ich fest, dass ich eine ganze Bildserie mit und über Gisela Neumeuer zusammenstellen könnte. Wir verloren einander nie so ganz aus den Augen, obwohl uns in der Zeit von 2011 bis 2019 schriftliche und telefonische Kontakte genügen mussten. Sowohl im Seniorenhaus Lerchenweg als auch bei REMEO in Mahlow habe ich nämlich Ingrid nahezu täglich besucht und hatte neben meinen weiteren Verpflichtungen nur noch wenig freie Zeit. Ich war pausenlos beschäftigt und unterwegs.

Anfang Dezember 2019 begann ich, meine Advents- bzw. Weihnachtspost auf den Weg zu bringen. Weihnachten kommt bekanntlich jedes Jahr und will von langer Hand vorbereitet sein. Für mich als Chorsänger und Flötenspieler herrscht ohnehin im Dezember stets Hochbetrieb. Frau Neumeuer rief mich an und drückte bei ihrem Anruf ihre große Freude über meinen Brief an sie aus.

Für Donnerstag, 12.12.19, verabredeten wir uns, morgens um 10 Uhr. Auf dem Gelände des ehemaligen Busbahnhofes in der Winfriedstraße steht heute das Seniorenhaus des *Rosenhofes* in Zehlendorf – unweit vom S-Bahnhof Sundgauer Straße. Mit Hilfe der Wegbeschreibung einer der Damen an der Rezeption und einer Betreuerin vor Ort fand ich schließlich den Weg in Frau Neumeuers Zimmer.

Etwa 1 ½ Stunden plauderten wir miteinander. Sie war geistig hellwach, saß im Rollstuhl und konnte naturgemäß nicht mehr so gut hören und sehen wie früher. Begeistert berichtete sie von Ingrids Engagement; ihrer Unternehmungslust; ihrer ansteckenden Freundlichkeit; ihrer Sorge um das Wohlergehen der Anderen; ihrer großen Begabung, sich anderer Menschen anzunehmen; ihrer Musikalität; ihrem Verantwortungsbewusstsein. Dies alles habe sie mit Sicherheit nur deswegen leben können, weil sie sich durch Haus und Familie geborgen und aufgefangen wusste.

Gisela Neumeuer, damals 105 Jahre alt, machte für mich die Spuren sichtbar, die Ingrid hinterlassen hat.

Bei meinem Abschied küsste ich sie spontan auf die Stirn und streichelte sie und wir versprachen einander uns wiederzusehen.

Aus dem Fotoalbum III

Die Jahre 2001 bis 2011

Im Jahre **2001** feierte ich meinen 60sten Geburtstag und unsere Kinder schenkten mir einen Gutschein für eine Ballonfahrt. Start- und Landeplatz dieser Ballonfahrt waren die umliegenden Felder von Fehrbellin. Der Ballonfahrer erreichte mit uns eine Höhe von etwa tausend Metern und sowohl Ingrid als auch ich fanden diesen abenteuerlichen und von uns als völlig angstfrei empfundenen Ausblick von da oben auf die Spielzeuglandschaft da unten faszinierend. Bei der Landung mussten wir in die Hocke gehen und wurden danach alle mit einer Fantasieurkunde unter Erhebung in den vorläufigen Adelsstand für unser erfolgreiches Abenteuer als Luftfahrer belohnt.

Für das Jahr **2002** kann ich auf Andis Aufzeichnungen zurückgreifen, insbesondere auf das zweite Halbjahr.

Da gab es eine ausgedehnte Stadtrundfahrt mit dem Boot über die Kanäle Berlins; eine Bahnfahrt nach *Wisma*r zur dortigen Landesgartenschau; einen Ausflug ins *Schlaubeta*l sowie nach *Neuzelle* und *Ratzdorf*; Tagesausflüge nach *Bautzen*, *Himmelpfort* und *Freiberg* in Sachsen; hinzu kamen Besichtigungen des Bundestages, des Kanzleramtes und des Flughafens Tempelhof.

Da wurden Familientage eingelegt und Freundschaften gepflegt und kein Geburtstag wurde ausgelassen. Im Britzer Garten hörten wir das alljährliche Herbstkonzert und im November führten wir, die Kantorei Mariendorf unter der Leitung von Friedrich Wilhelm Schulze, das Deutsche Requiem von Johannes Brahms auf.

Andi besuchte damals die *Lazi-Akademie* in Esslingen. Ich erinnere mich daran, wie sehr uns die Wanderung mit ihm durch die umliegenden Weinberge gefiel und zum ersten Male in meinem Leben gelangten wir mit seiner Hilfe nach Straßburg und ich stand andächtig vor dem dortigen Münster.

Ingrids Unternehmungslust schien ungebrochen und möge als Beweis dafür gelten, dass sie gewillt war, aktiv am Leben teilzunehmen.

Es könnte im darauffolgenden Jahr gewesen sein, dass wir uns im *Haff Hus* am *Stettiner Haff* einquartierten.

In den Jahren **2003** und **2004** war Ingrid zweimal mit Andi unterwegs. Zunächst holten sie aus *Wolfsburg* Ingrids *Polo* ab und flogen im darauffolgenden Jahr zu den Olympischen Spielen nach *Athen*.

Als Ingrid im Jahr **2005** sechzig wurde, schenkte ich ihr einen Gutschein für einen Kurzaufenthalt im *Hotel Wirchensee* im Schlaubetal. Eine weitere Reise führte uns ins *Seehotel Sternberg*.am See, wo wir in der Regel das Schwimmbad des Hauses für uns allein hatten. Zur Vorbereitung meiner letzten Klassenfahrt vor der anstehenden Pensionierung verbrachten wir gemeinsam mit Silke und Patrick einige Tage in *Ueckermünde*.

Auch **2006** zog es uns Beide am Ende meines aktiven Schuldienstes für 5 Tage ins Hotel Wirchensee, bevor wir dann Ende Juli zu einer achttägigen Radfahrt durch das Moseltal von *Saarburg* nach *Koblenz* aufbrachen.

Weshalb erzähle ich unaufhörlich von unseren gemeinsamen Reisen?

Nun, es war (m)ein Versuch, einerseits mit Ingrid und andererseits mit unseren Kindern etwas gemeinsam zu erleben, immer von der Hoffnung getragen, dass sich Ingrids Gesundheitszustand dadurch verbessern würde, da wir sie ja am normalen Leben teilnehmen ließen und sie spüren konnte, dass sie mit ungeahnten Herausforderungen und neuen Eindrücken immer noch klar kam. Nun gibt es Krankheiten, die schleichend von uns Besitz nehmen und von denen wir hoffen, dass sie heilbar sein werden, so dass wir am Ende wieder ein halbwegs normales Leben führen können. Niemals wollte ich Ingrid loslassen, sondern sie festhalten, so gut es ging und so lange wie möglich.

Die Jahre 2011 bis 2017

Gemeinsam mit Silke hatte Ingrid im Jahre 2011 an einer Fahrt mit dem Reisebus nach *Andalusien* teilgenommen.

Einige Zeit später war sie mit Lungenproblemen aus der Geschlossenen Psychiatrie des Wenckebach-Krankenhauses auf die dortige Station für Inneres verlegt worden und ich hatte von den Ärzten grünes Licht für eine zweiwöchige Urlaubsfahrt mit Silke und Patrick auf unsern geliebten Bauernhof in Hopferau im Ostallgäu erhalten. Am vierten Tag unseres dortigen Aufenthaltes wurde mir jedoch vom Krankenhaus telefonisch mitgeteilt, dass Ingrids Entlassung bevorstünde. Ich erinnere mich noch sehr genau, wie ich mit meinem kleinen primitiven Handy fassungslos auf dem Hof stand und mir keinen Rat wusste. Ich kannte zwar durch meine vorübergehende ehrenamtliche Tätigkeit für die Tempelhofer Sozialkommission die Seniorenheime in der Ullsteinstraße und im Westphalweg, aber wie sollte ich diese in nur zehn Minuten (vor zwölf) erreichen; denn dann würde die Sachbearbeiterin von der Sozialstation des Wenckebach-Krankenhauses am anderen Ende der Leitung ihren Halbtagsdienst vor dem anstehenden Wochenende beenden. Mir fiel dann noch spontan das *Seniorenhaus Lerchenweg* in der Eisenacher Straße ein, wo ich Jahre zuvor Geburtstagsehrungen vorgenommen hatte und wo ich stets freundlich begrüßt und wo mir jederzeit bereitwillig weitergeholfen worden war. Zufällig war *Herr Frick*, der dortige Allgemeinmediziner, im Zuge seiner regelmäßigen Visiten im Haus und dieser konnte die Pflegedienstleitung davon überzeugen, dass von meiner bettlägerigen Frau keine Gefahr ausginge und sie sich ihrer doch erbarmen sollten. So erhielt Ingrid zunächst ein Bett in einem Doppelzimmer im damaligen Altbau und war damit vollstationär aufgenommen worden. An meiner Stelle erledigte Andi vorläufig die notwendigen Formalitäten.

Am 01. September 2011 wurde ich vom Amtsgericht Tempelhof-Kreuzberg zu Ingrids Betreuer bestellt. Ihre Pension und ihr Pflegegeld deckten die anfallenden Kosten zwar nicht ganz, aber ich hatte glücklicherweise eigene Mittel um das Defizit auszugleichen. Nicht ganz unbeträchtlich war hingegen der Zeitaufwand für den nun anfallenden Verwaltungs- und Schriftkram, über den ich Ingrid gegenüber bei meinen täglichen Besuchen jedoch nie ein Wort verloren habe.

In jenen Tagen wurde Ingrid zwar zeitweilig künstlich ernährt, konnte aber im Prinzip noch selbständig essen und sich zu Fuß fortbewegen. Die ihr zuerkannten Pflegestufen schwankten damals zwischen *drei* und *eins*, pendelten sich dann aber nach entsprechenden Neugutachten des Medizinischen Dienstes bei *zwei* ein. Im März 2013 erhielt sie einen unbefristeten Schwerbehindertenausweis mit einem Grad der Behinderung von 90, einen Ausweis, der rückwirkend ab Juli 2012 galt. Als der Neubau im Lerchenweg fertiggestellt worden war, bezog sie das Zimmer 110 und hatte damit ein neues kleines Zuhause.

Mit großer Dankbarkeit denke ich daran zurück, dass eine Abordnung des Ernst Busch Chores Ingrid im Haus

Lerchenweg einen Besuch abstattete und wir mit ihnen dort gemeinsam Adventslieder sangen.

Andi besorgte ihr einen Fernseher und gemeinsam sahen wir oft ihre geliebten Tiersendungen.

In der ersten Zeit habe ich mit ihr an sonnigen Tagen kleine Autofahrten ins Lichtenrader Wäldchen unternommen, wo wir kurze Spaziergänge machten, uns auf leerstehende Bänke setzten, an den Händen hielten und Limonade tranken.

Ungeachtet aller Jahreszeiten unternahm ich (wiederum Hand in Hand) tägliche Spaziergänge mit ihr, wobei der Rosengarten im Mariendorfer Volkspark zu unserm Lieblingsplatz wurde. Anfangs vermied ich es, unsere Spaziergänge zu nahe an den Nebelhornweg zu verlegen, weil ich nicht ihre eventuelle Sehnsucht nach ihrem alten Zuhause wecken wollte.

Oft saßen wir aber auch bei schönem Wetter im kleinen Garten hinter dem Heim.

Immer wieder tönte es aus Ingrids Sopran-Blockflöte durchs ganze Haus und sie durfte auch im großen Speisesaal auf dem Flügel spielen. Regelmäßig fuhr sie mit dem Fahrstuhl hinauf in den dritten Stock, wo ein großes Keyboard stand. Ich erinnere mich noch an einen Besuch von *Maja und Peter Siegenthaler* aus der Schweiz, denen sie oben aus ihrem reichen Repertoire vorspielte. Gemeinsam mit ihr gestaltete ich nach einigen Jahren eine monatliche Veranstaltung, die ich *Wort, Musik und Traubensaft* taufte. *Ingrid* spielte nach Noten auf dem Flügel im Speisesaal und *ich* las aus meinen selbstverfassten Büchern vor. Unsere Gäste waren Mitbewohner des Hauses und wir hofften, dass wir auf diese Weise gemeinsam ein wenig Abwechslung in deren oft grauen Alltag bringen konnten.

Allmählich wurde ich etwas mutiger und nahm Ingrid nach Absprache mit der Pflegedienstleitung des Seniorenhauses Lerchenweg etwa zweimal pro Woche über Nacht mit in den Nebelhornweg, wo es mir eine Freude war, jeweils für einen Tag ihre Vollverpflegung zu übernehmen. Hand in Hand spazierten wir regelmäßig durch unsere Wohngegend und da ihr die Gemeinde in der Gropiusstadt vertraut war, nahm ich sie des Öfteren zu musikalischen Veranstaltungen dort mit, wo sie bekannte Gesichter traf und ihr ein Stück weit Teilhabe am Leben draußen wieder möglich war.

In den letzten beiden Jahren ihres Aufenthaltes im Seniorenhaus Lerchenweg bin ich mit Ingrid zweimal in das *Gelbe Försterhaus* **nach** *Lychen* in Mecklenburg-Vorpommern gefahren. Das Städtchen Lychen ist von Berlin aus mit dem Auto in knapp zwei Stunden zu erreichen und hat einen beachtlichen Erholungswert. Da Ingrids Beweglichkeit spürbar nachließ und ihre Gehbehinderung zunahm, haben wir uns auf kleinere Autofahrten in die Umgebung und kürzere Spaziergänge zum nächstgelegenen Briefkasten beschränken müssen. Bei unserem ersten Aufenthalt gab Ingrid eine Kostprobe ihrer musikalischen Talente auf dem Klavier der *Drs. Lischka*, unserer Vermieter. Auch hier wagten wir in beiden Jahren eine Tretbootfahrt auf einem der sieben Seen in der Umgebung, wobei Ingrid stets eine Schwimmweste trug und sowohl beim Ein- als auch beim

Aussteigen meine Hilfe und die des Bootsvermieters brauchte. Diese Situationen zwischen Steg und Kahn waren mitunter ein wenig heikel!

Mir war klar, dass Leben *Bewegung* heißt und zwar sowohl in körperlicher als auch in geistiger Hinsicht. Auch die sozialen Kontakte haben für jedermann natürlich einen hohen Stellenwert; aber ebenso wenig wie wir das Leben der Anderen leben können, vermögen wir ihnen Lebensziele zu setzen. Wir können ihnen lediglich Anstöße und Impulse geben – nicht mehr. Wenn dann jedoch ihre Lebenskraft krankheitsbedingt nachlässt, sind wir als ihre Nächsten zur Hilflosigkeit verurteilt, auch wenn immer noch ein wenig Hoffnung auf eine Entwicklung zum Besseren in uns verbleiben mag.

Ingrid litt zunehmend unter Essstörungen und erlitt mehrfach Aspirations-Pneumonien, Lungenent-zündungen, die stets einen erneuten Krankenhaus-Aufenthalt notwendig machten.

Im Jahr **2013** reisten wir - Ingrid, Silke, Patrick und ich – nochmals nach Hopferau. Am Hopfensee mieteten wir ein Elektroboot und Käp'ten Patrick fuhr uns über den Hopfensee, wobei ich streng darauf achtete, dass Ingrid ihre Schwimmweste anbehielt. Von dort unternahmen wir mit dem Auto eine mehrstündige Fahrt in die Schweiz, nach Fehraltorf, zur Ziegelhütte. Dort wurden wir von *Heidi* und *Martin,* Andis Schwiegereltern, während eines gemütlichen Beisammenseins auf deren Terrasse großzügig bewirtet. Als Ingrid nach unserer längeren Autofahrt müde wurde, legte sie sich neben uns auf eine Liege und schlief ein. Immerhin war sie mit uns von Babas Eltern herzlich begrüßt und verwöhnt worden und hatte einen Blick auf das eindrucksvolle Bergpanorama im Hintergrund werfen können.

Während Silke, Patrick und ich noch für einige Tage nach Hopferau zurückfuhren, wurde Ingrid von Andi nach Berlin gefahren. Nie werde ich das landschaftliche Panorama während der Fahrt mit der Fähre von Konstanz aus über den Bodensee vergessen, eben so wenig wie unsere kurvenreiche Autofahrt durch das Voralpenland.

Die Jahre 2017 bis 2019

Ihre beiden letzten Lebensjahre hat Ingrid nach einem Luftröhrenschnitt im *Remeo Center* in *Mahlow* verbracht. Diese Beatmungs-Einrichtung besteht aus drei Stationen und versorgt etwa 30 Patienten. Ingrid war in der Station 3 untergebracht bei „ständiger *Interventions-bereitschaft und Behandlungspflege".* Da sie zuvor mehrmals aufgrund von Schluckstörungen an Lungenentzündungen erkrankt gewesen war, musste sie bereits im *Auguste-Viktoria-Krankenhaus* in ein künstliches Koma versetzt werden, in dessen Verlauf ein Luftröhrenschnitt an ihr vorgenommen und ein Tracheostoma zur Verkürzung der Atemwege implantiert worden war. Da sie nunmehr weder selbständig essen noch trinken konnte, wurde sie auf Dauer per Magensonde künstlich ernährt und mir als Betreuer stellte sich während ihres Krankenhaus-Aufenthaltes die bange Frage, wo ich sie fortan unterbringen konnte; denn sie würde künftig regelmäßig abgesaugt, d.h. von ihren aufsteigenden Körpersekreten befreit werden müssen. Die wenigsten Pflegeheime können diese Aufgaben erfüllen. Als rettende Lösung bot sich Remeo in Mahlow an. Hier war das Pflegepersonal auf die Betreuung entsprechender Patienten eingerichtet und dafür geschult worden. Der Ausdruck *Remeo* ist lateinischen Ursprungs und bedeutet so viel wie „mich zurück (in meine alte Umgebung)". Leider ist es nach meinen Beobachtungen in den beiden Jahren nur wenigen Patienten gelungen, auf Dauer nach Hause entlassen zu werden um dort ihr vormaliges Leben in gewohnter Umgebung fortsetzen zu können.

Ingrid war jetzt im Lande Brandenburg untergebracht und ich wurde daher vom *Amtsgericht Zossen* vorläufig bis zum Jahre 2025 als ihr Betreuer eingesetzt. Die Kostenübernahme wurde uns von der Pflegekasse der Debeka zuletzt bis zum 30.06.2020 zugesagt, wobei die Debeka weiterhin 30% der anfallenden Kosten übernommen hätte. Die restlichen 70% wären von der Beihilfestelle des Landesverwaltungsamtes Berlin erstattet worden, da Ingrid Landesbeamtin in Berlin gewesen war.

Mehrere Fachärzte kamen zwar entweder regelmäßig oder je nach Bedarf zur Visite, aber im Notfall wurden die Patienten mit der Feuerwehr in das nächstgelegene *Ev. Krankenhaus Ludwigsfelde* eingeliefert. Leider musste Ingrid als Patientin auch mit der *Charité Campus Benjamin Franklin* und mit dem *Krankenhaus Neukölln* Bekanntschaft machen.

Ihr zur Seite standen vor Ort eine Logopädin, eine Physio- und eine Ergotherapeutin. Auch eine Friseurin und eine Podologin kümmerten sich um ihr Wohlbefinden.

Mit einem Sprechaufsatz auf ihrem Tracheostoma konnte sie sprechen, aber ich hatte den Eindruck, dass ihr das Sprechen schwerfiel. Nie werde ich ihre klagenden Augen vergessen, wenn sie abgesaugt wurde und ihr Gesicht dabei krebsrot anlief. Wie gern hätte ich ihr diese Qualen erspart! Als ihr Betreuer hatte ich für sie mehrmals Entscheidungen von großer Tragweite treffen müssen, Entscheidungen, bei denen es um Leben oder Tod ging. Zweimal hat sie meine Frage, ob meine Entscheidung, ihr weitere Lebenszeit zu ermöglichen, positiv beantwortet: Ja, sie wolle leben. Sie wolle zwar nicht mehr uralt werden – aber das Leben sei doch schön! Diese Aussagen haben mich spürbar entlastet und mir von meinen Selbstzweifeln genommen!

Im ersten Jahr schob ich Ingrid in ihrem Rollstuhl durch Mahlow. Wir lernten es, die kleinen Dinge zu schätzen: die frische Luft, die Sonnenstrahlen, das erste Grün, die Butterblümchen. Im zweiten Jahr saßen wir bei schönem Wetter unten im Garten, meist an der rückwärtigen Hauswand und im Sommer schützten uns die belaubten Bäume und auch eine Mütze vor den intensiven Sonnenstrahlen. War das Wetter ungenießbar, zogen wir uns in den Flur oder den Tagesraum oder in die Verbindungstrasse im Erdgeschoss zurück. Ich hatte für Ingrid eine kleine „Wunderkiste" mit Postkarten und Fotos angelegt, die wir wieder und wieder durchgingen. Nachdem ich zu Hause ihre vielen Fotos gesichtet hatte, nahm ich sie jedes Mal stapelweise mit und sie riefen als willkommene Gedächtnisstützen unsere Erinnerungen wach. In den letzten Monaten sang ich Ingrid aus einem illustrierten und mit Noten versehenen Buch Kinderlieder vor, deren Melodien sie bereitwillig mitsummte.

Silke hatte es sich zur Gewohnheit gemacht, bei ihren Besuchen ihrer Mama vorzulesen. Auch *Patrick* las seiner Oma vor.

Silke hat anlässlich der Trauerfeier eine bewegende Lieder- und Fotosammlung für Ihre Mama zusammengestellt: unsere Goldene Hochzeit, gefeiert am

25.08.2018; Ingrids 74. Geburtstag, gefeiert am 28.02.2019; Ingrids Zoobesuch mit *Micha* und Silke im März 2019; unser kleiner Ausflug mit ihr zum Teich in Mahlow im April 2019; Ingrid mit ihrer Enkelin *Noelia* im Arm.

Die Heimleitung organisierte verschiedene Feste, an denen wir gemeinsam teilnahmen: Lichterfeste zur Weihnachtszeit, Fasching, Sommer- und Herbstfeste. Regelmäßig hielt ein Gemeindediakon aus Mahlow Gottesdienste ab. Anfangs hätte uns Ingrid dabei wohl gern selbst auf dem Keyboard begleitet; denn ihre Blicke wanderten oft sehnsüchtig hin zum Instrument. Silke hatte ihr Ende 2017 ein eigenes Keyboard besorgt, auf dem Ingrid zum Erstaunen des Pflegepersonals und wohl auch der Mitbewohner voller Freude spielte – am liebsten den *Schneewalzer*. Anfangs bestritt sie erfolgreich ganze Wunschkonzerte, indem sie auf Zuruf Lieder spielte, wobei ihr Repertoire immer noch unerschöpflich schien. Bereits im Foyer wurde mir dann bei meiner Ankunft mitgeteilt, wie erstaunlich und wie ergreifend es gewesen sei.

Ingrids Freundin *Regine* schrieb ihr in großer Treue über all die Jahre regelmäßig Postkarten.

Ingrid bekam auch hier draußen Besuch von *Elisabeth* und von *Frau Graesler*, von *Kurt* und von *Helga* und *Norbert*. Als wir am 25.08.2018 unsere Goldene Hochzeit feierten, waren u.a. auch *Gina* und Patrick unter unseren Gästen. Andi und Baba ließen es sich nicht nehmen, ihre kleine *Noelia* mit deren Oma bekanntzumachen und ich werde nie vergessen, wie *Heidi und Martin*, Babas Eltern, eines Tages unverhofft um die Ecke bogen.

Und sie bekam bei meinen täglichen Besuchen ungezählte Streicheleinheiten von mir. Meistens haben wir still neben einander gesessen und einfach nur die Nähe des Anderen gespürt.

Lange Zeit hatte Ingrid folgende Worte auf den Lippen:

"Mir geht es gut. Wir sind seit über fünfzig Jahren verheiratet und wir sind uns immer treu geblieben."

Leider ging es ihr überhaupt nicht gut, aber sie hielt sich tapfer!

Manchmal habe ich mich leise gefragt, ob wir Ingrid nachhaltig vor ihrem schweren Los auf irgendeine Weise hätten bewahren können, aber die Diagnose der Ärzte im Krankenhaus Neukölln an ihrem vorletzten Lebenstag lautete: *Hirnatrophie*. Ich habe diesen mir zunächst unbekannten Begriff im Duden nachgeschlagen und dort steht: *Schwund von Organen, Geweben, Zellen...*

Wer hätte da schon helfen können?

Wer kann überdies von sich sagen, dass er ein durchgängig glückliches Leben ohne Schattenseiten geführt habe?

Beim Schreiben dieses Buches entdecke ich im Nachhinein die vielen Glücksmomente in unserm gemeinsamen Leben und es sind ebendiese Glücksmomente, die mich meinen inneren Frieden finden und dankbar sein lassen.

Porträts

28/02/2017

Ingrid und einige ihrer liebenswerten Eigenschaften

Ingrid war stets hilfsbereit. Im Jahre 1982 war ich mit der Berliner Lehrerkonferenz in Israel gewesen und im darauffolgenden Jahr wohnten meine Gastgeber aus Netanya im Gegenzug für mehrere Tage als Gäste bei uns im Nebelhornweg. *Silke und Andi* waren damals neun bzw. sieben Jahre alt. Silke besuchte die *Ikarus-Grundschule* in der Körtingstraße. Andi war vormittags in einer Eltern-Kind-Gruppe im *Nachbarschaftsheim in der Urbanstraße* untergebracht und wurde von uns morgens dort hingebracht und nachmittags wieder abgeholt. In unserer Nähe wohnte damals ein kleiner Junge mit palästinensischen Wurzeln, den Ingrid morgens gewohnheitsmäßig als Andis Begleitung nach Kreuzberg mitnahm. Eines Morgens entschieden sich unsere israelischen Gäste, ebenfalls in Ingrids Auto in Richtung Kreuzberg mitzufahren, doch dieser Wunsch brachte Ingrid in arge Schwierigkeiten, wusste sie doch sehr genau von den permanenten Spannungen im Nahen Osten, Spannungen, die ich selbst hautnah wahrgenommen hatte. Ich weiß nicht mehr genau, wie Ingrid dieses Problem am Ende gelöst hat, aber da unsere Gäste nur Englisch und Iwrit sprachen, hat sie den beiden Jungen vermutlich ein absolutes Sprechverbot erteilt und ihnen gesagt, dass sie sich konsequent stumm stellen mögen. Vielleicht hat sie aber unsere Gäste in Alt-Mariendorf auch in die U 6 gesetzt.

Mit Hilfe von Ingrids Fahrdiensten ist damals jeder an sein Ziel gelangt und alle haben überlebt.

Wenn ich ans *Schenken* denke, so bin ich eine unübertreffbare Niete, da es mir seit jeher an geistreichen Ideen fehlt. Ingrid war da ganz anders. In ihrer großzügigen Wesensart war es ihr jedes Mal ein Bedürfnis, die Anderen zu überraschen. Kaum hatte ein neues Jahr angefangen, da besorgte sie im Vorübergehen schon Geschenke für alle Anlässe, die sich in den kommenden zwölf Monaten ergeben würden. Sie liebte es, ihre kleinen Gaben in Geschenkpapier einzuwickeln und sparte dabei nie mit Tesafilm. Es bedeutete ihr viel, jeden von uns zu erfreuen und allein schon *unsere* Freude machte *sie* glücklich.

Vor einiger Zeit rief mich Frau *Neumeuer* an und erkundigte sich nach Ingrids Wohlbefinden. Leider konnte ich ihr nicht allzu viel Positives berichten. Frau Neumeuer hatte oft als eine von mehreren „echten" Berlinern an Ausflugsfahrten teilgenommen, die Ingrid mit „ihren" Russlanddeutschen unternommen hatte. Wenn der Regionalzug in Wannsee hielt, so Frau Neumeuer, sei Ingrid mit ihr gemeinsam ausgestiegen und habe stets darauf geachtet, dass sie auf dem Bahnsteig von ihrer Nachbarin in Empfang genommen und sicher nach Hause begleitet wurde.

Wolfram, Ingrids älterer Bruder, wohnte in Spandau. Er war ebenfalls krank und Ingrid machte sich jahrelang Sorgen um ihn. Lange Zeit kochte sie ihm Woche für Woche einen großen Eintopf für mindestens zwei Tage, damit er etwas aus ihrer Hand zu essen habe. Oft war er auch bei uns zu Gast und stillte dann mit Wohlbehagen seinen Riesenhunger. Ingrid hatte ein großes Herz und die rührende Fähigkeit, sich um andere Menschen ohne erwartbare Gegenleistung zu kümmern und für sie zu sorgen. Da schienen ihr keine Mühe zu groß und kein Weg zu weit.

Ingrid war von einer ausgesprochenen Sammel-leidenschaft erfüllt. Vor allem sammelte sie alle Arten von Prospektmaterial, seien es nun Reiseprospekte oder allerlei Handreichungen und Informationsmaterial, die irgendwo kostenlos auf Tischen oder in Wandregalen zur Mitnahme auslagen.

Sie sammelte Bücher wie zum Beispiel solche über Indianer oder über Japan. Japan war nämlich eines ihrer unerreichbaren Traumziele gewesen. Oft legte sie mir historische oder politische Schriften auf den Schreibtisch, Schriften, die ich studieren musste und anschließend nutzbringend im Unterricht verwenden konnte und denen ich Abschnitte entnahm, die mir häufig als Klausurtexte bis hin zum schriftlichen Abitur oder als Textvorlagen für die mündlichen Abiturprüfungen dienten. Ingrid selbst nahm sich nur selten die Zeit um sich in Ruhe und entspannt hinzusetzen und intensiv zu lesen, aber sie besaß von Jugend auf jene Leidenschaft des Sammelns, die sie vermutlich von ihrem Vater geerbt hatte. Sie besaß weit mehr Bücher als sie je hätte lesen können und mögen.

Mama hatte eine große Sammelleidenschaft. Sie sammelte Prospekte aller Art, Bücher, Postkarten, Noten, Schallplatten und vieles mehr. Genauso war sie aber auch warmherzig, großzügig und spendabel. Als Andi und ich klein waren, las sie uns immer am Abend vor dem Einschlafen etwas vor und als ich 2008 mit Patrick in der Mutter-Kind-Kur war, schickte sie uns zwei Mal in der Woche Bücher von Ottfried Preußler, den sie sehr mochte.

Anfang 2018 begann ich ihr jede Woche ein Kapitel aus einem Buch vorzulesen.

Ich möchte in liebevoller Erinnerung an sie auch heute einen kleinen Ausschnitt vom letzten Kapitel „Das kleine Gespenst" vorlesen.

„Lebt wohl da unten, Ihr Bürger von Eulenberg! Ihr habt in den beiden letzten Wochen allerlei Ärger mit mir gehabt.

Dreimal umkreiste das kleine Gespenst die Mauern Eulensteins. Alles war unverändert.

Das kleine Gespenst war vor Freude ganz außer Rand und Band. Bis zum Ende der Geisterstunde tanzte es auf den Mauern der Burg umher. Es freute sich unbeschreiblich darüber, dass es nun wieder weiß war wie früher. Blütenweiß. Weißer als eine Wolke Schneestaub."
(Silkes Wortbeitrag zu Ingrids Trauerfeier am 20.08.2019)

Ingrid hatte ein sicheres Gespür dafür, welche Themen am Puls des politischen Geschehens pochten und unbedingt erörtert werden mussten. Wohin sie mit ihren Gruppen auch fuhr, sie war stets bestens vorbereitet und hatte Kopien ihrer Ausarbeitungen zusammengestellt, die sie vor Ort an die Teilnehmer austeilte.

Wenn ich sie fragte, welche Oper sie als Kind zuerst in ihrem Leben gesehen habe, so nannte sie die *Zauberflöte*. Und zu ihren ersten Büchern gehörten *Aku Aku und Kon Tiki*.

Ingrid liebte Kuscheltiere.

Kuscheltiere sind für viele von uns magische Begleiter. Wir schreiben es ihnen zu, Trost spenden und Hilfe leisten zu können. Im Erfolgsfalle sind wir überzeugt, dass es allein unsere Kuscheltiere waren, die uns beigestanden haben, wenn es zum Beispiel darum gegangen war, eine Prüfung zu bestehen oder eine Krankheit auszuhalten und zu überwinden.

Es war ein kleiner Stoffhund, der in meinen Händen „sprechen" konnte und damals meine an Demenz erkrankte Mutter dazu bewegte, wenn schon nicht mit mir, so doch wenigstens mit *ihm* zu kommunizieren.

Handpuppen führen bei jüngeren Kindern zu beachtlichen Lernerfolgen und ich selbst erinnere mich gern an Disney-Filme, in denen Comic-Figuren wie etwa *Bambi* oder *Dumbo* oder *Donald Duck* die Protagonisten waren und uns zum Lachen brachten oder in Rührung versetzten. Ja, mit denen waren wir vertraut und mit ihnen hätten wir ohne Zweifel jederzeit „reden" können – in Sprechblasen-Sprache, versteht sich.

Es mag im Winter 1963/64 gewesen sein, als ich Ingrid einen kleinen Stofflöwen schenkte, den sie stets wie einen Schatz gehütet hat und nicht mehr hergeben wollte.

Wo immer sie war – ob bei uns zu Hause im Nebelhornweg oder später im Seniorenhaus Lerchenweg oder schließlich im Beatmungszentrum Remeo in Mahlow - binnen kurzer Zeit bevölkerten alle möglichen Kuscheltiere ihre Umgebung und in den letzten Monaten ihres Lebens habe ich ihr manchmal gesagt, dass ihre Menagerie bei uns zu Hause ständig vor Hunger und Durst nach ihr frage und von ihr persönlich endlich wieder gefüttert werden wolle. An guten Tagen lächelte sie mich dann milde an, sprach aber kein Wort. Für wen von uns Beiden war ihr nahender Tod eigentlich schlimmer?

Ihre Abschiedsreise von dieser Welt trat sie in Begleitung mehrerer Kuscheltiere an. Ich glaube, es hätte ihr bei Lebzeiten gefallen, hätte sie gewusst, dass wir ihr am Ende diese kleine Beigabe würden zukommen lassen.

Ein leises Lied für meinen Schatz

Erinnerung – ein Zaubertrank,

Der uns beseelt ein Leben lang.

Beständig blickst Du gern zurück

Auf harte Zeiten und auf Glück.

Zukunft - auch *dies* ein Zauberwort!

Es weckt Dich auf und reißt Dich fort

Von dem, was sich in Dir gesetzt,

Was Dich gelähmt und Dich verletzt.

Meinst Du, Du seist zu alt zum Lernen,

Dein Herz für Dinge zu erwärmen,

Die Wissen Dir und Einsicht bringen

Und Dich zur Stellungnahme zwingen?

Zu alt, vom Sehnsuchtsland zu träumen,

Den Pfad zu wandern zwischen Bäumen,

Zu rasten auf der Schattenbank,

Zu lauschen dort dem Vogelsang?

Zu alt, Dich täglich zu bewegen,

Nach selbstgewählten Zielen streben?

Wir möchten Dich so gern beschwören:

Beginne niemals aufzuhören!

Es ist Dir doch noch Kraft gegeben,

Dich zu bewegen und zu streben;

Dein Leben tapfer zu verwalten

Die Tage sinnvoll zu gestalten.

Wir lieben Dich, Du bist geliebt,

Ein Glücksfall, den's so oft nicht gibt!

Wir halten Dich, Du bist gehalten

Von Jüngeren und von uns Alten!

J.H.

28.02.2019

(Ingrids 74. Geburtstag)

Fiktives Interview mit Ingrid

Jürgen: Lieber Schatz, sicherlich gibt es nicht nur *das eine* große Ziel in unserm Leben, sondern viele Teilziele. Hast Du Dir solche Teilziele gesetzt? Hast Du viele erreicht und manche verfehlt?

Ingrid: Ich wollte unbedingt Jugendpflegerin werden und habe mich dazu ausbilden lassen. Ohne Abitur konnte ich zwar nicht studieren, aber ich durfte mich am Ende immerhin „graduierte Sozialpädagogin" nennen. Ich habe meinen Beruf gern ausgeübt und was man von Herzen tut, hat wohl am Ehesten Aussicht auf Erfolg – oder? Ich wollte am Ende *Dich* heiraten und *mit Dir* eine Familie gründen. Wir sind einander all die Jahre treu geblieben und sind stolz auf unsere Kinder. Ich habe sie geliebt, mich in ihre Erziehung hineingekniet und von ihnen viel Zuneigung erfahren, auch wenn ich eigentlich nicht der Typ zum Kuscheln bin. Ich habe mir und Euch bewiesen, dass ich liebes- und bindungsfähig bin und gezeigt, dass ich lachen und auch traurig sein kann. Ich bin froh, dass wir stets ein Dach über dem Kopf hatten und ein gesichertes Einkommen. Wir sind weit gereist, haben Freundschaften gepflegt und haben uns gegenseitig genügend Freiheiten gelassen um unseren Interessen nachzugehen. Wir haben einander vertraut. Das Musizieren und das Tanzen waren mir immer wichtig, weil sie Freude machen.

Jürgen: Wie würdest Du Dich selbst und Deine Wesensart beschreiben?

Ingrid: Nach den Letzten Dingen habe ich nicht ständig gefragt, aber um die Vorletzten Dinge habe ich mich gern gekümmert. Ich glaube, ich habe mich immer sinnvoll beschäftigt und mich für andere Menschen eingesetzt. Wie oft habe ich an unserm Schreibtisch gesessen und über den zu Ende gehenden Tag nachgedacht. Ich wollte Fehler erkennen, damit ich sie künftig würde vermeiden können.

Jürgen: Lieber Schatz, ich bin gefragt worden, was Du außer Deinem Klavierspiel als Dein weiteres Hobby zuallererst nennen würdest.

Ingrid: Das ist natürlich das Fotografieren. Zwischendurch war es auch das Filmen mit meiner Super-8-Kamera, aber ich liebe Farbfotografien, mit denen ich alles festgehalten habe, was mir wichtig erschien: vor allem unsere Familie oder zum Beispiel den verhüllten Reichstag. Viermal war ich dort und war jedes Mal begeistert von der friedlichen und harmonischen Stimmung. Oder denke an *Knut*, den Eisbären!

Jürgen: Gab es auch Dinge, die Du gern gemeinschaftlich mit mir getan hast?

Ingrid: Na, wie oft waren wir doch gemeinsam im Britzer Garten, wenn dort abends ein Feuerwerk abgebrannt wurde. Und vergiss nicht: wir haben gemeinsam im Chor und im Flötenkreis musiziert und Konzerte besucht. Du hast es oft versucht, mich aufzuheitern; wenn wir Tanzmusik hörten, haben wir Beide spontan getanzt. Erinnerst Du Dich noch an unsern Besuch in *Stettin*? Aus einem Kaufhaus heraus tönte Musik und wir haben getanzt – mitten auf dem Bürgersteig. Die Leute haben nicht schlecht gestaunt!

Jürgen: Warst Du auch eine leidenschaftliche Autofahrerin?

Ingrid: Sagen wir mal *so*: ich bin gern und häufig gefahren, schon aus beruflichen Gründen. Aber Du hast mir oft vorgeworfen, mein Fahrstil sei hektisch, ich würde nicht sanft genug bremsen und zu viele Knöllchen sammeln wegen falschen Parkens oder weil ich wieder einmal zu schnell war. Na ja, bei den Unfällen hatte ich ausgesprochenes Glück!

Jürgen: Du musst wissen, dass es mir stets schwergefallen ist, von Dir Abschied zu nehmen, weil ich Dich eigentlich immer in meiner Nähe haben wollte. In den letzten Jahren musste ich Dich ständig zurücklassen und das hat mir weh getan. Aber in meinem Herzen warst Du immer da.

Ingrid: Ich weiß – mir ging es genauso; und deshalb habe ich Dir lange nachgewinkt. Ich glaube, ich war Weltmeisterin im Winken.

Ingrid in den Mund gelegt

Mein lieber Schatz, als Du dachtest, ich würde es nicht merken…,

da habe ich wahrgenommen, wie nah Dir meine Krankheiten gingen, zumal Du Dir so hilflos vorkamst;

da habe ich gespürt, wie groß das Risiko für uns alle war, mich anfangs möglichst zweimal pro Woche über Nacht mit zu Dir nach Hause zu nehmen;

da habe ich es genossen, dass Du leckere Mahlzeiten für mich bereitet hast und erst zufrieden warst, wenn es mir geschmeckt hatte;

da habe ich sehr genau gemerkt, wie Dich Kummer und Sorge manchmal um den Schlaf gebracht und Dich unendlich traurig gemacht haben;

da wusste ich doch sehr genau, dass Du mir beim Klavierspiel zuhörtest und immer noch stolz auf mich warst;

da hat es mir gutgetan, wenn ich mich bei Dir anlehnen durfte und Du mich, selbst wenn ich eingenickt war, zärtlich gestreichelt hast und

dass es wohl Deine Sehnsucht nach mir gewesen sein muss, dass Du mich täglich besucht hast – erst im Seniorenhaus Lerchenweg und später bei REMEO in Mahlow – und das acht Jahre lang;

da habe ich mich oft gefragt, wie Du meine Sprachlosigkeit und mein Schweigen überhaupt ertragen konntest;

da habe ich an Dir beobachtet, wie erschöpft und müde Du manchmal warst, so dass Du an meiner Seite eingeschlafen bist;

da ist es mir ein Rätsel geblieben, wie Du innerlich immer noch so fröhlich sein konntest;

da ist mir klar geworden, wie wichtig eine intakte Familie ist und dass unsere Kinder mich nie allein gelassen haben und

wie wohltuend treue Freunde sind;

da war ich getröstet, wenn Du mir sagtest, wie sehr Du mich liebst und dass Du mich nie aufgegeben und losgelassen hast, selbst, wenn Du manchmal Deine Zweifel gehabt haben magst, ohne sie je zu äußern;

da war ich beruhigt, dass Dir und mir unsere Kinder und Freunde beistehen und dass Ihr alle da wart und mich begleitet habt;

da hat meine Seele Frieden gefunden, als Du mich selbst bei meinem letzten Atemzug gestreichelt hast und ich getröstet die Augen schließen konnte; umso mehr, als ich ja weiß, dass mein Bild zu Hause an der Wand auch in Zukunft ein Lächeln auf Eure Gesichter zaubern wird und Ihr Euch an mich freudig erinnern werdet.

Danksagung

Ihr Lieben,

am 06. August 2019, einem Dienstag, ist Ingrid draußen in Mahlow ganz sanft eingeschlafen – sozusagen unter meinen Händen; denn während sie für immer ihre Augen schloss, saß ich dicht neben ihr und habe sie unaufhörlich gestreichelt. Sie wusste, dass ich an jedem Tag gegen 15 Uhr kommen würde und vielleicht hatte sie noch einmal auf mich gewartet...

Als ich abends meiner Familie mitteilte, dass wir nun sehr tapfer sein müssten und uns in Gedanken gegenseitig an den Händen halten sollten, da wollte ich andeuten, dass wir unsern Schmerz und unsere Trauer miteinander teilen und alles gemeinsam schultern müssten, auch wenn wir in den letzten acht Jahren mehrmals davon ausgehen mussten, dass Ingrid es „diesmal" wohl nicht mehr schaffen würde...

Heute nun danke ich meiner Familie, unseren Freunden und Bekannten, insbesondere Herrn Andreas Schiel, unserm Pfarrer, und Herrn Friedrich-Wilhelm Schulze, unserm Kantor, ferner dem umsichtigen Bestattungsunternehmen Gierach, unserer liebenswerten Hausgemeinschaft und allen, die Ingrid kannten und es sich nicht nehmen lassen wollten, ihr das letzte Geleit zu geben oder aber uns mit tröstenden Worten zu schreiben. Ich danke insbesondere Silke, unserer Tochter, die sich - nicht unähnlich ihrer Mama - ihre Aufgaben sucht und immer hilfsbereit zur Stelle ist.

Andi, unser Sohn, hat mir vorgeschlagen, über Ingrid ein Buch zu schreiben., damit vor allem Noelia, unsere Enkelin, und Patrick, unser Enkel, später darüber lesen können, was ihre Oma hier in Berlin ausgezeichnet und was sie selbst unermüdlich bewegt hat. Ich habe mich bereits an die Arbeit gemacht und werde meine Schrift zu gegebener Zeit mit Andis Hilfe veröffentlichen und weitergeben. Sie wird unsere Erinnerungen an Ingrid wachhalten, uns dankbar an sie denken und leise lächeln lassen.

Ihr und Euer Jürgen Hembd,

auch im Namen unserer Familie

Berlin, im August 2019

Nachwort

Ingrid war *keine* regelmäßige Kirchgängerin, hat aber ihrer evangelischen Landeskirche Zeit ihres Lebens die Treue gehalten und ihr auch wichtige Dienste erwiesen. Ihre Konfirmation, unsere Eheschließung vor dem Altar, die Taufe unserer Kinder und deren Konfirmation, die Bestattung ihrer Familie unter kirchlichem Geleit, ihr Singen in Kirchenchören und Musizieren im Blockflötenkreis, ihre Besuche von Kirchenkonzerten sowie ihre Anteilnahme an meinen zeitweiligen Lektorendiensten in der Martin-Luther-King-Kirche waren einerseits wichtige tradierte Ecksteine in ihrem Leben und bildeten andererseits die Hintergrundfolie für das ihr eigene kirchlich-religiöse Verständnis. Sie fühlte sich emotional ergriffen vom Gemeinschaftserlebnis evangelischer oder ökumenischer Kirchentage und ich glaube, dass ihr die Gottesdienste draußen in Mahlow in ihren beiden letzten Lebensjahren gutgetan haben.

Mit ihrer Empathie und Tatkraft war sie den Menschen im Diesseits verbunden und hat sich in der Blütezeit ihres Lebens mit großer Energie, Ideenreichtum und Organisationstalent erfolgreich für sie eingesetzt, indem sie ihnen zu Momenten der Lebensfreude und sozialer Nähe verholfen hat. Sie hat dabei viel Durchhaltevermögen an den Tag gelegt und ihr Tun und ihren unermüdlichen Tatendrang selbstkritisch reflektiert.

Während ihrer ehrenamtlichen Tätigkeit in der Sozialkommission Tempelhof lernte sie nach der Jahrtausendwende aus der Begegnung mit Senioren über achtzig deren Lebenssituationen und Ängste kennen; nämlich kein selbstbestimmtes Leben mehr führen zu können, inkontinent, einsam und womöglich ein Pflegefall zu werden. Ingrid kannte die Tücken des Alters und hatte Respekt, wenn nicht sogar Angst vor ihnen. Sie wusste, dass eine fortschreitende Demenz dazu führte, dass die physischen und psychischen Steuerungsmechanismen des davon Betroffenen schrittweise ausfallen und am Ende seiner Willenskraft entzogen würden.

Ingrid verbrachte ihre letzten acht Lebensjahre im Seniorenhaus Lerchenweg und zuletzt in der Beatmungsstation von *Remeo* in Mahlow. Unsere regelmäßigen Besuche bei ihr waren mit Sicherheit kein Ersatz für ihr früheres und erfolgsgewohntes Leben, kein Ersatz, der ihre innere Zufriedenheit hätte begründen können. Aber: wir waren da, wir streichelten sie, lasen ihr vor, betrachteten alte Fotos oder sangen Kinderlieder mit ihr. Wir versuchten sie zu begleiten ohne ihr jedoch nachhaltig helfen zu können; wir wussten, dass für sie gesorgt war und dass sich das Pflegepersonal aufmerksam um sie kümmerte.

Wir hatten ihre Lebenssituation zu akzeptieren und konnten nur hoffen, dass sie sich an besondere Glücksmomente in ihrem Leben erinnern und diese auch immer noch wertschätzen konnte.

Ingrid *hat* sich *vor uns* davon gemacht. Sie ist uns jedoch lediglich voraus gegangen. Wir haben sie loslassen müssen und sie fehlt uns; aber sie hat in uns Spuren der Erinnerung hinterlassen, die uns wärmen und für die wir dankbar sein können. Diese Erinnerungen

helfen die Lücke zu schließen, die durch ihren Tod
entstanden ist.

Inhaltsverzeichnis

Bilddatierung

Widmung	undatiert	S. 158	Januar 2000
S.5	undatiert	S. 205	
		- oben	- 09 / 2008
		- unten	- 11 / 2000
S.9	(1961)	S. 216	April 1987
S. 14	1963	S. 220	August 1996
S. 23	undatiert	S. 221	
		- oben	- 08 / 2002
		- unten	- 01 / 2001
S. 32	Weihnachten 1972	S. 222	
		- oben	- 08 / 2002
		- unten	- 18.08.2016
Cover + S. 67	Sommer 1967	S. 243	
		- oben	- 11.09.2013
		- unten	- 09.03.2016
S. 68	August 1968	S. 244	
		- oben	- 15.04.2016
		- unten	- 20.04.2015
S. 73	August 1968	S. 255	19.02.2015
S. 78	1975	S. 257	01.03.2017
S. 121	Dezember 1996	S. 266	
		- oben	- 24.07.2015
		- unten	- 17.07.2014
S. 143	Silkes Taufe 1974	S. 267	
		- oben	- 03 / 2012
		- unten	- 28.02.2017
S. 148	undatiert	S. 276	24.07.2015
S. 149	März 2000	S. 282	undatiert
S. 151	undatiert	S. 283	28.02.2017
S. 154	Mai 2006	S. 295	10.09.2013

Ebenfalls bei BoD sind von mir erschienen:

Wie ein Magnet 2007, 60 S.

ISBN 978 - 3 - 8370 - 1371 - 9

Dem Geheimnis der Weihnacht auf der Spur
2008, 60 S.

ISBN 978 - 3 - 8370 - 6586 - 5

Schule — Haus des Lernens 2009, 220 S.

ISBN 978 - 3 - 8391 - 0000 - 4

Mit dem Rücken zur Fahrtrichtung 2009, 60 S.

ISBN 978 - 3 - 8391 - 3010 - 0

Vom Baum der Erkenntnis kosten 2010, 60 S.

ISBN 978 - 3 -8423 - 0683 - 7

Festhalten und Loslassen 2011, 60 S.

ISBN 978 - 3 - 8423 - 4408 - 2

Opa erzählt 2012, 60 S.

ISBN 978 - 3- 8482 - 2780 - 8

Opa erzählt weiter 2013, 62 S.

ISBN 978-3-7322-37778-4

Opa erzählt noch einmal 2014, 64 S.

ISBN 978-3-7386-0543-3

Teststrecken in der dritten Lebensphase   2015, 66 S.

ISBN 978-3-7392-0491-8

zu empfehlen:

Hans-Heinz Gerhardson,

Wenn das Schicksal die Reißleine zieht   2013, 184 S.

ISBN 978-3-7322-8828-1